徽学文库（第二辑）
主　编◎周晓光
副主编◎王振忠　胡中生

教育部人文社会科学重点研究基地
安徽大学徽学研究中心基金资助

宋明间徽州社会和祭祀礼仪

郭锦洲◎著

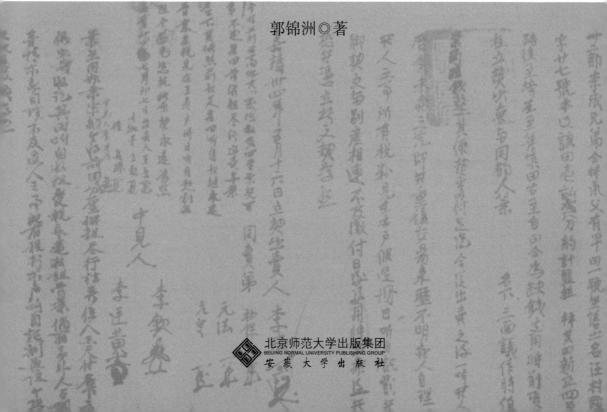

北京师范大学出版集团
安徽大学出版社

图书在版编目(CIP)数据

宋明间徽州社会和祭祀礼仪/郭锦洲著. —合肥:安徽大学出版社,2020.6
(徽学文库/周晓光主编. 第二辑)
ISBN 978-7-5664-2073-2

Ⅰ.①宋… Ⅱ.①郭… Ⅲ.①社会发展－研究－徽州地区－宋代 ②社会发展－研究－徽州地区－明代 ③祭礼－研究－徽州地区－宋代 ④祭礼－研究－徽州地区－明代Ⅳ.①K295.4 ②K892.98

中国版本图书馆 CIP 数据核字(2020)第 134878 号

宋明间徽州社会和祭祀礼仪
Song-Ming Jian Huizhou Shehui He Jisi Liyi

郭锦洲 著

出版发行:	北京师范大学出版集团
	安徽大学出版社
	(安徽省合肥市肥西路 3 号 邮编 230039)
	www.bnupg.com.cn
	www.ahupress.com.cn
印　　刷:	安徽新华印刷股份有限公司
经　　销:	全国新华书店
开　　本:	170 mm×240 mm
印　　张:	14.25
字　　数:	206 千字
版　　次:	2020 年 6 月第 1 版
印　　次:	2020 年 6 月第 1 次印刷
定　　价:	43.00 元

ISBN 978-7-5664-2073-2

总　策　划:陈　来　齐宏亮	
执行策划编辑:李　君　钟　蕾　李加凯	装帧设计:李　军
责 任 编 辑:钟　蕾　李加凯	美术编辑:李　军
责 任 校 对:范文娟	责任印制:陈　如　孟献辉

版权所有　侵权必究

反盗版、侵权举报电话:0551－65106311
外埠邮购电话:0551－65107716
本书如有印装质量问题,请与印制管理部联系调换。
印制管理部电话:0551－65106311

总 序

徽学是以徽州历史地理、徽州传统社会、徽州历史文化及其传承创新为研究对象的一门学问。尽管关于徽州自然与人文的记述与探究,历史上由来已久,但作为具有现代学科意义的徽学,则形成于20世纪80年代。已故徽学研究奠基人和开拓者张海鹏先生在《徽学漫议》一文中说:"在20世纪70年代末到80年代中期,随着'科学的春天'的到来,学术园地百花齐放,异彩纷呈。其中'徽学'也在群芳争妍中绽开了蓓蕾,成为地域文化中的一枝新秀。"①已故著名徽学专家、原中国社会科学院历史研究所周绍泉先生在《徽州文书与徽学》一文中说:"徽学(又称徽州学)是80年代以后才出现的新学科。"②著名徽学研究大家叶显恩先生在胡益民先生编著的《徽州文献综录》一书写的序中说:"徽学在短暂的三十年间,从默默寡闻而勃然兴起,今已蔚然成大国,耸立于学界之林,成为与敦煌学、藏学相比肩的显学。"③回溯30年,正是20世纪80年代。中国社会科学院栾成显先生在《明清徽州宗族文书研究》中同样指出:"20世纪80年代徽学兴起以来,学者们利用谱牒、方志及其他文献资料,乃至进行社会调查,对徽州宗族作了较为深入的研究,成果

---

① 张海鹏:《徽学漫议》,载《光明日报》,2000年3月24日。
② 周绍泉:《徽州文书与徽学》,载《历史研究》,2000年第1期。
③ 叶显恩:《徽州文献综录序》,见胡益明:《徽州文献综录》卷首,合肥:安徽教育出版社,2014年。

显著。"①上述关于徽学形成于20世纪80年代的观点,已是学术界的基本共识。

徽学之所以在20世纪80年代以后勃然兴起,有其天时、地利、人和等多种因素。

从"天时"来看,20世纪80年代是学界处于中华人民共和国成立以来的一个学术研究重要转型期。就史学研究而言,著名史学理论与史学史研究专家、北京师范大学瞿林东先生认为:"中国史学上的第五次反思出现于20世纪八九十年代,其历史背景和学术背景是,20世纪七十年代末,中国的政治形势从'以阶级斗争为纲'转向实行改革开放、以经济建设为中心;在意识形态领域则是以拨乱反正、正本清源、解放思想、实事求是为其时代特征……中国的理论界、学术界从'万马齐喑'的状态一下活跃起来,几乎每一个学科或学术领域都在思考自身的发展道路。"②中国史学"视野开阔了,研究领域拓展了,中外史学交流日益加强了,新问题、新材料、新成果不断涌现出来"。③在此转型期中,文化史、社会史和区域史的研究受到高度重视。徽州因其独特的地理与历史文化秉性,吸引了海内外学者的目光,有关徽州及其历史文化的各类研究成果纷纷问世。由此,徽州成为当时区域史研究的一个重要对象。正是基于学术研究转向的这一背景,徽学因时而生。中国社会科学院卜宪群先生在《新中国七十年的史学发展道路》一文中评述这一时期的史学研究时说:"与历史文献学有密切关系的甲骨学、简帛学、敦煌学、徽学等古文书学研究取得了重要成就。徽学成为国际性学科,敦煌在中国,敦煌学在国外的状况得以根本改变。"④1999年12月,中华人民共和国教育部设立首批15所人文社会科学重点研究基地,安徽大学徽学研究中心入选。它标志着经过20年的发展,徽学学科得到了国家层面的正式认可。

---

① 栾成显:《明清徽州宗族文书研究序》,见刘道胜:《明清徽州宗族文书研究》卷首,合肥:安徽人民出版社,2008年。
② 瞿林东:《史学理论史研究 中国史学上的五次反思》,载《史学史研究》,2015年第1期。
③ 瞿林东:《传播·反思·新的前景——新中国70年史学的三大跨越》,载《中国史研究动态》,2019年第4期。
④ 卜宪群:《新中国七十年的史学发展道路》,载《中国史研究》,2019年第3期。

从"地利"来看,它包含了多个方面的内容:

一是历史上关于徽州自然与人文的探究传统,为徽学形成奠定了基础。从南朝梁萧几《新安山水记》、王笃《新安记》,唐代《歙州图经》,北宋祥符年间《歙州图经》、黄山祥符寺僧行明《黄山图经》,南宋姚源《新安广录》、罗愿《新安志》、刘炳等《新安续志》,到元代朱霁《新安后续志》,明代程敏政《新安文献志》、程曈《新安学系录》《新安文献补》、何东序等《徽州府志》、方信《新安志补》、蒋俊《祁阊图志》、戴廷明等《新安名族志》、张涛等《歙志》、傅岩《歙纪》,清代高晫《徽州府通志》、赵吉士《徽州府志》、施璜《紫阳书院志》《还古书院志》等,以及各历史时期其他大量有关徽州的府县志、专志、纪述,都是涉及徽州山川风物、疆域沿革、风俗变迁、宗族迁徙、文教兴衰、人物事迹等自然与人文历史的记述与考察。近代以来,学者又开始有意识地关注徽州历史与文化问题,把徽州视为一个既有特殊性、又具普遍性的区域加以关注、研究。其成果为20世纪80年代的徽学成为专门学问奠定了基础。

二是源远流长且内涵丰富的徽州历史文化,为徽学形成提供了研究对象。徽州文化具有丰富的内涵,其内容包括新安理学、徽派朴学、徽州教育、新安医学、徽商、徽州科技、徽派建筑、新安画派、徽派篆刻、徽派版画、徽剧、徽菜、徽派雕刻、徽派盆景、宗族、民俗、方言,以及文房四宝等。其文化秉性既是区域个性的标签,也展现了独特的文化风采。第一,徽州文化是连续不断的文化。宋徽宗宣和三年(1121)"徽州"得名,从此开始了徽州文化的时代。在其后的800年间,徽州文化有过盛衰变迁,但它从未中断过,长期保持了高位水平发展态势且始终具有个性特征。这在其他区域文化中是不多见的。徽州文化的"连续不断",主要表现在两个方面:一方面,宋代以降,各个时期徽州都是传统文化的发达之区,其生生不息的文化传承,构成了徽州文化的连续性;另一方面,徽州文化中的一些主要文化现象,宋代以来一直传承不息,源远流长。比如,徽州传统学术文化从新安理学到徽派朴学延续了600多年而未断层就是一个典型的事例。第二,徽州文化是兼容并包的文化。徽州文化虽有其独立的个性,但在其发展过程中,也吸收了大量的其他区域、其他学派的文化。因此,兼容并包成为徽州文化的重要特色之一。第三,徽州文化是引领潮流的文化。作为引领潮流的文化,徽州文化中的新安理学成为国家意志和国家"主流"意识;而徽州文化中的其他各种文化现象,不仅因其地域特色鲜明而在中国传统文化中独树一帜,而且能突破区域局限,引领各领域的文化潮流。第四,徽州文化是世俗生活的文化。徽州文化中无论是精神层面的文化,还是物质层面的文化和制度层面的文化,都与世俗生活息息相关。第五,徽州文化是体系完备的文化。在中国传统社会后期,随着传统文化的地域化发展,各具特色的区域文化纷纷出现,形成繁星满天的情景。这些区域文化,各擅其长,或以哲学思想影响当时及后世,或因文学流派享誉天下,或藉教育和科举形成特色,或由民风民俗传扬四方,但集各种文化现象于一身者,并不多见。徽州文化则因其具有丰富的内涵,成为别具一格的文化体系,形成鲜明的区域特色。这些文化现象,涉及徽州经济、社会、教育、学术、文学、艺术、工艺、建筑、医学等学科,涉及中国传统文化的各个方面,也全面反映了中国传统社会后期经济、社会、生活及文学艺术等基本内容。无论是物质层面的文化、制度层面的文化,还是精神层面的文化,中国传统文化的特质在徽文化中均有典型体现。因此,徽州文化具有独特的研究价值,也成为徽学之所以形成的"地利"因素之一。

三是丰富的徽州历史文献和大量的文化遗存,尤其是20世纪80年代以来近百万件徽州文书的重新发现,为徽学的形成提供了坚实的资料支撑。徽学是以历史学为基础的综合性学科,史料是支撑学科成立的重要因素。历史上徽州向来以"文献之邦"著称,《新安歙北许氏东支世谱》说,江南诸郡中"以文献称者吾徽为最"。① 清乾隆年间编纂的《四库全书》,收录徽人著作254种(含存目类);而道光《徽州府志·艺文志》则著录徽人著述宋504种、元288种、明1245种、清(道光以前)1295种,总数达3332种,分经、史、子、集四大类,数十门类。胡益民编著的《徽州文献综录》著录的各类徽州典籍文献逾15000种。② 这些历史文献成为徽学研究的重要史料,并且在20世纪80年代以后包括《四库全书》在内的大型丛书陆续影印出版,为研究者提供了便

---

① 《新安歙北许氏东支世谱》卷五《寿昌许公八秩序》。
② 胡益民编著:《徽州文献综录》,合肥:安徽教育出版社,2014年。

利。徽州还是物质和非物质文化遗产保存较为丰富的地区,祠堂、牌坊、古民居、古村落、传统工艺、民间艺术等数量巨大,类型多样,它们既是徽学研究的重要内容,也是支撑徽学学科的资料类型之一。值得特别强调的是,20世纪80年代以来近百万件徽州文书的重新发现,在徽学形成过程中起到了极其重要的作用。甚至有学者认为,徽州文书具有"启发性、连续性、具体性、真实性和典型性的特点",这些特点"吸引了许多研究者全力以赴地研究它,以致出现了一门以徽州文书研究为中心、综合研究社会实态、探寻中国古代社会后期发展变化规律的新学科——徽学"。[①] 丰富的历史文献、大量的文化遗存和百万件的徽州文书,成为徽学形成的重要"地利"因素。

从"人和"来看,学术界致力于徽学学科的理论与方法研究,推动了徽学的形成。20世纪80年代以来,众多学者开始自觉为构建徽学学科体系而开展了一系列的讨论,涉及的问题包括徽学的名称、徽学的研究对象和研究范围、历史时段等。张立文、刘和惠、张海鹏、周绍泉、赵华富、黄德宽等学者分别撰文,探讨徽学学科建设的相关问题。安徽大学徽学研究中心在2004年还召开了"徽学的内涵与学科建构研讨会",40余位专家围绕徽学的内涵和学科体系建构等问题展开了深入讨论,会议成果被编成论文集《论徽学》,由安徽大学出版社出版。[②] 2000年,中国社会科学出版社出版的《徽州学概论》,也是一部探讨徽学理论与方法的著述。[③] 这些有意识地构建徽学学科的研究,成为20世纪80年代以后徽学形成的重要因素。

天时、地利、人和,三者共同促成了徽学在20世纪80年代后成为一门与藏学、敦煌学齐名的"显学"。在至今近40年的发展历程中,徽学研究取得了丰硕的成果。数千篇散见于报刊的徽学相关领域研究的论文,为我们展示了徽文化的博大精深和研究者的深度思考;数百部徽学专著,为我们解读和剖析了徽文化中诸种文化现象的前因后果,以及这些文化现象在中国历史和中国文化史上的地位与作用;数十种大型徽州文书与民间文献丛刊的影印出

---

① 周绍泉:《徽州文书与徽学》,载《历史研究》,2000年第1期。
② 朱万曙主编:《论徽学》,合肥:安徽大学出版社,2004年。
③ 姚邦藻主编:《徽州学概论》,北京:中国社会科学出版社,2000年。

版,为我们提供了徽学研究的重要珍稀资料。徽学成为一门"显学",正是立足于近40年徽学研究的成果之上。

为推动徽学研究的深入开展,集中展示最新的徽学研究成果,从2014年开始,安徽大学徽学研究中心与安徽大学出版社联手打造了《徽学文库》项目。该项目受到了国家出版基金的立项资助,第一辑共9种于2017年全部推出。《徽学文库(第一辑)》出版后,在学界产生了较大的影响。随后,我们策划了《徽学文库(第二辑)》出版项目,并再次得到国家出版基金的立项资助。《徽学文库(第二辑)》共收录徽学研究原创性著作10部,其中部分著作是省部级以上重点项目的结项成果,前后持续数年打磨而成;部分著作是学界新锐的博士学位论文,在导师指导下积数年之功形成的学术精品。作者分别来自安徽大学、复旦大学、厦门大学、暨南大学、上海财经大学、安徽师范大学、黄山学院和香港浸会大学等高校,均为长期关注徽州、从事中国史和徽学研究的学者。

《徽学文库(第二辑)》呈现了以下特色:

第一,聚焦徽学研究薄弱领域,填补学科发展空白之处。第二辑推出的10部著作,选题大多聚焦于徽学原先研究中相对薄弱的课题。比如,近年来随着徽州文书和民间文献的发现和整理,数量众多的徽州日记得以披露,但学界关于徽州日记的专题研究成果,尚未出现。第二辑中《明清以来徽州日记的整理与研究》一书,是作者20余年来深入村落田野进行调查,收集到大量散落民间的日记后,探幽发微、精心整理而成的著作,既有重要的学术价值,又填补了徽学相关研究领域的空白。徽州长期以来被视为儒学发达之区,有关徽州儒学的研究备受重视,而对徽州宗教的研究则相对薄弱。《徽州佛教历史地理研究》通过对大量徽州文书、佛教史籍、金石文字和考古资料的分析,从不同角度对徽州特定历史与地区的佛教传播、寺院分布、高僧籍贯等进行全面研究,对徽州各地区佛教发展的水平层次及其前后变化进行探讨,揭示了徽州佛教文化与其他文化的关系,以及佛教文化与徽州地理的相互作用。这一研究也是针对现有徽学研究的薄弱之处而进行的探索,具有填补空白的意义。《宋元明清徽州家谱的历史演进》《宋明间徽州社会和祭祀礼仪》

等,均为徽学研究中独辟蹊径、创新领域的成果。

第二,重视徽州文书和民间文献等新资料的挖掘、整理与研究,推动徽学研究利用特色资料走向深入。大量徽州文书和民间文献存世,是20世纪80年代以来徽学得以形成的重要"地利"因素。本辑中的多部著作,非常注重利用徽州文书与民间文献开展研究。如《宋元明清徽州家谱的历史演进》立足于徽州地域社会,以时间为序,对宋元明清徽州家谱进行了细致的考察与分析,揭示其内在特质及发展规律。《明清以来徽州日记的整理与研究》分上、下两编。上编为研究编,收录作者研究明清徽州日记的最新成果,内容涉及徽州乡土社会、徽州商人的活动和徽州名人的事迹等。下编为资料编,收录《曹应星日记》《复堂日记》《习登日记》等10部日记,或为稿本,或为抄本,极具学术研究价值。《晚清乡绅家庭的生活实态研究——以胡廷卿账簿为中心的考察》对晚清时期的徽州乡村社会及民众的日常生活图景作了总体性描绘,而其主要资料来源则是胡廷卿账簿前后19年的流水记录。通过对胡廷卿一家日常生活状况的研究,结合族谱资料,分析晚清时期徽州社会民众日常生活中的空间、生计及社会关系等问题。注重对徽州文书与民间文献的挖掘、整理与利用,成为本辑多数著作的共同特色。

第三,致力于以微见著,体现徽学作为区域史研究的典范价值和宏观意义。本辑著作从题目来看,多为关于徽学领域中的具体问题或某一现象的研究,但作者往往以小见大,着眼于相关问题的宏观意义,从而凸显徽学研究在解读中国历史、社会和文化发展中的样本价值。如《多元视角下的徽商与区域社会发展变迁研究——以清代民国的婺源为中心》围绕徽商中婺源商人与区域社会之间的互动、融合、发展与变迁这一核心问题展开讨论,希望揭示的是传统社会中商人群体兴起和形成的原因、商业经营网络及其主要经营行业、商人流动迁徙及其组织形态、同乡组织及其慈善事业、乡村的人口流动与商业移民、商业移民与侨寓地的社会变迁、商人和商业与市镇之间的关系等宏观问题。《历史社会地理视野下的徽商及徽州社会——以清民国时期的绩溪县为中心》较为系统地考察了绩溪本土社会的近代化表现,而作者的立意则是剖析近代商人、商业与地方社会变迁之间的内在联系。《晚清乡绅家庭的生活实态研究——以胡廷卿账簿为中心的考察》虽是关于胡廷卿一家日常生活状况的研究,但作者的目的在于阐释晚清时期国家、社会与个人之间的相互关系。《传统职业变迁与明清徽州人口流动研究》从明清徽州的自然与社会因素出发,较为系统地考察了明清徽州传统职业观的转换与建构,而作者的意图还在于解读"四民"间职业变迁、"四民"间人口流动及其对整个明清社会的作用和影响。本辑 10 部著作是关于徽州区域史研究的精微力著,但其学术价值和研究意义是远远超出徽州的。

第四,跨学科方法的运用,也是本辑著作的显著特色之一。如《民间历史文献与明清徽州社会研究》首先从文献学的角度对徽州档案文书史料进行了系统的考证和研究,再立足历史学、社会学等视角对徽州民间文书所反映的各种社会关系加以阐发,深入解读并阐释徽州民间文书的形式和内涵,从而探索基层社会诸侧面,以及开展徽州区域社会的研究。《徽州佛教历史地理研究》《多元视角下的徽商与区域社会发展变迁研究——以清代民国的婺源为中心》《历史社会地理视野下的徽商及徽州社会——以清民国时期的绩溪县为中心》等作品,则侧重于采用历史学、历史地理学、宗教学、社会学等多学科方法进行综合研究。《徽州文献探微》在研究中采用了文献学、方志学、谱牒学及史学研究的方法。跨学科的研究方法,有助于多角度、多层面探讨相关问题,从而得到更为可靠的结论。

徽学作为一门新兴的学科,只有近 40 年的历程,未来要发展为成熟的学科,仍需学界同仁作出持之以恒的努力。我们相信,久久为功,必有大成。这次推出《徽学文库(第二辑)》,是我们为发展繁荣徽学贡献的绵薄之力,期待有助于徽学研究水平的提升和徽学学科的建设。

是为序。

周晓光

2020 年 5 月 20 日于
安徽大学徽学研究中心

序

历史研究应关注区域社会长时段的内在延续与嬗变。就徽州研究而言，近十数年来，宋明之间数百年历史变迁的考察，受到了愈来愈多的关注。2004年，朱开宇出版《科举社会、地域秩序与宗族发展——宋明间的徽州(1100—1644)》一书，藉由较长时段的考察，探讨宋明之间宗族制度的发展、演变；2010年之后，日本学者伊藤正彦从宋元乡村社会史研究出发，陆续探讨了明初里甲制度等的形成过程；2013年，章毅出版《理学、士绅和宗族——宋明时期徽州的文化与社会》一书，结合思想文化史的研究方法，探究宗族与礼教秩序长时段的建构过程；同年，英国学者周绍明(Joseph P. McDermott)也出版徽州研究专著，聚焦于村落、土地与宗族，主要考察了宋明之间乡村新秩序的建立。而郭锦洲博士即将面世的新著《宋明间徽州社会和祭祀礼仪》一书，则以历史人类学的视角，重新阐释了数百年间徽州社会的递嬗演化。

在徽州历史上，宋代是个相当重要的时期。1121年，作为统县政区名称的"徽州"首度出现，此后，以"徽州府"命名的行政建制延续了将近八百年。南宋初年，徽州成为王朝的"辅郡"，区位优势空前提高。淳熙年间编纂的《新安志》，是安徽现存最早的宋代志书。这使得后代学者对于12世纪前后的徽州历史有了更多的了解。与宋元时代相比，明代中叶更是一个令人瞩目的转折阶段。此一时期，作为商帮的"徽商"崛起，成为中国经济史上最引人关注的现象之一。呼朋引类、离乡远涉的徽州商人,对于长江中下游甚至整个中国乃至于东亚世界都有着深刻的影响。与此同时,在徽州本土,赋役制度的变革,宗族之发展,都从诸多侧面重新塑造了区域社会的内在结构和人文景观。而郭锦洲的最新成果,便通过长时段社会变迁的考察,探究徽州祠堂祭祖仪式在明中叶确立和普及的历程。

《宋明间徽州社会和祭祀礼仪》一书,以时间先后为基本脉络,专章论述,荟萃成书。该书的主体部分共计五章,前四章分别讨论了宋元、明初、明中叶地方社会与祭祀的关系。在宋元部分的探讨中,郭锦洲指出,南宋时期,在徽州地方社会中,"祭祀王朝承认的神明,便是宋室子民;而声称徽州神明为祖先的,便是徽州人"。及至元末,尽管已出现追溯远祖的谱系,但这套谱系并不应用于祭祀仪式。而到了明初,祖先成了一种重要的媒介,一些人是通过祖先谱系或传说成功登记入里甲户籍,成为明朝的子民;而另外一些人则经由通谱,与那些已入户籍者建立共同谱系,从而获得相应的社会身份与地位。明代中叶以后,官府赋役改革中的归并政策,促使人们通过编修族谱和共同祭祀,建立共同的祠堂和族产,并创立虚构的户头缴税,从而建构宗族,这导致了"联合宗族"的大批出现。而在另一方面,徽州的宗族礼仪也从神庙祭祀传统中蜕变而来。郭锦洲认为,在徽州社会历史研究中,特别需要分清两类不同的祖先观念。有鉴于此,他通过较为系统地收集史料,特别是对宋元文集的细致研读,溯源寻根,将二者放回到历史的时序中,分析不同观念出现的时间以及倡议者之身份,从祭祀礼仪入手,细致观察徽州社会的变化。该书的第六章以岩镇为例,具体考察了传统徽州社区管理的问题。如所周知,自南宋以来,岩镇便是徽州最为重要的市镇之一,近年来颇受学界的关注,相关研究亦层出叠见。郭锦洲别出心裁,最早通过细致的学理性探讨,生动地揭示了16世纪岩镇一域不同势力之间的竞争,以及新旧仪式之交替、融合和变化,从而折射出明朝徽州社会纷繁复杂的一些侧面。

最后,作者还力图从区域比较的角度揭示徽州发展的独特轨迹。他指出,徽州的宗族礼仪是在明中叶从神庙礼仪的基础上演变而来的,祭祀礼仪和土地登记是决定祭祀场所究系"家庙"抑或"神祠"之关键。嘉靖年间的礼仪改革出现后,一套在祠堂内祭祀祖先的特定礼仪兴起,同时影响了"神祠"的祭祀方式。对于徽州一般民众而言,祖先祭祀并不是新生事物,因为他们一直都是在神庙内祭祀"祖先"。与珠江三角洲、湘西、高州、雷州等地不同,早在元朝,徽州已被描述为朱熹故乡,承接了理学的道统,故而当宗族礼仪在徽州推广时,并不具有一种向文化落后地区"教化"的优越性,而是被当时的士大夫视为顺理成章的一脉相承。正像此前诸多区域研究所揭示的那样——不同的地方社会,实际上因应着各自不同的历史,在不同时期和不同背景下,"接受、融合、修改和实践着"王朝的礼仪。此一研究,较为系统地勾勒出宗族社会形成背后的逻辑与脉络,很好地阐释了徽州自"神庙社会"转变为"宗族社会"的历史进程。

通读全书,显见作者师承有自,探微索隐,别具风格。在前人研究的基础上,郭锦洲运用历史人类学的研究方法,考索于志乘碑版,咨询于耆老通人,既重视历时性的细致探讨,又通过较为细致的田野调查,将制度史与区域社会变迁相结合,探讨徽州社会在不同历史时期与中央王朝整合的方式,揭示了各种整合方式所折射出的区域社会发展之独特历史。此一研究,是历史人类学视野下中国区域社会研究的一项重要成果,在不少方面皆具独创性。

多年前,我曾与劳格文教授一起在皖南做田野考察,其间,郭锦洲也参与在歙县等地的调查,我们曾一度朝夕相处,奔走于山林田园之间。2014年,他的博士学位论文答辩会,我亦应其导师科大卫教授之邀,专程飞赴香港参加。现在,郭锦洲的大作行将付梓,嘱为弁言,我言念旧游,自然义不容辞。为此,我再次将其最终修订的书稿拜读一过,写下上述文字,一是作为读后感言,二是表达衷心的祝贺。

时当阳春和暖,物候转新,斯为序。

王振忠
庚子三月于上海新江湾

目 录

MULU

第一章　绪言——历史人类学视野下的徽州研究 ………………………… 1
　　第一节　近代历史学者眼中的徽州和宗族 ……………………… 3
　　第二节　材料与方法 …………………………………………… 14
　　第三节　结构与内容 …………………………………………… 18

第二章　宋朝地方社会的形成 ……………………………………………… 21
　　第一节　地貌与交通 …………………………………………… 22
　　第二节　杭州兴起与徽州开发 ………………………………… 24
　　第三节　南宋政府的营建 ……………………………………… 30
　　第四节　神庙祭祀——徽州人的自我认知 …………………… 38

第三章　元朝儒士的谱系和祭祀 ………………………………………… 53
　　第一节　紫阳书院与儒士道统的建立 ………………………… 54
　　第二节　由"图"至"谱"：方回的祖先谱系 ………………… 63
　　第三节　郑令君庙与郑氏石谱 ………………………………… 72
　　第四节　由坟庵至坟祠：唐桂芳的祖先祭祀 ………………… 82

第四章　明初的王朝政策与祖先观念 ·················· 95

第一节　朱元璋与徽州的传说 ·················· 97
第二节　里甲户籍与祖先谱系 ·················· 100
第三节　神明祭祀与"庙户"——程灵洗与世忠庙户 ·················· 113

第五章　明中叶祭祀礼仪的变化 ·················· 124

第一节　赋役改革与宗族归并 ·················· 125
第二节　太平兴国寺与吕氏祖先 ·················· 131
第三节　吕氏祭田的建立与管理 ·················· 137
第四节　祭祖礼仪与产权 ·················· 149

第六章　岩镇的社区管理 ·················· 156

第一节　人口流动、商业与营建 ·················· 157
第二节　东岳庙、广惠祠和岩镇乡约 ·················· 169
第三节　没有祠堂的岩镇吴氏 ·················· 175

第七章　如何拉近与祖先的距离 ·················· 188

参考书目 ·················· 193

后　记 ·················· 208

第一章　绪言——历史人类学视野下的徽州研究

明朝万历四十年(1612),徽州歙县知县刘伸①审理了一宗案件,案中被告吕应松等人被控图谋霸占吕侍郎祠和斩伐祠堂附近的林木。吕氏声称,吕侍郎祠是其宗族的祠堂,他们一直在祠内祭祖,祠旁有他们宋朝祖先吕文仲的坟墓,而祠旁的山地林木都属于他们吕氏宗族。知县刘伸最后判决如下:

> 审得吕应松贪利盗卖官物……今将据为一姓之业,则凡海内崇报之祠,不少为其子孙者,皆亦得以己意而据之乎、伐之乎……试问朱文公之祠在新安者多矣,文公之子孙,不闻一一而据之也。②

根据刘伸所判,吕侍郎祠是一所属于官府的"崇报之祠",所以吕氏无权斩伐祠旁之树木。刘伸并不反对吕侍郎是吕氏祖先的说法,但他质疑,被用于纪念某姓祖先的祭祀场所便一定由同姓后裔所拥有,就正如在徽州多所祭祀朱熹的文公祠,都未听闻过由朱姓子孙据有。所以刘伸认为,纯粹的"血缘"宣称并不代表祠产的拥有权。对于刘伸的判决,吕应松等人不服,上诉至徽州府和都察院,理据是"如曰公祠,必系众建,从来修葺何人?如曰官祠,必系官

---

① 刘伸任歙县知县约在万历中期。(清)丁廷楗、赵吉士编:《徽州府志》卷四,康熙三十八年(1699),台北:成文出版社,1975年,第3页。
② (明)吕仕道:《新安大阜吕氏宗谱》卷六《歙县刘公审语后附诉言》,万历五年(1577),1935年重刊,第12~13页。

祭,从来对越者何宜"①。"对越"指帝王祭祀天地神灵,在此则表示官府并无派代表于吕侍郎祠内祭祀。换句话说,吕氏声称从来参与营建和祭祀仪式的就只有吕氏族人,这便是他们拥有该祠的证明。

　　本书无意探究这场官司谁对谁错,笔者引用它的目的是希望指出一个更重要的问题:"什么才是祠堂?"无论是知县的判词还是吕氏的辩解,其实都纠缠于这个问题。当我们进入一处祭祀场所时,我们为何这么肯定,这是(或不是)一所祠堂呢?这个今人认为容易的问题,对明朝万历年间的徽州人来说却很困难。

　　单说明朝的官司,似乎还未能体现徽州人对祖先与祠堂认知的变化,所以还需要提出笔者在徽州做田野考察的经验来帮助理解。过往几年,笔者有机会居于村内,往往感受到村民对祠堂有一种"理所当然"的态度。祠堂位于村子内,每天早上妇女会在祠堂旁的小溪洗衣服,黄昏时人们会在祠堂前的空地谈天、跳舞或运动。大多数村民能够详细指出哪一所祠堂是由哪一位祖先所建,并马上说出关于这些祖先的故事。尽管现在祠堂已没有祭祖仪式,祠内神主牌也是近期重新设立的,但年长的村民仍能够娓娓道出他们孩童时期如何参与祠堂内的祭祖活动,有些甚至能拿出上一代传下来的族谱,并依谱系自豪地说出他们是哪一房哪一支的族人。对村民来说,祠堂是他们生活的一部分,祠堂内的祖先与他们的距离非常近,仿佛仍然与他们生活在一起。如果将明朝的记录与笔者的田野调查放在一起的话,我们不禁会问,明朝吕氏官司显示出,徽州人与祖先的祭祀关系是那么的不确定,他们之间的距离是那么的遥远,究竟经过了怎样的改变,才将他们与祖先的关系拉近了呢?

　　要解答以上的问题,就不能忽略明中叶这一个关键的时期。吕氏的诉讼并不是孤例,在明朝中叶徽州经常出现这类关于祖先祭祀和祠产的官司。正是这些官司,令当时的人无法不思考"什么才是祠堂"这个问题,亦让他们有机会重塑对祠堂、祖先和祭祖礼仪的理解,他们可以选择舍弃、保留或改变旧

---

① (明)吕仕道编:《新安大阜吕氏宗谱》卷六,万历五年(1577),1935年重刊,第14~15页。

有的观念和习惯,也可以增加和建构新的元素。但这并不表示我们只将研究的焦点集中在明中叶的仪轨上,如果我们不去了解明中叶之前整个祭祀仪式脉络的发展,就根本不会了解明中叶祠堂祭祖仪式在这一变化中所起的重要作用。同样,如果我们只将研究范围局限于祭祀上的仪轨,而不去了解在背后起着推动作用的社会因素,我们所理解的徽州历史也只能是零碎的认知,而不是整体的观照。因此,本研究尝试通过阐释长时期徽州社会的演变,来解释祠堂祭祖仪式是如何在明中叶确立和普及的。

第一节 近代历史学者眼中的徽州和宗族

近代徽州研究是发端于中国古代商业史研究的。早在1943年,日本学者藤井宏就留意到明人汪道昆《太函集》关于徽州商人的叙述,并以此研究徽商如何操控扬州盐业,包括筹集资本和经营方式。藤井宏指出,徽商会找称为"客"的同乡或称为"掌计"的同族人帮忙,联系非血缘关系的同乡或同血缘的族人作为合作或聘用的对象。①

差不多同一时期,傅衣凌同样关注徽州商人的商业活动,甚至由徽商联系到"乡族"。"乡族"可以是一村一姓或一村多姓的村落,也可以是地缘或血缘的组织。乡族的形式可以在祠堂、神庙或会社(如神会)中体现,这些祠和庙拥有自己的族田、公田、社仓、义仓等财产。②傅衣凌在谈到徽商的资本出路时,认为他们会将资本投放回故乡,修宗祠、置义田。因此,"乡族"的兴盛

---

① [日]藤井弘著,刘淼译:《明代盐商的一考察——边商、内商、水商的研究》,1943年,见刘淼编:《徽州社会经济史研究译文集》,合肥:黄山书社,1987年,第244~346页;[日]藤井弘著,傅衣凌、黄焕宗译:《新安商人的研究》,1953年,见江淮论坛编辑部编:《徽商研究论文集》,合肥:安徽人民出版社,1985年,第200~202页。
② 对"乡族"的解释,参考傅衣凌:《中国传统的社会:多元的结构》,载《中国社会经济史研究》,1998年第3期,第2页;傅衣凌:《论乡族势力对于中国封建经济的干涉——中国封建社会长期迟滞的一个探索》,《明清社会经济史论文集》,北京:人民出版社,1982年,第80~81页。

通常都会出现在商业发达的地方,例如徽州、广东和宁波。①

除古人文集和地方志外,傅衣凌还留意到当时发现的大量徽州文书,例如族谱、土地买卖契约、租佃合约、典当文约和会簿等。自此以后,契约文书的历史价值大大显示出来,后来大部分的徽州研究都以地方文献为主要材料来源。傅衣凌的《明代徽州庄仆文约辑存——明代徽州庄仆制度之侧面的研究》、仁井田升的《明末徽州的庄仆制——特别是关于劳役婚》和章有义的《明清徽州土地关系研究》,都是利用徽州文书,探讨徽州当地庄仆制度和土地经济关系的研究成果。②

其后,徽州研究主要向两个方向发展。第一个方向是沿袭徽州商人这个课题,例如张海鹏、王廷元、臼井佐知子等学者便继续探讨徽商的经营手法;③第二个方向则是开始注意徽州本土的社会发展。在 1983 年,叶显恩出版了《明清徽州农村社会与佃仆制》。该书结合文献和作者在 1965 年和 1979 年在徽州所进行的实地考察,指出宗族制度在徽州地方社会上的重要性,从而点明佃仆的特殊地位。徽州的宗族成员享有社会地位和财产保障,佃仆则受主人劳役,不得参加科举考试,接受次等社会地位,即所谓"种主田、葬主山、住主屋"。

叶显恩的宗族研究产生了两方面的影响:一是他把对徽州地方社会的理解,由傅衣凌所认为的既可以是血缘亦可以是地缘的"乡族",限定为血缘的宗族。他以上古时期的封建宗法制度解释徽州宗族,认为在徽州每处地方都

---

① 傅衣凌:《明代徽州商人》,1947 年,见江淮论坛编辑部编:《徽商研究论文集》,合肥:安徽人民出版社,1985 年,第 29~30 页。另外,傅衣凌引用日本学者牧野巽"宗族结合"的观点,展示出"乡族"与经济繁盛的关系。参考傅衣凌:《明代徽州商人》,第 45 页,注 150。牧野巽的文章,参考牧野巽:《明代同族的社祭记录之一例》,见刘淼编:《徽州社会经济史研究译文集》,合肥:黄山书社,1987 年。

② 傅衣凌:《明清农村社会经济》,北京:生活·读书·新知三联书店,1961 年;[日]仁井田升:《明末徽州的庄仆制——特别是关于劳役婚》,《中国法制史》第 5 章,东京:东京大学出版社,1960 年;中文译本见刘淼编:《徽州社会经济史研究译文集》,合肥:黄山书社,1987 年;章有义:《明清徽州土地关系研究》,北京:中国社会科学出版社,1984 年。

③ 张海鹏、王廷元主编:《徽商研究》,合肥:安徽人民出版社,1995 年;[日]臼井佐知子:《徽商及其网络》,《安徽史学》1991 年第 4 期,第 19~20 页。

是一姓一族的宗族,而宗族则是由祖先繁衍下来的家庭结合体。二是他强调了徽州本土资源与徽商互惠互利的关系。他认为,徽州当地的农作经济,例如山场木材出售和田地出租所带来的收益,都给徽商提供了资本;同时,徽商亦会将在外经商的盈利投回故乡。他们兴建书院、学校,培养宗族子弟,或直接捐赠给宗族,让其购买祠田、义田,重修祠堂和牌坊,用作宗族活动、互相接济和恤族的经费。叶显恩认为,在徽州,族产远比私产大,而这些族产多由徽商捐资购置,由祠堂管理,名义上是宗族公有,但实际上是由族长或宗族缙绅指定的人管理,或者轮房管理。① 其后,更多学者以不同的角度,例如祭祖礼仪、徽商资本和祠堂族产等方面研究过明清时期的徽州宗族。② 近几年,章毅在以往研究的基础上,融合思想史和社会史的研究方法,探讨徽州宗族在长时段的发展过程,是徽州研究领域中的一大突破。③ 这些学者都认同宗族为明清徽州社会最基本和最重要的组织。

与中国学者一样,西方学者在 20 世纪 80 年代亦开始关注徽州地方社会。这些西方学者研究的出发点,主要是回应人类学家弗里德曼(Maurice

---

① 叶显恩:《明清徽州社会与佃仆制》,合肥:安徽人民出版社,1983 年。
② 周绍泉:《明清徽州祁门善和程氏仁山门族产研究》,见中国谱牒学研究会编:《谱牒学研究》第二辑,北京:书目文献出版社,1991 年;唐力行:《明清以来徽州区域社会经济研究》,合肥:安徽大学出版社,1999 年;赵华富:《徽州宗族研究》,合肥:安徽大学出版社,2004 年;朱开宇:《科举社会、地域秩序与宗族发展:宋明间的徽州,1100—1644》,台北:台湾大学出版委员会,2004 年;林济:《"专祠"与宗祠——明中期前后徽州宗祠的发展》,《中国社会历史评论》,第 10 卷,2009 年,第 31~56 页;阿风:《明代徽州宗族墓地与祠庙之诉讼探析》,《明代研究》,17 期,2011 年 12 月,第 1~47 页;朴元熇:《明清徽州宗族史研究:歙县方氏的个案研究》,北京:中国社会科学出版社,2009 年;常建华:《明代宗族组织化研究》,北京:故宫出版社,2012 年。有的研究并不全然集中在宗族,还包括徽州社会的不同层面。参考郑力民:《徽州社屋的诸侧面——以歙南孝女会田野个案为例》,《首届国际徽学学术讨论会文集》,合肥:黄山书社,1996 年;栾成显:《明代黄册研究》,北京:中国社会科学出版社,1998 年;王振忠:《徽州社会文化史探微:新发现的 16—20 世纪民间档案文书研究》,上海:上海社会科学院出版社,2002 年;卞利:《明清徽州社会研究》,合肥:安徽大学出版社,2004 年;周晓光:《徽州传统学术文化地理研究》,合肥:安徽人民出版社,2006 年。
③ 章毅:《理学、士绅和宗族——宋明时期徽州的文化与社会》,香港:香港中文大学出版社,2013 年。

Freedman)在 20 世纪 50 年代的宗族研究。弗里德曼以社会人类学的观点，区分了"氏族"(clan)和"宗族"(lineage)的观念。他认为福建和广东地区村落里的宗族不是"氏族"，而是"宗族"。"氏族"和"宗族"都是声称有共同祖先的群体，但是"氏族"以松散形式存在，不一定有把成员一代一代联系上共同祖先的谱系；"宗族"除了承认有共同祖先之外，更依赖谱系来控制财产，并明确列出"房派"。宗族成员捐赠给祠堂的财产并非"氏族"内所有成员都可共享，而是按谱系和祠堂祭祀礼仪来决定谁有份。① 弗里德曼把宗族称为父系继嗣的控产集团(corporate group of agnate)，通过族谱的"继嗣线"(male line)、祠堂和祭祖仪式，以父系继嗣形式把族产一代一代承传下去。②

弗里德曼称，族谱是用以确定宗族成员的文书，既显示出一族之内男性成员之间的关系，又可通过纵向的父系"继嗣线"上系至这些男性成员的始祖。③ 但是族谱"继嗣线"并非单纯记载宗族内的血缘繁衍，也包括一种虚构和想象。④ 所以，宗族可以是通过虚构和想象所组成的团体，并以祖先的名

---

① Maurice Freedman, *Chinese Lineage and Society: Fukien and Kwangtung*, (London: Athlone P.; New York: Humanities P., 1966), p. 169. 关于"族"与"宗族"的分别，可参考 Morton Fried, "*Clans and lineages: how to tell them apart and why—with special reference to Chinese society*", in Bulletin of the institute of Ethnology, Academia Sinica, 1970, p. 11—36；同样，伊佩霞(Patricia Ebrey)和华琛(James Watson)认为"族"与"宗族"的中文字义太容易混淆，而特别提出两者的定义，Patricia Ebrey and James Watson (ed.), *Kinship organization in late imperial China*, Berkeley: University of California Press, 1986。

② Maurice Freedman, *Lineage organization in Southeastern China*, p. 1; *Chinese Lineage and Society: Fukien and Kwangtung*, p. 20, 26 and 156. 控产集团亦即"法人"，钟宝贤认为，法人的意思是，在现实世界中没有这个人的存在，但通过法律创造一个"人"出来，西方的教会和现今的有限公司都是控产集团的例子，而在中国，宗族、祠堂和祖尝便近似这个控产集团的观念。但中国宗族始终与西方法人有所分别，在西方，中古习惯法规定，法庭只承认以"慈善"的名义拥有财富的法人，但中国宗族的财产是以祖尝形式累积，"排他性"和"地域性"太强，故不属"慈善"名义。钟宝贤:《"法人"与"祖尝"——华南政情与香港早期的华资公司》，见香港科技大学华南研究中心、华南研究会合编，《经营文化:中国社会单元的管理与运作》，香港:香港教育图书公司，1999 年。

③ Maurice Freedman, *Lineage organization in Southeastern China*, p. 69—70.

④ Maurice Freedman, *Chinese Lineage and Society: Fukien and Kwangtung*, p. 26—27.

义向政府登记土地。

既然宗族的财产可以用祖先的名义登记,祠堂这个祭祀祖先的地方即应为宗族成员的共同财产。我们必须了解,并非所有村民的祖先木主都会放进祠堂内,当中还会经过种种礼仪与经济因素的筛选,例如一些较贫穷的家庭会被淘汰而消失,因而他们直系祖先的木主也从来没机会放进祠堂。所以乡村内部存在的分歧,每每在祠堂举行祭祀祖先仪式时就会显露出来,只有能够参与的村民才是宗族成员,有权分享祖先名下财产的收益。① 从控产的角度去研究宗族,加强了我们对传统村落的认识。

弗里德曼的研究引起了西方学者对中国宗族和地方社会的兴趣,但碍于当时的政治环境,外国学者只能研究中国香港和中国台湾的宗族。② 直到 20 世纪 80 年代改革开放后,他们才慢慢有机会到福建、广东等地进行田野考察。拥有大量文书、族谱的徽州亦自然成为他们的研究对象。贺杰(Keith Hazelton)便以休宁茗州吴氏为例,指出徽州的宗族与广东的宗族并不相同。③ 宋汉理(Harriet Zurndorfer)则以休宁范氏的个案来验证弗里德曼的理论。弗里德曼认为,有利于宗族发展的四个因素分别是农业环境富饶、位于边陲、商业发达和缺乏官府控制。宋汉理认为,前三个因素都适用于休宁

---

① 参考 Maurice Freedman, *Lineage organization in Southeastern China*, p. 87; *Chinese Lineage and Society: Fukien and Kwangtung*, p. 44。

② 关于台湾和香港的宗族研究,参考 Jack Potter, *P'ing Shan: the changing economy of a Chinese village in Hong Kong*, Thesis(PhD), University of California, Berkeley, 1964; Potter, Jack, "Land and Lineage in Traditional China", *Family and Kinship in Chinese Society* (Stanford, 1970), p121—138; Burton Pasternak, *Kinship and Community in Two Chinese Villages* (Stanford, 1972)。

③ Keith Hazelton, "Patrilines and The Development of Localized Lineages: The Wu of Hsiu-ning City, Hui-Chou, to 1528", in Patricia Ebrey and James Watson (ed.), *Kinship organization in Late Imperial China*, 1000—1940, (Berkeley: University of California Press, c1986). 此文改编自作者的博士论文的第三章:Keith Hazelton, *Lineages and Local Elites in Hui-chou*, 1500—1800, (Princeton University, 1984)。贺杰亦改编了他的论文其他内容,写成另一篇文章,参考陈春声译,刘志伟校:《明清徽州的宗族与社会流动性》,见刘淼编:《徽州社会经济史研究译文集》。

范氏，但第四个因素却不适用。① 在 20 世纪 90 年代，周绍明（Joseph McDermott）去过徽州考察和搜集资料，经分析和梳理后，在 2013 年出版 *The making of a new rural order in South China*。该书以商业史的角度来研究徽州祁门善和里程氏宗族。他指出，15 世纪的徽州社会其实同时存在宗族、神庙和佛寺等几种社会组织，这些组织都具有控制田产的功能，到 16 世纪，明朝官府政策和社会发展趋势开始向宗族倾斜，使宗族的社会地位最后超过社、神庙和佛寺，同时宗族在控产方法上已与过去不同。周绍明认为徽州的祠堂不仅可以控制大片土地，还能给徽州商人集资、贷款和买卖股份提供便利条件。② 尽管这些西方学者拿徽州宗族的例子来比较弗里德曼笔下的广东宗族，并指出两者的分别，但他们的研究基本上仍依循弗里德曼视宗族为控产集体这个理论框架。

真正修正了弗里德曼的理论、提供另一视野去理解宗族的，是科大卫（David Faure）的研究。弗里德曼认为华南地区每个村落都是一单姓宗族，杂姓村落只是暂时的，最终都会变成单姓宗族村落。③ 科大卫质疑这套说法，认为如要更好地理解村落，特别是杂姓村落，须从"入住权"（right of settlement）入手。"入住权"不单指能够在乡村居住的权利，还包括建屋、埋

---

① Harriet Zurndorfer, *Change and Continuity in Chinese Local History：The Development of Hui-chou Prefecture* 800－1800，Leiden：New York：E. J. Brill, 1989），中文译本，宋汉理著，谭棣华译，叶显恩校：《徽州地区的发展与当地的宗族——徽州休宁范氏宗族的个案研究》，见刘淼编：《徽州社会经济史研究译文集》，第 19～75 页。

② Joseph McDermott, *The making of a new rural order in South China*, Cambridge：Cambridge University Press, 2013. 值得留意的是，周绍明的研究是传承自西方学者对中国商业史的关注。他认为宗族祠堂的控产功能，有点承袭自佛寺"常住田"的意味。关于佛寺"常住田"的研究，可参看 Denis Twitchett, "The Fan Clan's Charitable Estate, 1050－1760", David Nivison, （ed.）, *Confucianism In Action*, （Stanford, Calif.：Standford University Press, 1959)及中译本崔瑞德，《范氏义庄：1050－1760》，见尼微逊等著，孙隆基译：《儒家思想的实践》，台北：台湾"商务印书馆"，1980 年。

③ Maurice Freedman, *Chinese Lineage and Society：Fukien and Kwangtung*, p. 3, 8；关于科大卫反驳弗里德曼的理据，可参看 David Faure, *The Structure of Chinese Rural Society*, （Hong Kong：Oxford University Press, 1986), p. 182, Footnote, 13。

葬和开荒等权利。举例来说,一名没有"入住权"的村民在土地上能做的事情是有限的:他可以建茅屋,但不可以建砖屋;他可以居住在当地,但不可以建墓穴埋葬先人。砖屋和墓穴是永久定居的象征,是"入住权"的一种证明。换句话说,"入住权"是一种社会地位的表达。值得留意的是,如果以"入住权"的角度来看徽州社会的话,在叶显恩的徽州研究中提到的"种主田、葬主山、住主屋"的徽州佃仆,就真正是没有"入住权"的村民。①

科大卫认为在杂姓村落内,拥有"入住权"的村民就是村落成员。与单姓村落不同,他们的村落成员身份不是单靠族谱的记录和参加拜祭祖先的仪式来体现的,而是靠在节庆中共同拜祭神祇来体现的。举例来说,在香港新界沙头角附近的万屋边,村内居民有 8 种不同姓氏,他们会共同举行"做社"。"做社"即屠宰猪只来拜祭土地神。参与做社的村民名字会被记录在一块名叫"社牌"的木牌上。根据社牌,各户村民轮流负责筹备做社,并自由决定是否参与。但只有村民才具备参与做社的资格,并对做社有所贡献,例如帮助筹备或提供食品。

打醮是乡村社区的祭祀仪式,科大卫和蔡志祥分别研究过新界万屋边和长州的打醮仪式。"打醮"的意思是以道士、和尚为媒介与鬼神沟通的大规模祭祀活动,目的是"保境祈阳、许愿酬还"。"保境"中的"境",便具有强烈的地方社区的意味。在打醮时临时搭建的醮棚内,会放置村民从附近的神庙和土地庙请来的神像。在仪式中,道士会把参与打醮的村落成员名字写在一张名叫"启榜"的名单上,大声读出名单上的名字,并把它贴在村里的墙上。总括而言,这些仪式是用来确认谁是村落成员。无论是做社还是打醮,村民不分血缘,只要是村落的一分子都可以参与这些仪式。②

在杂姓村落中,因为村民不是同一姓氏,所以他们不能共用祠堂,村落的

---

① David Faure, *The Structure of Chinese Rural Society*, (Hong Kong: Oxford University Press, 1986), p. 30—44.

② David Faure, *The Structure of Chinese Rural Society*, p. 80—90;蔡志祥:《打醮:香港的节日和地域社会》,香港:三联书店(香港)有限公司,2000 年。

社区中心便不可能是祠堂,而是庙宇。在新界沙田大围,有15种不同姓氏的居民,他们视侯王庙为大围的庙宇,并共同庆祝侯王诞,而在拜祭侯王的同时,村民亦会拜祭6个土地神。① 虽然科大卫没有提到这些土地神是否代表不同姓氏的村民,但不容置疑的是,在大围这个杂姓村落中,各姓的村民把各自的祠堂建在村落的围墙外,而在村内,他们便用庙宇代替了祠堂,以侯王诞作为中心,承认这些土地神,从而显示出他们的村落成员身份。②

以上的研究证明乡村可以是地缘组织,不一定依赖宗族。那为何在新界和广东的一些地方,祠堂、族谱和追溯祖先的礼仪却又这么多呢?科大卫所著的《皇帝与祖宗:华南的国家与宗族》(*Emperor and ancestor: state and lineage in South China*)一书,以珠江三角洲为例,解答了这个问题。③

弗里德曼视宗族为控产组织;科大卫则视宗族为一个地方社会与中央王朝的整合。科大卫指出,16世纪之前的珠江三角洲呈现出的不一定是宗族意识普及的社会景况,亦可以是其他的社会样式,之前提及的新界地缘组织便是其中一种。但自16世纪起珠江三角洲的百姓开始经历政府赋税和祠堂礼仪的改革:在赋税改革下,他们可以祖先的名义登记财产;在礼仪改革下,他们模仿古代贵族,大量兴建"家庙式"祠堂,利用祠堂祭祖仪式来宣称他们拥有祖先名下的财产。所以他的结论是,珠江三角洲的宗族社会,并不是古已有之,而是随着官方意识形态渗入乡村而建立起来的。④ 科大卫并没有推翻弗里德曼关于宗族是控产集团这个理论,而是将这个理论放进中国明清时期的历史脉络中加以阐述。

---

① 科大卫提到村民在拜祭侯王的同时,会拜祭其他的神祇和村内的英雄,相信这些神祇和英雄是与村内不同姓氏的村民有关联的。参考 David Faure, *The Structure of Chinese Rural Society*, p. 202. Footnote, 15。

② David Faure, *The Structure of Chinese Rural Society*, p. 73—86, 171。

③ David Faure, *Emperor and ancestor: state and lineage in South China*, Stanford, Calif.: Stanford University Press, 2007. 中文译本科大卫著,卜永坚译:《皇帝和祖宗:华南的国家与宗族》,南京:江苏人民出版社,2009年。

④ David Faure, *Emperor and ancestor: state and lineage in South China*.

因为政府的赋税政策和祭祀礼仪是改变地方社会的重要原因,所以有必要再详细讨论两者与宗族的关系。刘志伟认为,明朝中央政府在国初尝试推行的赋税制度是里甲制,但因为难以在广东地方上严格执行,所以因应地方政府和社会的需要而有所改变,最后产生了宗族。简单地说,里甲制是以户口作为分配赋役基本单位的户籍登记制度,政府根据户籍登记内每户的人丁和田地分配田赋和力役。但问题是明初里甲制度下的力役繁重而无定额标准,随时会导致承担力役者倾家荡产。于是,百姓利用"花分子户"①、冒名顶替等方式来逃税,甚至户内家庭自然繁衍,导致里甲户籍严重失实,结果地方政府因不能有效征税而陷入财政危机。

政府为了整顿税收,曾尝试多种改革办法,例如重新平均分配力役和以定额交钱代替力役等,最后便出现了"一条鞭法"。② 实施一条鞭法时,纳税的单位仍然是户口,但政府征税的多少取决于这个户口拥有土地面积的多少。当政府直接从田产评税,那么户主是真有其人,还是虚构的,或是已不在世之人,已经不重要,只要该户能按土地面积登记情况准确交税,政府便承认该户及其所属田产的存在。"户"的意思逐渐由家庭名词转为财产名词,类似于我们现代的银行户口。③

刘志伟认为"户"的性质由家庭变为户口后,操纵"户"的背后组织,则多数是宗族(当然亦可以是其支派内的成员)。这些宗族介于百姓和政府之间,其既通过户口承担纳税义务,又享受户口给予的权利,例如土地拥有权和社会地位。而社会成员必须依附于这些宗族,否则会成为"无籍之徒"——一

---

① "花分子户"是将一个拥有大量人丁和田产的户口,分拆成几个小户。每一个家族组织发展到某阶段,都会有"分家析产"的情况。分出来的新家庭便是"花分子户"中的小户,所以"分家析产"是形成"花分子户"的途径。参考刘志伟:《在国家与社会之间:明清广东里甲赋役制度研究》,第 248 页。

② 参考刘志伟:《在国家与社会之间:明清广东里甲赋役制度研究》,广州:中山大学出版社,1997 年,第 11、193 页;黄仁宇、阿风等译:《十六世纪明代中国之财政与税收》,台北:联经出版事业股份有限公司,2001 年,第 152 页。

③ 刘志伟:《在国家与社会之间:明清广东里甲赋役制度研究》,第 193、222、243、258 页。

种被视为没有合法身份的人,他们的地位亦较次一等。由此可见,百姓的身份地位建立在土地财产和宗族社会组织之上。①

在祭祀礼仪方面,明朝嘉靖年间的"大礼议"事件促成了朝廷礼仪的改革。正德十六年(1521)明武宗死后无嗣,兴献王长子朱厚熜继承皇位,是为世宗。世宗即位后,因为要追崇生父兴献王而与群臣起争执。大部分廷臣认为世宗要"继嗣",以祭祀父亲的方式祭祀武宗,但世宗坚持自己只是"继统",仍祭兴献王为父。最后世宗得到几位官员如张璁等人的支持而坚持了自己的做法。黄进兴的研究留意到,自此以后,世宗编纂议礼之文,而且改革礼仪,"以制作礼乐自任"。② 而在礼仪改革中,与宗族关系最大的是嘉靖十五年(1536)的祭祖改革。根据《明集礼》,明初祭祖仿效宋儒朱熹的《家礼》,品官可祭四代祖先,庶民只能祭两代祖先,而祭祀祖先的场所是《家礼》所指的祠堂。但此处所指的祠堂,意思只不过是房子里其中一间房,而并非独立建筑,只有高级官员才能兴建具有独特形制的"家庙"祭祀其祖先。

科大卫认为就算有此礼制,在珠江三角洲亦不见得真的有很多品官建立"家庙"。但自嘉靖十五年(1536)礼部尚书夏言以提倡孝道的名义上奏,容许放宽祭祖的代数和场地限制之后,无论是庶民还是品官都可祭祀四代以上的先祖,建家庙的资格亦不限于高级官员,只要庶民找到一位曾当官的祖先,即具有在家庙祭祀始祖的资格。朝廷的改革使民间宗族礼仪得到普及,兴建"家庙式"祠堂为庶民所效仿并流行。③

科大卫和刘志伟强调,上述关于珠江三角洲的宗族面貌,是明代国家政治变化和经济发展的一种表现,同时亦是一种独特的社会意识形态,所以研究宗族的历史学者需要考虑宗族意识形态通过何种方式在地方社会渗透,宗

---

① 刘志伟:《在国家与社会之间:明清广东里甲赋役制度研究》,第 252~259 页。
② 黄进兴:《道统与治统之间:从明嘉靖九年孔庙改制论皇权与祭祀礼仪》,《优入圣域:权力、信仰与正当性》,台北:允晨文化实业股份有限公司,1994 年,第 125~163 页。
③ 科大卫:《祠堂与家庙——从宋末到明中叶宗族礼仪的演变》,《历史人类学学刊》,第 1 卷第 2 期,2003 年 10 月,第 1~20 页。

族礼仪在地方如何推广,如何把地方认同与国家象征结合起来。① 由于珠江三角洲有其独特的发展历史,中国不同地方亦有不同的历史,所以不能一概而论。因此,若我们要更好地理解宗族文化,就必须比较不同地方的社会历史。但科大卫和刘志伟亦提醒我们,历史学者的焦点并不应单单集中于地方社会的宗族形态,还应考虑宗族形态背后的历史脉络,当中包括该地方社会何时被整合到王朝,以什么方式、礼仪或制度来整合。以珠江三角洲与福建莆田为例,这两处地方的差异,在于珠江三角洲乡村最引人注目的建筑是宗族祠堂,但在福建莆田最突出的是神庙。这反映出前者在地方社会组织上是以宗族为主导的,而后者则是以神庙为主导的。出现这种差异是因为福建莆田比珠江三角洲更早融入中央王朝。福建莆田早在南宋时已与中央王朝整合,而当时王朝与地方整合的方式,就是承认当地的神明,所以福建地区形成了一套成熟的神庙系统。而到了明朝,政府在福建莆田推行里甲和宗法礼仪时,并不能取得主导地位。但珠江三角洲在宋朝时大部分土地还在水上,到明朝时政府才开始大规模开发沙田,所以当地没有受到宋王朝太多的影响,而明朝政府所带来的宗族模式如祠堂的营建和族谱的编修,在当地得到重视。②

由此可见,科大卫的研究并不是要为宗族提供一个典型的定义,而是希望透过珠江三角洲的宗族历史,找出一些更具意义的问题,帮助我们将其与其他地方社会做比较。例如,这些地方社会的地方神明和祖先是何时与王朝的意识形态整合在一起的,王朝的基层政府是何时建立的、规模如何。

在这个比较研究的基础之上,徽州就是一个值得不断深入研究的地方。一方面,徽州与福建一样,早在南宋时便与中央王朝建立紧密的联系,这点从徽州的科举额数的增加、对地方神明的承认、县学的设立中都能清楚地看出

---

① 科大卫、刘志伟:《宗族与地方社会的国家认同——明清华南地区宗族发展的意识形态基础》,《历史研究》,2000 年第 3 期,第 3～14 页。
② 科大卫、刘志伟:《"标准化"还是"正统化"?——从民间信仰与礼仪看中国文化的大一统》,《历史人类学学刊》卷 6,1、2 期合刊,2008 年 10 月,第 17～18 页;David Faure, *Emperor and ancestor: state and lineage in South China*, p.351-368.

来(本书第二章会详述宋朝时期的徽州历史);另一方面,如按照前面科大卫和刘志伟的说法,徽州地方社会应该和福建一样,呈现出一套成熟的神庙系统,但是过往大多数的历史学者所描述的明清徽州社会不像福建,反而和珠江三角洲相同,出现大量祠堂和族谱,形成了宗族社会。为何我们看不到徽州地方社会的神庙系统?是因为明清时期所谓宗族社会的背后其实承传着一套神庙系统,只不过不易让我们察觉吗?要解答上述问题,我们断不能将宋朝的徽州和明清的徽州视为两个独立课题,而应该审视两者的连贯性,阐述徽州社会由宋朝至明朝所经历的变化。

第二节 材料与方法

历史学者对徽州并不会感到陌生,原因是20世纪初民间文献的大量发现,使徽州研究长期成为近代中国史学热门的研究课题。[①] 而近年来,研究华南的学者通过历史人类学的研究方法,探讨地方社会独特的发展及其与国家大环境的关系。以历史人类学的视野来研究徽州这个史学界的老课题,将会帮助我们重新理解徽州历史。这正是本书尝试的方法。

梳理历史文献是历史人类学了解地方社会不可缺少的工作,本书利用的材料基本上都是过往学者所采用的民间文献,例如方志、墓志、文集、笔记、族谱、契约和碑刻等,但处理方法却有所不同。本书不仅抄录文献所记载的内容和故事(story on the book),同时亦注重文献及其内容与当时社会的关系和意义,了解该文献在什么社会脉络下出现和流通,在文献背后存在一个什么故事(story behind the book)。以本书经常引用的南宋《新安志》为例,该书著于南宋淳熙二年(1175),是徽州第一本地方志,介绍当时的官衙、神明、儒学、风物等情况。在分析《新安志》的内容时必须注意,编纂该书的时间,距

[①] 有学者以"徽学"概括关于徽州的研究,参考方利山:《徽州学散论》,香港:天马图书有限公司,2000年;朱万曙:《论徽学》,合肥:安徽大学出版社,2004年;另外亦可参考安徽大学徽学研究中心出版的学术期刊《徽学》。

离宋高宗于1138年定都杭州大约40年。当政治中心南移后,徽州的政治经济地位也变得越来越重要,成了杭州所需大量木材、油漆和砚墨等产品的出产地。因此,《新安志》强调徽州文化的源远流长和强大的影响力、对王朝的重要性及其地方色彩,处处刻意表达出一种地方自我意识。其实早在南宋以前,已有书籍如《册府元龟》或《太平广记》等记载徽州的情况,但这些资料都是由中央官员所编纂,内容并不具有地方社会的意义。而《新安志》的特别之处在于编者罗愿既是朝廷官员,也是徽州地方人士,所以该志符合王朝的规范,同时,也是从当地人的角度对当地社会的记述。

自《新安志》之后,历代的地方政府视编修地方志为需要遵循的传统,因而不断编纂府志和县志,以此作为一种管治的象征。不同时期的方志,都会选择保留、扔弃或修改旧志内容,同时会增加新的材料,由此可以看出不同时期地方政府的施政重点。

不同时期徽州士人的文集是本书重要的参考材料,有助于我们更清晰地了解徽州社会,摆脱过往对徽州的偏见和误会。南宋朱熹之父朱松的《韦斋集》,成为后世徽州士人修纂族谱和地方志的依据。当徽州经历宋元或元明朝代更替的动荡时,徽州士人会刻意标榜徽州是继承朱熹道统的文化之地。同时,以尊崇朱熹学说或遵守朱熹所教导的祭祀方式,来彰显自身的身份。但我们不要误会元朝的徽州社会已普遍流行一套遵循朱熹家礼的生活方式,相反,这套生活方式最多只是在以士人自诩的群体内流行,对于普罗大众,佛、道和一般的神明祭祀影响更大。这点可以从元朝士人的文集中看出,这些文集中保存了他们受邀为佛寺、道观或神庙撰写的大量文章。

徽州的族谱非常丰富,本书所采用的族谱资料,源自多家图书馆和犹他家谱学会的收藏,也有部分是笔者在田野考察中搜集得来的。处理族谱的内容要非常小心,刘志伟便提醒我们,不要视族谱为史书,而应视之为史料,利用它们来分析其背后的社会意义和地方历史。[①] 笔者所采用的族谱,大多数

---

① 刘志伟:《历史叙述与社会事实——珠江三角洲族谱的历史解读》,《在国家与社会之间:明清广东里甲赋役制度研究》,北京:中国人民大学出版社,2010年,第233~255页。

编于明朝中叶,最早的编于正统年间。笔者没有找到明朝以前的徽州族谱,而事实上明朝以前编修的族谱没有多少能传留至今。幸运的是,元朝徽州士人留下的文集当中,有不少记述作者如何编修族谱和祭祀祖先的文章,也有不少族谱序文。这些文集的内容显示出当时人对祖先的观念,如果将这些材料与编修于明朝的族谱比较,可发现元明时期徽州人修谱方式和祭祖方式其实变化甚大。

田野考察是历史人类学重要的研究方法,但在田野考察中看什么、访问什么人、问什么问题,则言人人殊。笔者较为关注乡村的礼仪文化,包括祠堂、庙宇、佛寺、道观,乡民拜祭的大树、大石和水口位置等。这些地方是乡村的社区中心,是乡民聚集和交流之处,从中我们可看出地方社会的群体组织和不同群体之间的关系。同时,这些地方通常保存了记录该地发展轨迹的石碑,这种石碑是供历史学者研究的好材料。

近年来,有不少学者通过祭祀仪式来研究徽州的历史,但现在徽州仍然保留传统祭祀仪式的地方并不多,所以主要的资料,多数来源于对长者的访问和旧时的文字记录。历史学者进行访问时需要注意哪些是古代传留下来的观念、哪些是因应最近二十多年的经济和旅游业发展而再定义的新观念。同样,历史学者即使找到一份著于旧时(例如明朝万历年间)的文字记录,亦需要考虑该文字记录所表达的观念是当时(明朝万历年间)的观念,还是之前(在万历之前的年代)留传下来的观念。

对笔者来说,田野考察最大的好处是常常得到一些足以影响研究方向的启发。笔者在徽州考察时,有幸得到鲍树民先生和他家人的帮助,居于他们在棠樾村的家里。每当吃过晚饭后,我们便会在客厅看电视和聊天。在最初几晚,总会有村民走进来一起看电视,并用我听不懂的土话与鲍家成员嘻嘻哈哈地交谈,坐十多分钟便离开。很快又有另一名村民走进来,如是者,一晚总会有两三名村民来看电视和谈天。起初我还不以为意,以为这是村民间嘘寒问暖的生活方式。直到有一晚,一位先生走进来,鲍树民先生介绍说这位是村支书。他以普通话与我谈了几分钟后便离开,此时我才明白我的身份是多么的特殊,之前来的村民并不是来看电视,而是因为好奇来看我这位外来客。另外,有一天我问一名村民,他们一般是去何处买菜的。我问这个问题的原因,是我看到的超市和菜市场都位于距离棠樾村有一段距离的歙县县城内,但我不常看见村民为了买菜而往来于县城和乡村。该村民回答说,他们买菜不用往县城,在村内便可以买。我马上便问:"村内有地方卖菜吗?为什么我不知道!"该村民便以近乎嘲笑的语调说:"你当然不知道。"她的答案让我明白,有些事情是只有村民才"知道"的。笔者所理解的买菜地点,是有特定招牌和形式的,可以算是一种符号。习惯于城市生活的人因为"不知道"一些东西,所以需要符号的帮助,但村民不需要招牌、超市或符号,因为他们就是"知道"在何处可以买菜。以上两次经历,让我感受到自己与村民的距离,这种距离不单是理论上"我者"和"他者"的分别。他们之间的关系,不单是邻居,而且是同宗同族,而我只不过是住了几个月的访客。

但是当访客也有访客的好处,就是会带着比较的视角来看徽州,最起码会对一些与自己的成长地有差异的东西非常敏感。徽州不少祠堂乍一看与科大卫所说流行于珠江三角洲的"家庙式"祠堂很相似,这点可以说明明中叶朝廷的礼仪改革在影响珠江三角洲的同时也影响了徽州。但如果仔细观察,就会发现两地的祠堂是有区别的。笔者在一本编纂于清朝嘉庆年间的歙县棠樾鲍氏族谱中,看过一幅描绘鲍氏祠堂的图片,图片中显示的鲍氏祠堂,其实是依附于大堂的一间房。该族谱记载,当祭祀仪式开始时,鲍氏族人才将神主从房间请到大堂,再将神主牌位排放成 U 形。笔者怀疑,这种祭祀方式,很可能是唐朝家庙祭祀方式的残留并受朱熹家礼的影响。[①] 这种方式与香港的祭祀方式有很大区别:在香港的大姓祠堂内(亦即科大卫所说的"家庙式"祠堂),神主牌位放在第三进寝堂内,通常不会移动,摆放方式是始祖牌位

---

① 甘怀真:《唐代家庙礼制研究》,台北:台湾"商务印书馆",1991年。另外,关于朱熹家礼与庶民祭祖的关系,参考科大卫、刘志伟:《宗族与地方社会的国家认同——明清华南地区宗族发展的意识形态基础》,《历史研究》,2000年第3期,第3~14页;科大卫:《国家与礼仪:宋至清中叶珠江三角洲地方社会的国家认同》,《中山大学学报(社会科学版)》,1999年第5期,第39卷,第65~72页。

放在神台的最高位置,之下便依据辈分排列其他祖先牌位,拜祭祖先的仪式便在寝堂进行。这种展示神主的祭祀方式,让祖先的世次一目了然。本书一开始便提及的吕侍郎祠,根据明朝吕氏族谱的描绘,其外形与家庙式祠堂有很大不同,但其与旁边的佛寺有很大的关系(关于吕侍郎祠的历史,笔者会在第五章探讨)。如果我们相信祠堂的形制和祭祀方式背后反映了当地所经历过的与王朝关系变化的历史,那么徽州和珠江三角洲两地祠堂的相似和不同,即意味着徽州与王朝的关系在某段时期与珠江三角洲的历史相类似,但在某段时期却又有其独特发展。诚然,要研究地方社会,还需要配合一种比较视角,才可以对中国有整体的新理解,而这种视角便是历史人类学的视角。

第三节　结构与内容

本书共分七章,首章是绪论,以明中叶一场官司为引子,带出本文的核心问题和解释问题背后的意义,阐述本书的研究动机、路向和材料。第二章阐述徽州之所以被视为地方社会的原因。地方社会的形成,首先需要与外界建立关系,特别是与王朝政权建立关系;其次是当地人具有自我认知的观念。当宋室南迁定都杭州后,徽州的地方经济便急速发展起来。徽州的自然资源对宋室日益重要,徽州的地位越来越受重视,在南宋高宗时期,徽州已被视为京城的"辅郡"。故此,南宋王朝在徽州地方上推行一连串的新政策,例如扩建州学、增加科举名额、重修城墙、册封神明等,以建立中央与徽州地方社会稳固的关系。这些政策推行的结果之一是培养出一批地方士人,他们撰写了大量关于徽州的文章,内容包括称颂地方神明。其以"徽州神"和"徽州人"来表达神人之间的关系,配合王朝以册封地方神明而建立与地方社会关系的政策。同时,这批士人将居于徽州的百姓述说为当地神明的后代,所以他们的文章也建构了徽州人的身份认知。

第三章以方回、郑玉和唐桂芳的个案,说明元朝徽州出现了一种追述祖先的新方式。在元初,南宋遗民失去了科举进仕的路径,于是便改为以紫阳书院为中心,营建儒士群体。他们一方面承继南宋的祖先观念,声称地方神明为他们的祖先;另一方面以"图"的方式,记述高、曾、祖、考四代祖先。同时,徽州一批"新豪强"兴起,师山书院山长郑玉便是代表。他改变了过往记述祖先的方式,创制了一幅包括十五代族人的石谱。元明换代之后,部分地方官吏愿意支持新政权,成为新贵,紫阳书院山长唐桂芳便是其中之一。唐桂芳与郑玉一样,以谱系来述说四代以前的远祖。他述说神明汪华时也是以此方式,认为"歙十姓九汪,本其谱系"。唐桂芳在南宋《新安志》"十姓九汪"这个基础上添加了谱系的元素,以谱系来证明当时汪姓与神明的关系。但在祭祀礼仪上,唐桂芳兴建墓祠孝思堂,只祭祀其父亲、叔伯等多位死去的近亲,追溯远祖的谱系并不应用在他们的祭祀仪式上。总而言之,文字上追溯远祖的谱系已出现,但家族祭祀远祖的礼仪仍不普遍,远祖被供奉在庙宇内。

第四章探讨明初新王朝带来的改变。朱元璋占领徽州后,一方面大力整肃地方淫祠,另一方面却仍然承认宋元时期受册封的地方神明。所以,徽州人视地方神明为祖先这个传统观念并没有断绝。同时,明朝政府在推行里甲登记制度时,是以百姓登记时能否提供谱系或祖先事迹作为登记的条件。因此,祖先事迹不再是士人们标榜家世的工具,而是百姓展示自己属于明朝子民的一种方式。明朝官府承认祖先谱系的立场,带动了民间修谱的风气,那些有意登记入籍却没有显赫祖先的人,为了让政府承认其社会身份和地位,故编修族谱,并与那些早已登记入籍的人通谱,共尊相同的祖先。能够登记入里甲也并不代表日后一帆风顺,反而造成大量争夺田产拥有权、特别是"庙户"的官司。这点反映了在早期里甲登记制度之下,与神明身份重叠的祖先往往难以控产。

第五章通过明中叶吕氏宗祠的官司,解释徽州地方社会由神庙祭祀转为祠堂祭祀的过程。随着里甲登记的失实和白银在地方上的普遍使用,徽州地方政府改变了征税方式,新方式以"同姓同族"的原则将各"户"归并起来。至于如何决定哪些人是"同姓同族",则并非官府所关注的,而是由民间各自编撰族谱决定的。换句话说,新方式有意无意地鼓励民间合族,用共同的户口来缴税。在这一背景下,徽州吕氏族人以祖先名义共同建立一个合族祠,并将田地登记于"吕宗伯祠户"。尽管如此,围绕该祠和祠产的官司仍然不断。官司的关键是祭祀场所内的祭祀仪式是否一直是拜祭神主的祭祖仪式。如是,吕宗伯祠便是吕氏拥有的"一姓家庙";如否,吕宗伯祠便不是吕氏拥有的"一方神祠"。从官司的资料来看,当事人所看重的不是土地登记,而是祭祀仪式。

第六章解释了嘉靖年间的礼仪改革导致祠堂祭祖礼仪的兴起和神庙祭祀没被取代和消失的原因。在岩镇这座杂姓乡镇,神庙祭祀和祠堂祭祀两套礼仪并存,不同的礼仪代表了不同时期兴起的群体的祭祀观念。那些早在南宋已于岩镇定居的世家大族,他们并非利用兴建祠堂来显示自己的祖先历史,而是以东岳庙为中心发展出一套类似于祭祖的方式。同时,他们在东岳庙以西的乡贤祠内,祭祀那些有功于东岳庙的祖先;至于那些在明朝才兴起的家族,则通过兴建祠堂,巩固宗族关系。后者为了响应当时地方官府推广乡约的政策,订立岩镇乡约,划分岩镇为十八管,每管派出数十人负责维持地方治安。岩镇乡约配合上神庙广惠祠的仪式,在每年正月十五日元宵节时,十八管逐年在广惠祠内轮流司灯;至于那些财力和官位并不显达的家族,他们都希望赶上潮流,将自己的家族塑造成宗族的模样,岩镇吴氏便是一例。他们在16世纪已编修《岩镇吴氏族谱》,尽管该族谱记载吴氏的祖先官位显赫,而且可追溯至先秦时期,但族谱同时展示出当时的吴氏只有关于墓祭的资料,并没有一所祭祀远祖的祠堂。所以在岩镇,不同的群体和阶层采用各自的祭祀礼仪以展示他们的社会身份和地位。

第七章是结论,尝试解答在第一章所提出的问题"什么才是祠堂"。这可以帮助我们理解宋明间徽州地方社会的历史,特别是由神明祭祀转变为祠堂祭祀的过程。本章也将探讨徽州研究在整个中国社会研究中的重要性,如果与其他地方社会的研究作比较,可以开启一条研究中国地方社会的新路径。

第二章　宋朝地方社会的形成

徽州,在晋朝名"新安郡",在隋唐、北宋名"歙州",1120 年方腊起义后,于 1121 年改名"徽州"。徽州位处皖南山区,有山、河谷和盆地。群山围绕着大大小小的盆地,盆地之间有大小河流穿过。在徽州丘陵山区的中央,面积最大的盆地是歙西盆地,它是歙县西边的一片广大平地。清朝雍正年间编修的《岩镇寺草》形容这片土地是"歙在万山中,西乡特开平阳,周环百里,直接休宁,名乡巨室,棋布星罗"。① "西乡"就是歙西盆地,其西北为黄山山脉,东南为天目山山脉。② 这片盆地是徽州难得的平坦宽广之地,在歙西盆地以外,不是山,就是河谷。这些河谷便是当地人与外界接触的水陆交通线。

尽管歙西盆地难与外界交通,但这并不表示居住在这片土地上的人便因此自自然然地组成一个地方社会。我们必须明白,一个很多人居住的地方并不代表就是一个地方社会,这些人之间必须有某种相互关系才可形成社会群体,他们以不同的方式将自己组织起来,从而具备一种"我者"的自我认知(例

---

① (清)佘华瑞:《岩镇志草》,雍正十二年(1734)序,南京:江苏古籍出版社,1992 年,第 103 页。关于佘华瑞及《岩镇志草》的资料,参考政协黄山市徽州区委员会文史资料委员会编:《徽州区文史资料第四辑》,2007 年,第 238~246 页。

② 徽州的丘陵地区海拔 100~600 米,个别山峰海拔 1000~1200 米,最高的黄山有 1841 米。参考 Harriet Zurndorfer, *Change and Continuity in Chinese Local History: the Development of Hui-chou Prefecture*, 800—1800, (New York: E. J. Brill, 1989) p. 17.

如具有"徽州人"这个观念），并与其他群体"他者"分别开来。但这并不表示他们会否定或拒绝"他者"，因为"我者"这个自我认知，是要在"他者"的出现及与其比较之下，才会凸显出来。研究中国社会的人类学家通过比较不同的社区，寻找人们如何区分"我者"和"他者"，以及"我者"和"他者"之间的关系。所以，研究地方社会，不光要了解它是否拥有其他地方所没有的内在特色，还要了解此处如何与其他地方建立关系。①本章的目的，是要解释徽州成为一个地方社会，不但与地理环境的封闭有关，而且与和中央政权的关系出现变化有关，而这个变化是在宋朝出现的。所以，研究宋朝时期的徽州历史意义重大。

第一节　地貌与交通

歙西盆地与外界的交通，主要靠几条河流，包括丰乐水、富资水、布射水和扬之水。它们在乌聊山山脚汇集成练江后，再向东流，连接新安江（参看图 2-1），再经杭州。因为处于几条河流的交汇处，所以乌聊山在地理位置上非常重要，一直是兵家要地。三国时期，山越屯兵乌聊山，以对抗孙吴；②隋末天下大乱时期，歙州人汪华割据一方，其据点亦设在乌聊山；③五代时期，淮南节度使杨行密占领歙州，其部将江南招讨使陶雅④亦于 907 年在乌聊山上筑了一处颇具规模的军事要塞；⑤而南宋的徽州、元朝的徽州路、明清的徽州

---

① Doreen Massey, *Space, Place and Gender*, Minneapolis: University of Minnesota Press, 1994. 关于人类学对社群"他者"的理解，参考萧凤霞：《反思历史人类学》，《历史人类学学刊》第 7 卷，2 期（2009 年 10 月），第 105～137 页；关于地方社会的研究，参考贺喜：《亦神亦祖：粤西南信仰构建的社会史》，北京：生活·读书·新知三联书店，2011 年。
② （晋）陈寿：《三国志》卷六十，《吴书·贺齐》，上海：上海古籍出版社，2002 年。
③ （宋）罗愿：《新安志》卷一，《宋元方志丛刊》，北京：中华书局，1990 年，第 8～9 页。
④ 陶雅属南吴杨行密部将，江南招讨使、歙婺衢睦四州都团练观察。参考（宋）罗愿：《新安志》卷九《牧守》，第 26～27 页。
⑤ 杨夔：《歙州重筑新城记》，见董诰等辑：《全唐文》卷八百六十七，《续修四库全书》，上海：上海古籍出版社，2002 年，第 8 页。

府,官治都设在乌聊山上。所以,笔者以乌聊山为中心点,解释徽州的地貌与交通。

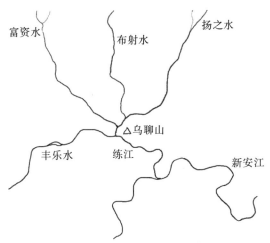

图 2-1 乌聊山与徽州河流示意图①

歙西盆地主要靠几条通道连接外界,向东的有两条。一条是水路,即沿新安江顺流而下,先到睦州(今属浙江省杭州建德),再到杭州。唐朝时已有关于新安江通航的记录。② 另一条是陆路,即沿现时的徽杭高速公路向东走,经昱岭离开县境。昱岭被视为歙县东边的门户和关道,《水浒传》第一百一十八回便有"卢俊义大战昱岭关",描述宋江在杭州兵分水陆两路向西攻打方腊。歙西盆地向北则为黄山山脉所阻拦,但有一条向北的通路:沿富资水的河谷逆流而上,跨过黄山的箬岭后,到达太平县(今属黄山市,但在明清时期不属徽州府范围),再向北至池州(今安徽省西南部池州市),到达长江。南宋《新安志》称这条交通路线为捷径。③ 如要走大路的话,则从歙县县城出

---

① 地图由笔者依据歙县志内地图所绘。参考石国柱等修,许承尧纂:《歙县志》,台北:成文出版社,1975年。
② (唐)权德舆:《送王仲舒侍从赴衢州觐叔父序》,《全唐文》,卷四百九十二,第 15~16 页;(唐)杜牧:《唐故歙州刺史邢君墓志铭》,《樊川文集》卷五,《文渊阁四库全书》,上海:上海古籍出版社,1987年,第 12~15 页,转引自张剑光《唐五代江南工商业布局研究》,南京:江苏古籍出版社,2003年,第 308~309 页。
③ (宋)罗愿:《新安志》卷一,第 12~13 页。

发,向东北沿着扬之水的河谷溯流而上,便到达同属徽州府的绩溪县,再往北就到宁国(安徽省东南部宁国市)、南京和扬州。①

歙西盆地的西边尽头是休宁县,再往西行是祁门县,祁门县西边通往江西浮梁(今属江西省景德镇市的浮梁县)。浮梁早在唐朝已是著名的茶叶交易市场,②而祁门往浮梁的水道亦是古道,唐朝咸通元年(860)的《祁门县新修阊溪记》便提到,当时祁门县令以巨木造堰和凿渠疏道,令阊溪适宜贾客茶商通行。③ 歙西盆地的南面被天目山山脉所阻,没有通道,只能沿一条名为率水的河流往西南走,可到达婺源县,如再往西走可到鄱阳湖。④

第二节　杭州兴起与徽州开发

唐末,淮南节度使杨行密据守广陵(今江苏省扬州市),于景福二年(893)攻打歙州,驱逐当时的歙州刺史裴枢,并委派其部下池州刺史陶雅管治歙州。陶雅管治歙州20余年,在他的管治之下,赋税不断增加。当时歙州周边有据守杭州的吴越国钱镠和占据婺源的顺义军汪武等人,他们时战时和,故当地一直处于军事紧张状态。陶雅为了充实军备,将开支转嫁在歙州地方上。⑤

---

① (宋)罗愿:《新安志》卷一,第23页;卷三,第11页。
② 唐朝白居易的《琵琶行》写道:"老大嫁作商人妇,商人重利轻别离。前月浮梁买茶去,去来江口守空船。"参考(唐)白居易:《琵琶行》,《白氏文集》卷十二,《四部丛刊初编》,台北:台湾"商务印书馆",1967年,第64~65页。
③ (唐)李途,《祁门县新修阊溪记》,《全唐文》卷八百○二,《续修四库全书》,第17~19页。
④ (宋)罗愿:《新安志》卷五,第10页。在1842年五口通商之前,外销口岸在广州,徽州茶叶靠人力挑至祁门,从鄱阳湖经长江船运到南昌,从南昌经赣江运到赣州起岸,再用人力挑越大庾岭抵广州,路线与宋朝时非常相似。参考歙县地方志编纂委员会编:《歙县志》,1995年,第167页。
⑤ (宋)罗愿:《新安志》卷二,第19~22页;卷九《牧守》,第26~27页。北宋的沈括提到,五代时的歙州重税出名,"五代方镇割据,多于旧赋之外,重取于民。国初悉皆蠲正,税额一定……福、歙州税额太重,福州则令以钱二贯五百折纳绢一匹,歙州输官之绢止重数两"。参考(宋)沈括:《梦溪笔谈》卷十一,《官政一》,《文渊阁四库全书》,上海:上海古籍出版社,1987年,第641页。

歙州的开发便是在此背景下展开的。日本历史学者斯波义信指出，徽州正式的开发始于唐末，原因是五代时南吴杨氏建都广陵（今扬州市）和南唐李氏建都江陵（今南京市），①于是，歙州成为两个都城物资的补给地。② 如果斯波义信的说法正确，那么五代时歙州对外交通的焦点便是扬州和南京，而与杭州，则因政权不同而关系紧张。

但到了北宋，歙州对外交通的重心，由扬州转变为杭州。其原因是北宋统一南唐和吴越后，歙州与杭州的紧张关系解除，更重要的是扬州衰落和杭州兴盛。唐末的扬州海外贸易发达，是当时的大都会，时人有"扬一益二"之称，意思是当时最繁华之地首推扬州，其次是益州（今成都市）。但唐末的战乱破坏了扬州的繁荣，再加上自8世纪后半叶开始，长江河口北岸的沙洲越积越广，导致扬州内陆化，拉长了与河口的距离，令大型船只难以入港，造成当地船运业的衰落。所以自五代开始，建都于杭州的吴越钱氏开始修筑防波堤和修理水门、渡口等设施，令钱塘江海口成为安全的海域。从此以后，杭州由运河都市变为港湾都市，海外贸易的中心亦因此由扬州转为杭州，由长江河口转移至钱塘江口。③ 杭州急速发展，对外地物资和商品的需求亦增加，位处杭州附近的歙州因此得益，其山村经济得以发展。④

---

① 927年，杨行密子杨溥称帝，建国南吴。南吴杨氏政权在937年被权臣徐知诰所篡。徐知诰建国南唐，在939年改名李昪。975年，宋将曹彬攻克金陵，南唐亡。
② ［日］斯波义信著，方健、何忠礼译：《宋代江南经济史研究》，南京：江苏人民出版社，2001年，第405页。
③ ［日］山崎觉士：《中国五代国家论》（京都市：癸壳思文阁出版，2010年），第268～294页；Elvin Mark and Su Ninghu, "Action at a Distance: The Influence of the Yellow River on Hangzhou Bay since A. D. 1000", in Elvin Mark, Liu Ts'ui-jung (eds.), *Sediments of time: environment and society in Chinese history*, (New York: Cambridge University Press, 1998), p. 344－410。
④ ［日］斯波义信著，方健、何忠礼译：《宋代江南经济史研究》，南京：江苏人民出版社，2001年，第330页；全汉升：《南宋杭州的消费与外地商品之输入》，《中国经济史论丛》，（香港中文大学新亚书院新亚研究所，1972年），第295～324页。

徽州的山区土产,据零散资料显示,早在唐朝已有茶叶外销;①到五代时,最著名的土产则是流行于上层社会的砚和墨。五代陶谷所著的《清异录》就提道:"韩熙载留心翰墨,四方胶煤多不合意,延歙匠朱逢于书馆旁,烧墨供用。"意思是五代南唐宰相韩熙载喜欢翰墨,特别请了"歙匠"朱逢在其书馆旁制墨。虽然引文未证明歙州当地出产歙墨,但已提及当时有精于制墨的"歙匠"。②

北宋末年的《宋朝事实类苑》转引蔡襄的话,指出五代制墨名家李超、李廷珪父子本是北方易水人,唐末来到歙州,他们见歙州山区有烧制松烟的优质松树,便定居下来。他们所制的墨上贡给南唐李氏;到宋仁宗时,遗留下来的贡墨则被转赐给臣属。③南宋初年的《邵氏见闻后录》指出,宋太祖占领南唐后得到大量李廷珪墨,当时"不以为贵也",但之后其价值日渐提升,到北宋末年便流传"黄金可得,李氏之墨不可得也"④之语。由此可见,宋朝徽州出产的墨非常有名。而随着人们对墨的质量要求越来越高,制墨技术也不断改进。南宋《新安志》记载,在南宋初年徽州发明了用漆烟制墨的方法,而因黄山松质丰多漆,所制的墨颜色深黑。⑤

与歙州墨同样贵重的还有歙砚,根据北宋《歙州砚谱》,歙州出产的龙尾砚开发始于唐朝开元中期,到五代时成为贡品。⑥宋真宗时,龙尾砚亦是御

---

① (唐)李途:《祁门县新修阊溪记》,《全唐文》卷八百○二,第17~19页;(唐)杨华:《膳夫经手录》不分卷,《丛书集成续编》,台北:新文丰出版公司,1989年,第5页。
② (宋)陶谷:《清异录》卷下,《文渊阁四库全书》,上海:上海古籍出版社,1987年,第41b~42a页。文章转引自张剑光:《唐五代江南工商业布局研究》,南京:江苏古籍出版社,2003年,第219页。陶谷,官至中书舍人,五代时历仕后汉和后周。参考《宋史》卷二百六十九《列传二十八·陶谷传》,第9235页。
③ (宋)江少虞:《宋朝事实类苑》卷六十二,《文渊阁四库全书》,上海:上海古籍出版社,1981年,第10b~11a页;(宋)罗愿:《新安志》卷十《杂录》,第12~25页。
④ (宋)邵博:《邵氏见闻后录》卷二十八,北京:中华书局,1983年,第218页。
⑤ (宋)罗愿:《新安志》卷十,第22~25页。
⑥ (宋)唐积:《歙州砚谱》,《文渊阁四库全书》,上海:上海古籍出版社,1987年,第1a~1b页。

用文具,真宗死后,转赐给外戚。①《邵氏见闻后录》记录了北宋年间,歙州地方官改变河道开发砚石的情况:

> 景祐中,校理钱仙芝知歙州,访得其所,乃大溪也。李氏常患溪深不可入,断其流,使由他道。李氏亡,居民苦溪之回远,导之如初,而石乃绝。仙芝移溪还故道,石乃复出,遂与端溪并行。②

宋仁宗景祐年间,歙州知州钱仙芝不惜改变河道,从河底石层发掘砚石。后来这套开发方法延续至南宋,南宋徽州知州洪适提及:"其后县人病其须(需)索,复溪流如初,石乃中绝。后邑官复改溪流,遵钱公故道。"③南宋时地方官员开发砚石太多,激起地方乡民的不满,把河道复旧,但后来的地方官仍遵照钱仙芝的方法来取石。可见,社会上对墨和砚的需求,带动着徽州地方的发展。

皖南山区的树木,种类繁多。宋朝纸币被称作"楮币",原因是用于制造纸币的材料来自楮树。宋朝的官用纸全是用楮树树皮所造的楮纸,而歙州便是出产楮树的主要地区之一。④

除了楮树,还有漆树,歙州漆树的漆液经过加工提炼后成为漆油。南宋《新安志》有一段关于提取漆液的生动描述:

> 漆诸邑皆有之,山民夜刺漆,插竹筦其中,凌晓涓滴取之,用匕刮筒中,磔磔有声,其勤至矣。⑤

当地人在晚上将竹管插入漆树,让其漆液流出,再用小刀刮入筒中。可以想象当时山民刮漆的"磔磔"声,如何响彻宁静的山谷。

杭州的发展带动了徽州山林经济的发展,但同时,官府需索太过所带来

---

① (宋)苏轼:《东坡全集》卷六十九,《文渊阁四库全书》,上海:上海古籍出版社,1987年,第4~5页;《新安志》卷十,第12页。
② (宋)邵博:《邵氏见闻后录》卷二十八,第792页。
③ (宋)洪适:《歙砚说》,北京:中华书局,1985年,第1页。洪适于绍兴二十九年(1159)任徽州知州。参考康熙《徽州府志》卷三,第50页。
④ [日]斯波义信著,庄景辉译:《宋代商业史研究》,台北:稻禾出版社,1997年,第230页。
⑤ (宋)罗愿:《新安志》卷二,第17页。

的压迫,导致 1120 年爆发方腊起义。北宋末年,朝廷分别在苏州和杭州设立了造作局,为兴建宫殿而大量征集木材、漆器等物品,位于杭州新安江上游的歙州和睦州,因为其物产富饶,自然首当其冲。著于南宋的《青溪寇轨》便这样描述当时的情况:

> 青溪为睦大邑,梓桐、帮源等号山谷幽僻处,东北趋睦、西近歙。民物繁庶,有漆楮林木之饶,富商巨贾,多往来江、浙……腊有漆园,造作局屡酷取之,腊怨而未敢发。①

睦州(今属浙江省杭州建德)位于歙州东边,四面围山,与歙州相连于新安江,两地都出产漆树和楮树等木材。方腊是睦州青溪县的漆园园主,种植漆树,成为造作局榨取的对象。方腊对官府心生怨恨,最终不堪忍受压榨,鼓动当地人起义。

方腊起义始发于睦州青溪县,两个月后方腊攻陷睦州、歙州和杭州,一年后被镇压。宋朝政府自此将歙州改名为"徽州"。之后,宋朝政府迁都于杭州,进一步将杭州由经济中心变为政治中心。正因为南宋首都位于徽州附近,所以王朝对徽州山林作物的需求,有增无减。公署和房屋的兴建导致木材需求量增多,为了吸引外地输入木材,南宋政府在杭州实施"免竹木税"。南宋《骖鸾录》亦提道:

> 休宁山中宜杉。土人稀作田,多以种杉为业。杉又易生之物,故取之难穷……董一木出山,或不直百钱;至浙江乃卖两千。②

全汉升解释,浙江就是浙江,而休宁县属徽州,上文中的杉木在徽州不值百钱,运往杭州后可卖两千。

南宋年间大量人口迁入杭州,其消费需求大增。虽然徽州并非稻米的主要生产地,但杭州人用来煮食生火的柴炭,大多依靠从徽州收购:

---

① (元)方勺:《青溪寇轨》,《泊宅编》,北京:中华书局,1983 年,第 111 页。
② (宋)范成大:《骖鸾录》,《文渊阁四库全书》,上海:上海古籍出版社,1987 年,第 6 页。引自全汉升:《南宋杭州的消费与外地商品之输入》,《中国经济史论丛》,第 295~324 页。

> 其浙江船只,虽海舰多有往来,则严、婺、衢、徽等船多尝通津买卖往来,谓之长船等只。如杭城柴、炭、木植、柑、橘、干湿果子等物,多产于此数州耳。

徽州的柴炭和水果是输往杭州的大众消费品。大体而言,徽州生产的木材、漆、柴炭、水果、茶、纸等,正好为南宋时期的杭州提供充足的资源。①

要确保徽州的物产能顺利运往杭州,沿途交通必须畅通,徽州和杭州之间的主要交通线是新安江。新安江发源于徽州,途经严州(今浙江省建德市),最后到达杭州。前述引文已提到,运送徽州土产至杭州的交通工具,是称为"长船"的内河运船。在这条新安江航线上,由内陆山区运往沿海地区的多是木材等货物,回程时会运载食盐和鱼米。②

但新安江的航道并不顺畅,部分航道有石滩和急湾,水流湍急,危及航行的船只,所谓"三百六十滩,石林立,势斗下,尤险绝"。为了这条交通线的安全,嘉定十七年(1224),时任江南东路郡守的袁甫,在新安江上兴建一条石梁,以减缓河流水势。该项工程耗时4年,花费15000缗钱。③ 这项水利工程的完成让新安江航运更安全,也促进了徽州与杭州两地的往来交通。徽州物产外运促使政府投资改善新安江河运条件,而改善后的交通亦反过来刺激徽州的经济发展,让徽州成为山林产品的生产地和输出站。④

随着地方经济日渐兴旺,有些徽州乡村也变成市镇。《宋会要辑稿》记载了关于徽州当地众多商旅往来,造就了地方上的商业繁荣,更引来官府向他们征税的一段资料:

---

① 全汉升:《南宋杭州的消费与外地商品之输入》,《中国经济史论丛》,第295～324页;〔日〕斯波义信著,方健、何忠礼译:《宋代江南经济史研究》,第402～415页。

② 杭州的食盐运往徽州,参考(宋)苏轼《乞相度开石门状》卷五十九,《东坡全集》,《文渊阁四库全书》,第1～5页。鱼米的资料,参考〔日〕斯波义信:《宋代江南经济史研究》,第414页;张剑光:《唐五代江南工商业布局研究》,南京:江苏古籍出版社,2003年,第409页。

③ (宋)钱时:《新安建石梁记》,绍定四年(1231),见彭泽、汪舜民编修:《徽州府志》卷十二,明弘治十五年(1502)刊,台北:台湾学生书局,第14页。

④ 〔日〕斯波义信著,庄景辉译:《宋代商业史研究》,第315页。

五年(1135)五月二十九日，徽州言歙县西地名岩寺、县东地名新馆，两处商旅聚会，近岁本州差官往，逐处拘收税钱内，岩寺去年收到六千三百余贯，新馆二千一百余贯，欲乞将岩寺、新馆以地升改为镇，拘收酒税课利下本路。监司看详，岩寺可升为镇，新馆虽客旅过往，缘本处不满百家，不可为镇。从之。①

岩寺又名"岩镇"，位于歙西盆地中央，是四通八达之地；新馆位于歙县通往绩溪的通道上。两处都是商旅往来之地，在1135年官府商议是否在当地设镇之前，地方差官已前往该地收取"税钱"。后来，官府改地为镇，开拓酒税，扩大征收规模。南宋《新安志》记载，南宋政府在岩镇"设官收酒税之权"。② "权"可解作专营或专卖，意味着当时官府已通过卖酒专营权来收税。

杭州的急速发展，导致对山林产品的需求大增，位于杭州附近的徽州因此得益。宋室南迁之后，这种经济需求有增无减，但宋室南迁对徽州的影响，并不单表现在经济上，还表现在政治上。

第三节　南宋政府的营建

北宋末年的方腊起义，是官府过分索取歙州的地方资源所引发的，但起义被镇压过后，官府并未减少对当地资源的索取。当杭州成为南宋政府首都后，为了继续开发资源而又不引起地方动乱，南宋政府通过各种营建，非常小心地与徽州建立关系。

南宋政府营建的重点，是在地理位置重要的乌聊山（参看第二章第一节）上，兴建官治、城墙和学校。根据南宋《新安志》，乌聊山上原有官治和城墙，

---

　　① （清）徐松编：《宋会要辑稿》之《方域》，北京：中华书局，1957年，第192册，第18～21页。

　　② （宋）罗愿：《新安志》卷三，第2页。另外，清雍正十二年(1734)的《岩镇志草》记载，南宋时岩镇设有岩镇税课司来"设官榷酒"，到元末龙凤年间改为税课局。现今岩镇仍有一条税课巷，据说是税课局所在地。参考（清）佘华瑞：《岩镇志草》，第109页。

但毁于方腊起义。1121年后,官府计划在其他地方另筑新城,但因为新城的地理位置不便,所以到同年十二月,新任知州卢宗任便将州治迁回乌聊山,再在乌聊山上筑新城墙。南宋《新安志》内特别记载:"其堂房之外有紫翠楼,有静治燕香之堂。先是,累数守以正堂为不利,避弗居。"由此可知,州治内不常驻有州官。同在乌聊山上的还有歙县县治。歙县是附郭县,其县治没有城墙包围,位置在徽州州城之东,属城外范围。①

徽州城墙在南宋嘉定十三年(1220)重修,整项工程费用如以缗计,需45000缗,以石计则需2400石,可见新修城墙颇具规模。同年所撰的《徽州新城记》便对重修城墙一事大加赞许:

> 其地[按:徽州]接于杭、睦、宣、饶,四出无不通其州治,即山为城,因溪为隍,而溪山又为天下胜处,中兴实为辅郡……夫诸侯之于天子,有藩翰屏毗之义,古者国无大小皆有城,卫其民者固所以卫其上也。徽为内地,而密弥王室,其民之休戚利害,于本根所系为不轻……②

《徽州新城记》的作者罗似臣是绍熙四年(1193)进士,是徽州人,也是朝廷官员。他的叔父罗愿是徽州第一本地方志《新安志》的作者。我们需要留意,在南宋以前,歙州(徽州的前称)不乏担任中央官员的士人,但他们的文章多数是为亲友撰写的传记或墓志,又或是为学术著作所撰的序或跋等,很少有关于他们故乡的;到了南宋,任职官员的徽州人大多会写一些介绍徽州的文章,而罗氏叔侄正是当中的佼佼者。在罗似臣的文章中,"中兴"即指宋高宗在1127年迁都杭州,迁都后徽州因与都城近在咫尺而成为"辅郡",再加上徽州可通往杭、睦、宣、饶四州,地理位置变得重要,所以当地与"王室"有着"休戚利害"的关系。罗似臣的这篇文章将徽州城墙与徽州的政治地位,甚至与宋

---

① 卢宗原迁城资料,参考《新安志》卷一,第8~10页。卢宗原资料,参考《新安志》卷九,第32页。
② (宋)罗似臣:《徽州新城记》,1220年,见(明)彭泽、汪舜民修:《徽州府志》卷十二,明弘治十五年(1502),第12~13页。

室的安危联系起来。由此可见，政府重修城墙，除为了确保地方防卫之外，还具有王朝重视徽州的象征意义。

南宋政府给徽州增加科举名额和扩建州学。歙州科举配额在北宋初期并不多，到南宋时期才大幅增加。宋朝嘉祐年间（1056－1063），歙州与饶州合共只有四个名额。后来额数不断增加，崇宁年间（1102－1106）有七个，宣和五年（1123）增至十个，端平年间（1234－1236）在原额外增多两个，兼取《易》《书》《春秋》。在绍熙五年（1194）增加以《诗经》取士。自此以后，颇多徽州名人都是循《诗经》中举，包括方琢、程元凤、吕午等，他们皆是在地方具有影响力的官员。① 随着额数的增加，徽州每届郡试的中举人数也随之增多。太平兴国五年（980）起至熙宁九年（1076），每届不过两三人中举；元丰二年（1079）至南宋淳熙二年（1175），每届增至六至十人中举；宝祐元年（1253）至南宋末（1279），每届有十多人。②

纵观整个北宋时期，歙州（徽州在北宋时的名称）中举人数约190人，当中大部分出于北宋神、哲宗时期；而南宋时则约有330人。③ 科举进士配额和中举人数的不断增加，与宋室南迁的政治背景有关。何忠礼认为，根据宋代科举制度，士人必须参与原籍的科举考试，但北方落入金人之手后，大量士人南迁，无法在原籍考试。南宋政府特别为这群南迁士人设立流寓试，流寓试是南方州郡原有配额以外的独立配额，用意是缓解南迁士人和原地士人的竞争。但自1141年绍兴议和后，宋金政局开始稳定，流寓试亦于绍兴二十六年（1156）取消，南迁士人只要在寄居地住满7年，便能参加当地科举考试，流寓试的配额亦并入南方州郡配额，自此以后，终南宋一朝，科举额数的发展便有增无减。④ 于是，徽州科举额数亦同样增加，但徽州科举竞争的激烈程度没

---

① （宋）罗愿：《新安志》卷八《叙进士提名》，第1～2页。
② （宋）罗愿：《新安志》卷八《叙进士提名》，第1～2页；（明）汪舜民纂修：《徽州府志》卷六《选举》，明弘治十五年（1502），第1～3页。
③ （明）彭泽、汪舜民纂修：《徽州府志》卷六《选举》，明弘治十五年（1502），第2～19页。其内容与南宋《新安志》有少许不同，参考（宋）罗愿：《新安志》卷八《叙进士提名》，第1～15页。
④ 何忠礼：《南宋科举制度史》，北京：人民出版社，2009年。

有下降。罗愿说，南宋初年徽州地方考试中，1100人仅18人考中。① 徽州州学同时也是科举考试场地，每到大比之年，考生人数众多，甚至需要拆毁州学8所斋室之间的墙壁来让考生进场考试，后来场地仍然不够，甚至连讲堂和先师庙都挤满考生。所以，乾道四年(1168)地方官在大成殿之东买民地620余丈，建屋80间。②

科举名额不断增加，徽州州学也同样扩建，但李弘祺的研究提醒我们，不要笼统地将官学和科举考试视为一体。他认为在宋仁宗时期，官府通过兴建学舍和孔庙、编印儒家经典、赐予学田等鼓励方法，令学校数目不断增加，而官府分配不同数量的学额给不同地方的官学，无疑将地方官学变为了培训科举士人的预备场所，但不能忽略的是，北宋时期已有理学家和部分官员反对这种做法，程颢便是其中之一。程颢认为，政府应该直接从中央和地方学校的学生中选拔官员，而不是通过科举考试。其具体体现为王安石变法中的太学三舍法，通过建立上舍、内舍和外舍三个级别的学校，让学生经校内考核后由最下层的外舍进入最上层的上舍，再在上舍学生中选拔官员。北宋末年蔡京推行教育改革，在各地兴建州县官学，并将三舍法推行于各地方，其宗旨是从地方官学中荐送优秀毕业生到太学，再从太学中选拔人才任官，学生无须参与考试。蔡京罢官后，地方三舍法亦中止，但在南宋时官学毕业生有其专属名额进入太学，或免参地方解试，直接参加于都城举行的省试。③

徽州官学正是在这个背景下兴建和扩充起来的。州学学宫位于乌聊山，可以追溯的兴建年份是太平兴国三年(978)，而在嘉祐四年(1059)、熙宁四年(1071)、元祐元年(1086)和绍圣二年(1095)不断搬迁，往还于乌聊山和南园(位于城墙南门附近)。嘉祐三年(1058)是王安石提出改革的一年，元丰八年(1085)反对变法的司马光上台，绍圣二年(1095)是章惇重行新法的一年，如果从这些年份上推测，徽州州学不断搬迁，有可能与变法派和保守派相继执

---

① (宋)罗愿：《新安志》卷八《叙进士提名》，第1~2页。
② (宋)罗愿：《新安志》卷一，第19~20页。
③ 李弘祺：《宋代官学教育与科举》，台北：联经出版事业股份有限公司，1994年。

政及官学政策不断改变有关。

州学最后在绍圣二年(1095)迁回乌聊山上,便没有再搬迁。方腊起义时(1120),州学于1122年被毁,重建于绍兴十一年(1141)。重建后的州学"左庙右学,规制雄丽,愈于他郡,中设知新堂,辟八斋以处学者"。可见州学规模完备,有先师庙、学宫和8所课室。①

到了南宋末年,政府重视紫阳书院的兴建和发展,而要理解紫阳书院在徽州的重要性,需先明白整个南宋政府对道学立场的转变。根据田浩(Hoyt Tillman)和刘子健的研究,南宋时期朱熹及其他道学士人确立他们文化正统地位的方法,是借用了王朝合法承续的观念和佛家禅宗衣钵传承的惯例,即道统的观念。南宋道学士人相信儒家道统的传承是由孔子到子思,再到孟子,再到北宋周敦颐、程颢、程颐等人,最后到他们身上。相比之下,当时其他儒家学派,例如陆九渊的心学,却不甚关注道统这个问题。朱熹学派士人讲究道统传承,再加上他们在地方上积极兴建书院和社仓,因此培养了他们的群体意识。而这套道统观念如何在社会上得到广泛接受,则有赖于一次政治斗争。1195年,外戚大臣韩侂胄(1152—1207)排斥宰相赵汝愚(1140—1196)时,连带将赵汝愚推荐过的朱熹和其他道学学者所在的学派斥为伪学,但这样做反而使这一学派看起来更似一个有组织的党。朝廷下令实施党禁,参加科举考试的学生必须宣称他们与伪学无关,而为了让学生知道他们先前所跟随的诸师是否与伪学有关联,政府还列出59名伪学领袖名单。后来政治风气转变,党禁在1202年解除,所谓伪党亦即后来的朱熹学派,马上恢复道统地位。当蒙古在1234年消灭金朝,在北京修建孔庙,宣称建立儒教国家继承政统时,南宋政府的对策是推崇朱熹道学,将北宋周敦颐、程颢、程颐等,还包括朱熹配祀于孔庙,意味着真正的儒学正统已通过程颐的弟子杨时传到了南方,接着又传给朱熹等人。同样,蒙古在1237年设立科举考试,在1238年建立太极书院,在书院内祭祀周敦颐、二程、朱熹。南宋皇帝宋理宗在

---

① (宋)黄诰:《歙州新学记》,见彭泽、汪舜民纂修:《徽州府志》卷十二,明弘治十五年(1502),第3a~3b页。《新安志》卷一《庙学》,指《歙州新学记》的作者是米芾,第19页。

1241 年正式宣布朱熹学派为国家正统,并改称之为"理学"。①

当南宋政府开始推行尊崇朱熹的政策后,徽州地方社会亦紧随政府政策改变的步伐。朱熹死于 1200 年,1202 年党禁结束,徽州官府在 1207 年于州学学宫内建了一所祭祀朱熹的晦庵堂。1209 年当宋室赐朱熹谥"文"后,1214 年新上任的徽州知州赵师端将晦庵堂改建为朱文公祠堂,并邀请朱熹学生黄干写《徽州朱文公祠堂记》:

> 文公,徽人也,其殁也,徽之士相与言曰:"公之系兹土,吾郡之盛事也。"即郡之学,绘而祠焉。太守赵君师端至,视其祠褊且狭,不足以称邦人思慕之意,改创于讲堂之北,且属干记之……师端与其兄弟,皆从游于文公先生之门,其为政知所先务如此。堂成于嘉定七年八月,董其役者,歙令孙泾。②

祭祀朱熹原本只是在州学学宫内绘一张朱熹画像,赵师端任徽州知州后,便在讲堂之北建一所文公祠。朱熹在 1150 年和 1176 年到婺源扫墓时曾教导过当地学者,③但朱熹的学生主要集中在福建、浙江和江西,他的徽州学生人数不多,影响力也不大。章毅指出,朱熹的徽州学生程洵、滕璘等人,其实对朱熹的学术并没有深入理解。④ 所以南宋时期的徽州并非朱熹学术的活跃

---

① 刘子健:《作为超越道德主义者的新儒家:争论、异端和正统》;[美]田浩(Hoyt Tillman):《行动中的知识分子与官员:中国宋代的书院和社仓》,《宋代思想史论》,北京:社会科学文献出版社,2003 年。
② (宋)黄干:《徽州朱文公祠堂记》,嘉定七年(1214),见(清)施璜著,陈联、胡中生点校:《紫阳书院志》卷十八,合肥:黄山书社,2010 年,第 318~320 页;另见于(宋)黄干:《勉斋集》卷十七,《文渊阁四库全书》,上海:上海古籍出版社,1987 年,第 19~21 页。
③ 现在学术界对于朱熹回乡的次数有两次和三次两种说法。第三次是宋朝庆元二年(1196)朱熹回乡并在天宁山房讲学,记载在《紫阳书院志》内,但却不见于朱熹文集。参考周晓光:《试论朱熹在徽州的理学教育活动及其影响》,《华东师范大学学报》,2004 年 9 月,第 22 卷,03 期,第 75~80 页;邓雄:《略谈朱熹与紫阳书院》,《邵阳学院学报》,2004 年 4 月,第 3 卷,02 期,第 52~53 页。第三次回乡资料,参考《天宁会纪》,见陈联、胡中生点校:《紫阳书院志》卷十六,第 290 页。
④ 章毅:《理学、士绅和宗族——宋明时期徽州的文化与社会》,香港:香港中文大学出版社,2013 年,第 49~55 页。

地,但黄干并不介怀,反而乐意为文公祠撰写文章。因为自朱熹死后,黄干便非常关心如何团结朱熹的后学和延续理学,他自己曾在任官之地努力传扬朱熹的教育主张,在汉阳建祠祭祀周敦颐、二程和朱熹,又在南康白鹿洞书院讲学。① 所以黄干在文章内赞赏赵师端懂得将兴建文公祠作为为政的先务。文公祠的兴建一方面表达了赵师端尊敬老师之情,另一方面促进南宋政府在地方推崇朱熹的学说。

1241年,南宋政府发文要朱熹从祀孔庙和定理学为国家正统。② 徽州地方政府在1246年建成一所纪念朱熹的紫阳书院。书院由徽州知州韩补所建,其"即江东道院旧基而创焉"。这所江东道院,未载入编修于1175年的《新安志》,而明朝弘治《徽州府志》对此也只有数句,"宋建于南门内,实古郡学遗址"③。所以该地点原先是郡学,1175年后成为江东道院,1246年成为紫阳书院。新建的紫阳书院颇具规模:

> 前为祠堂,奉文公位于其上,勉斋黄公干、西山蔡公元定侑之。乃为堂,中揭"明明德"三字,以来学者。六斋并设,书楼立其前,披云阁峙其后,庖湢廪厩,左右夹置,所以尊师道而昭地灵也。圣上表章六经,亲洒宸翰,作"紫阳书院"四大字,以赐守臣。④

书院分前、中、后堂,前堂是朱熹的祠堂,祠堂内供奉"文公位",配祀朱熹门人黄干和蔡元定。配祀黄蔡二人并无先例,他们并非徽州人,得以配祀可能因为他们是朱熹门人,亦有可能是模仿孔庙主祀孔子、配祀孔子门人的形式。中堂有六所书斋,是讲学之地,后有披云阁、书楼和厨房。书院以宋宁宗赐

---

① [美]田浩:《朱熹的思维世界》,西安:陕西师范大学出版社,2002年,第281~285页。
② [美]田浩:《朱熹的思维世界》,第1~13页;第277~280页;宫衍兴:《孔庙诸神考:孔庙塑像资料编》,济南:山东友谊出版社,1994年,第120页。
③ 弘治《徽州府志》卷五,第19页。
④ (元)诸葛泰:《紫阳书院记》,见(清)施璜著,陈联、胡中生点校:《紫阳书院志》卷十八,第322~323页。

"紫阳书院"四字作为院额。①

为了解释紫阳书院为何以"紫阳"命名和为何在书院内祭祀朱熹,当时的徽州教授诸葛泰强调徽州紫阳书院与朱熹父子的渊源:

> 紫阳者,非韦斋吏部朱公之所自生,而文公所为,不忘其本者乎? 吏部少居婺源,游于郡学,登是山而乐之,其精神志念之感,未尝一日忘也。因从宦而寓尤溪,刻"紫阳书堂"印章,以示怀思。文公以吏部之志,徙崇安潭溪之上,营晦庵于建阳云谷……归筑精舍于武夷,最后作室建阳考亭,四方之学者咸聚。而名其堂曰"紫阳书堂",所谓正丘首而营菟裘者,意有在矣。自岳麓、庐山,本书院之旧,而濂溪、建安、延平、考亭,其建立次第,则因文公之学而作焉,皆有御笔照临其上。然未有若紫阳营乎东南,江流上下,山川之美,轩然于一时者,吏部所未及登也。②

其实早在朱熹《名堂室记》中,已记载了其父朱松与徽州紫阳山的渊源。朱松迁往福建任官后,便以"紫阳书堂"刻其印章和作居室名字,以表达"未尝一日而忘归"之情;而朱熹亦仿效其父,将自己在福建的书房命名为"紫阳书房"。③ 因此,诸葛泰便引用朱熹《名堂室记》,指出朱松对紫阳山的挂念是"未尝一日忘也",朱熹延续了父亲的思念,所以无论印章还是书房,都以"紫阳书堂"为名,表达"不忘其本"。诸葛泰认为,尽管当时在福建也有以朱熹名义所建的书院,并且都有皇帝御笔题字,但因为徽州紫阳书院与朱氏父子具有独特渊源,所以这点是其他书院不能相比的。

南宋政府在徽州大兴土木,修建了官署、城墙、学宫和书院,再加上科举

---

① (元)韩补:《谢御书紫阳书院额表》,见(清)施璜著,陈联、胡中生点校:《紫阳书院志》卷十四,第255~256页;(元)诸葛泰:《紫阳书院记》,见(清)施璜著,陈联、胡中生点校:《紫阳书院志》卷十八,第322~323页。

② (元)诸葛泰:《紫阳书院记》,见(清)施璜著,陈联、胡中生点校:《紫阳书院志》卷十八,第322~323页。

③ (宋)朱熹:《名堂室记》,《晦庵集》卷七十八,《文渊阁四库全书》,上海:上海古籍出版社,1987年,第8a~10a页。

配额的增加,栽培了大量的士人。在南宋以前,有关徽州的文字资料大多是由其他地方的人所撰写,但南宋时期,徽州士人在文章和地方志中努力地介绍徽州地方社会各方面的情况,尝试把徽州与中央王朝联系在一起。

第四节 神庙祭祀——徽州人的自我认知

南宋时期的徽州士人,撰写了大量描写徽州地方社会的文章,部分文章流露出徽州人的自我认知,而这种自我认知往往通过当地的神明祭祀表达出来。他们把所祭祀的神明称为他们的祖先,以此来论述自我身份。

关于地方上的神明祭祀,已有韩森(Valerie Hansen)、华琛(James Watson)、韩明士(Robert Hymes)、劳格文(John lagerwey)等学者关注。他们认为,中央王朝与地方社会建立联系的方式,是通过推广一套中央承认的祭祀礼仪。而礼仪的推广方法,可以是朝廷册封地方神明,也可以是道士等仪式专家,把一套具有王朝色彩的祭祀仪式带入一般百姓的生活中。在推广礼仪的过程中,地方社会并不是被动的,尽管朝廷能够以册封的方式收纳地方神明,但这并不能改变神明在地方社会上的角色或让地方百姓对该神明尊崇。但反过来说,地方百姓接纳一个由中央政府册封的神明,亦可视为他们对王朝的效忠,并同时获得王朝子民的身份。[①]

因此,如果要地方百姓接受一套祭祀礼仪,王朝政府断不能以一种强硬的手法强行推广;其手法必须温和,能让地方百姓接受。徽州神明方储的祭

[①] 参考 Valerie Hansen, *Changing Gods in Medieval China*, 1127—1276, Princeton, New Jersey: Princeton University Press, 1990; James Watson, "Standardizing the Gods: the Promotion of T'ien Hou along the South China Coast, 960—1960", in David Johnson, Andrew Nathan, and Evelyn S. Rawski eds., *Popular Culture in Lateral China*, Berkeley: University of California Press, 1985, p. 292—324; Robert Hymes, *Way and byway: Taoism, local religion, and models of divinity in Sung and modern China*, Berkeley: University of California Press, c2002; John Lagerwey, *China: a religious state*, Hong Kong: Hong Kong University Press, 2010.

祀便是一个手法温和的例子。根据南宋罗愿的《新安志》,位于歙县县南柳亭的方储庙,是一所已受官府赐号"真应"的庙宇,祭祀地方神明方储。① 罗愿在《新安志》卷三《祠庙》提及方储庙时,没有说明关于该庙的情况,也没有关于神明方储在徽州形象的描述,在卷八《仙释》中,才有关于方储的资料,但焦点也只是追溯方储的历史:

> 方储字圣公,歙县人,后汉时历句章长郡五官掾。母丧,负土成坟,种松柏嘉木数千本,致鸾鹤白兔之瑞。后对策天下第一,拜洛阳令。夜辄还寝室,向晓而去,不动户枢。尝遗只履于牖下,母命藏去。章帝以储善天文,当郊祭,问之。储劝帝毋往。其日风景明淑,帝遂行,储称疾不从。比发,雨雹如斗,死者千计,使召储,已死。帝甚伤之。丧至家,母启视之,无尸,唯有只履。因取前履合之,良是。宋明帝尝祠以太牢,追封龙骧将军黟县侯。②

在罗愿的笔下,在地方庙宇内受祀的方储,是一位善看星文图谶、能预知天将降冰雹、死后遗鞋的术士;同时,他也是对策天下第一、劝阻章帝外出的忠臣。关于方储的资料,罗愿声称转引自两处。一处是1139年修的《严州图经》,内有唐朝左台监察御史张行成撰的方仙翁庙碑文,但罗愿没有明言该庙是否在徽州,也没有提及方仙翁庙是否就是真应庙。罗愿同时认为,方仙翁庙碑文内容过于神怪,所以不相信该碑文,故多参考第二处资料,即编修于北宋真宗时期的《祥符图经》。《祥符图经》今已散佚,但我们可以根据《后汉书》多了解一些关于方储的资料。在《后汉书》的《五行》内,并没有方储劝阻章帝外出、死后遗鞋的内容。

罗愿描述方储的忠臣形象,有其特别意义。《新安志》记载方储字"圣公",但如果我们查考唐代类书《初学记》,会发现方储的字并不是"圣公",而

---

① (宋)罗愿:《新安志》卷三,第15页。
② (宋)罗愿:《新安志》卷八,第263页。

是"圣明"。① "圣公"一词在当时的徽州应该是颇为敏感的。根据方勺(1066—?)所著的《青溪寇轨》,1120 年徽州爆发的方腊起义,方腊便自号"圣公"。由此推测,"圣公"这个名字可能是具有某种特别的信仰意义,"圣公"崇拜在徽州已有久远的历史,所以南宋官府赐额真应庙时,将方储的字由"圣明"改为方腊的"圣公",目的是模糊方储和方腊的身份,希望以官方认可的神明方储崇拜替代当地人对方腊的崇拜或原始的"圣公"崇拜。从方腊起义到罗愿编修《新安志》,时间相距五十多年,② 所以罗愿对方储的描述,其实只是反映官府过往一直推行的做法。这亦解释了为何罗愿记述方储时,没有提及当时真应庙的香火鼎盛与否。方储祭祀在当时还是一种新兴的崇拜。

方储崇拜展示出王朝推广祭祀礼仪的巧妙手法,而且取得一定的成效。南宋景定三年(1262)进士方回(1227—1307)在担任建德知府时,便为乌聊山真应庙撰写一篇《歙县柳亭真应仙翁庙记》,提道:

> 公归葬,民世世祠之。宋明帝时赠龙骧将军,祠以大牢。政和七年赐庙额曰真应,汉丹阳之歙之东乡,今为建德府淳安县。而今之歙之南曰柳亭者,旧有公庙。歙、绩溪两邑民,水旱祷必应。③

根据此文,南宋末年的真应庙香火鼎盛,除了歙县和绩溪两县百姓常往该庙参拜外,更有进士捐赠田地、募请僧侣管理和出资维修该庙。方回声称方储的故乡"歙县之东乡"就是当时的建德府,也是他建德知府的管辖范围。方回在《歙县柳亭真应仙翁庙记》一文中没有直接声称方储是自己的祖先或其他方姓的祖先。将方储视为方姓祖先的观点,在方回 1275 年撰写的另一篇文章《先祖事状》中才清楚表达出来:

> 歙之方氏,皆东汉贤良洛阳令赠太常方公储之后。回先高祖以

---

① (唐)徐坚:《初学记》,北京:中华书局,1962 年,第 686 页。
② 《新安志》编于南宋淳熙二年(1175)。
③ (元)方回:《歙县柳亭真应仙翁庙记》,《桐江集》卷二,第 5~7 页。

上,家于斯,世为歙州歙县人,后更名徽州。①

关于方回及其笔下的方储形象,笔者会在第三章进一步讨论。笔者在此需要强调的是神明与祖先在南宋时期已有联系。

除方储外,另一位地方神明程灵洗亦能显示出这种变化过程。程灵洗(514—568)是南北朝时南陈将领,赠镇西将军开府仪同三司,《南史》有传,其到宋朝时受册封为地方神明。北宋的《太平寰宇记》和《太平广记》都记录了程灵洗的故事,并且指出徽州篁墩(一度作"黄墩")是程灵洗的故乡。篁墩位于徽州歙县,当地有一所祭祀程灵洗的庙宇。南宋罗愿所著的《程仪同庙记》记载了程灵洗死后在该庙受祀:

> 距州三十里,有地名黄墩者,墓与宅卜在焉……又即其墓旁为坛而祀之,如是古矣,水旱必求,求必应,比近所报,常有八十余社。于是有方氏者,以为古之祭用坛降,及后世肖象以栖神,设床以安象,非栋宇无以拒旁风仰雨之入……乃以某年月为屋若干楹……于是方氏之进士,曰必东,因愿所善,张师颜以请,乃为之。②

据罗愿所说,篁墩有程灵洗墓,墓旁有坛,是当地乡人祭祀的场所。因为程灵洗极其灵验,所以附近八十余社都参与了这个祭祀。到南宋初年,有进士方必东为这所祭坛盖上房子。罗愿命名此文为"庙记",想必该坛已变为庙。徽州学官胡麟撰于1239年的《梁将军程忠壮公碑》清楚指出,这所"坛"与社的关系:

> 公(按:程灵洗)尝自营其兆域,以缣帛埋之墓前,祝曰:"吾子孙有能大吾门户,当生大木以为休征。"既而楮木生焉。今大且十围,其一不知何代为风雨所偃,旁出二枝,亦合抱矣,号曰"千年木"。乡人遂于其下迭石为坛,以奉祭祀,号曰"相公坛"。公生为黄墩人,死

---

① (元)方回:《先祖事状》,1275年,《桐江集》卷八,第8~11页。
② (宋)罗愿:《程仪同庙记》,《罗鄂州小集》卷三,《文渊阁四库全书》,第8~9页。

为黄墩神,祈雨而雨,祈晴而晴,瘟火疾疠,有祷即应。黄墩之民,受公之庇为不浅矣……故自夏四月至秋八月,土鼓不绝,其声展敬,乞灵于祠下者,又百余社。陈奠荐辞,何其虔也,公之坛与里之社接宇,春秋戊祭,以公配焉。公之功德与勾龙氏相为终始乎?暨今数百年而益大,故凡谒于庙者,皆愿丰碑以识公之始末。里人方汝舟实赞成之,捐金刻石,求记于麟……嘉熙己亥孟秋既望,谨记。①

这篇文章提及当时的程灵洗墓旁有一棵大树,据说是当初程灵洗用来"证明"其墓位置的标记。该树要十多人才能围抱,被称"千年木",于是乡人在树旁建坛,称为"相公坛"。"相公"并不是程灵洗专有的称呼,徽州人称呼神明一般也用"相公"。所以这所相公坛最先并不一定是用来拜祭程灵洗,而可能是用来拜祭"千年木"的,到后来祭祀的对象才转变为程灵洗。在南宋时,这所坛已不再是一所露天的土地坛,而是一所社庙。社庙内同时祭祀里社和程灵洗。根据胡麟的描述,程灵洗崇拜其实与土地神祭祀有很大关联,程灵洗更是管辖整个篁墩的土地神。胡麟刻意提及程灵洗有功于地方和当地人的身份,目的是要证明祭祀程灵洗的合法性。自北宋徽宗开始,神明赐封的数量猛增,持续至南宋时期。频繁赐封地方神引起部分士人质疑,朱熹的学生陈淳便批评官员和地方势力互相串通,赐封一些不够资格的神明,导致赐封泛滥。陈淳认为,受赐封的神明是需要一定条件的,如国君或将师等般显赫身世,以及具有悠久历史,或者神明与其受奉祀的地方有紧密关系,即生于斯、死于斯、显灵于斯。② 而以上关于程灵洗的描述,很明显是在强调程灵洗"生为黄墩人,死为黄墩神"的身份。

胡麟的论述同时反映出本土身份的重要性,因为对当时人来说,谁是"黄墩人"这个问题其实决定了谁死后能以"黄墩神"这个身份受祀。要证明自己

---

① (宋)胡麟:《梁将军程忠壮公碑》,《新安文献志》卷十六,《文渊阁四库全书》,第1a~4b页。
② Valerie Hansen, *Changing Gods in Medieval China*, 1127—1276, (Princeton, N. J.: Princeton Univesity Press, c1990.) p. 100, 163—166.

的本土身份,需要一套世代居于当地的论述。胡麟的《梁将军程忠壮公碑》便提到,程灵洗的祖先是东晋程元谭,自他担任新安太守后,其后人便世居于篁墩。① 同样,对宋朝人来说,最能证明他们世居当地的方法,就是声称自己是早已被承认具有本土身份的"黄墩人"的后代。翰林学士程珌在绍定元年(1228)撰写的《世忠庙碑记》,是最早表达出地方神明程灵洗是当时程姓祖先的文章之一:

> 方进士之肇新祠宇,罗鄂州之备述碑辞,是皆协顺人心……今者里社相与合词于县,县白之州,州上于漕,漕臣以亟闻,蒙赐庙号世忠。念程氏得姓凡十四世而生忠翼疆济公,由忠翼而来三十二世而为新安太守越,自太守始居新安,更十三世而为忠壮公,又十四世而生都使岩将……裔孙翰林学士通政大夫知制诰玉牒官兼侍读珌谨记。②

程珌在《宋史》有传,其行状收入《新安文献志》,是徽州显赫名宦,故乡在徽州休宁,而程灵洗的故乡篁墩也在休宁。③ 程珌所提及的世忠庙,其实便是之前提及的程仪同庙,地方乡民"里社"上报县政府,而得到官府赐额。④ 如果将程珌这篇文章与之前引用的《程仪同庙记》和《梁将军程忠壮公碑》比较,会发现一个共同点,就是前两篇文章所描述的修庙者姓方,没有多少姓程的参与,而《世忠庙碑记》描述在程姓庙宇得到朝廷赐额,改名为"世忠庙"的过程当中,同样没有太多程氏的参与。程珌的文章提及方必东(方进士)和罗愿

---

① (宋)胡麟:《梁将军程忠壮公碑》,《新安文献志》卷六十一,《文渊阁四库全书》,第1~4页。
② (宋)程珌:《世忠庙碑记》,《洺水集》卷七,《文渊阁四库全书》,第40~42页。
③ (元)脱脱:《宋史》卷四百二十二,列传,第4398页;(宋)吕午:《宋端明殿学士宣奉大夫致仕新安郡开国侯食邑一千五百户赠特进程公珌行状》,见(明)程敏政编:《新安文献志》,合肥:黄山书社,2004年,第2376~2390页。
④ 弘治《徽州府志》记载,"世忠庙在府西南三十里篁墩,祀陈将军程忠壮公,灵洗旧宅并射虺事俱在篁墩,宋宝庆中追封广烈侯,赐庙额,曰世忠"。由此确证,该庙是在宋朝宝庆中期,约1226年才得赐庙额,名字由"程仪同庙"改为"世忠庙"。参考弘治《徽州府志》卷五,第35页。

(罗鄂州)修庙、写碑的功劳。程珌以"裔孙"身份撰写此文,声称受祀于世忠庙内的程灵洗是他的祖先。程珌同时提及程灵洗之前和之后的程姓祖先,当中包括忠翼强济公,即春秋时期救下"赵氏孤儿"的程婴,另有一位新安太守名越,此人很可能便是程氏奉为新安始祖的程元谭。换言之,程珌的文章包括了两个原本互不相关的重点,一个是关于庙宇,一个是关于祖先,而程珌将两者联系起来的方法,便是声称庙宇内的神明是他们程氏的祖先。

地方神明汪华的形象同样改变了,但与程灵洗不同的是,汪华的祖先形象在五代时已出现。唐末歙州刺史陶雅的幕僚汪台符①,在902年写了一篇《歙州重建汪王庙记》,记载了祭祀汪华的情形。文章提及在隋末战乱中,"越公"汪华起兵,割据六州,后来投降唐高祖李渊,被委派统领歙、宣、杭、睦、婺、饶六州军事。汪华死于贞观二十三年(649),之后其故乡歙州出现拜祭汪华的庙宇。唐朝地方官先后重修和搬迁这所祭祀汪华的庙宇。到陶雅管治歙州时,汪华因为"死于国功"而得到尊崇。虽然汪台符道出了祭祀汪华在当地有着久远的历史,但在字里行间只称汪华为"越公"和"汪王",并没有提及汪华具有官府册封的称号和庙号。②

陶雅尊崇汪华有其政治目的。《歙州重建汪王庙记》写于902年,同年亦是陶雅的上司杨行密称吴王之年,③巧合的是,汪华隋末时亦自封吴王。④另外,文章同时提及汪华和杨行密有很多相通之处:

> 唐历十有九帝,二百八十年,其时间有奴狂仆醉,触破王化,洎
> 僖皇岁庚子,盗起曹南,逆尘犯跸,我淮王大叫义声,千里奔命,宣、

---

① 汪台符生平,参考(宋)罗愿:《新安志》卷六,第6~7页。
② (五代)汪台符:《歙州重建汪王庙记》,见(宋)李昉:《文苑英华》卷八百一十五,《文渊阁四库全书》,上海:上海古籍出版社,1987年,第7~9页。
③ (宋)欧阳修:《新五代史》卷六十一《吴世家第一·杨行密》,《文渊阁四库全书》,上海:上海古籍出版社/北京:中华书局,1974年,第749~750页。
④ 汪台符称汪华为"越公",但《新唐书》记载,"汪华起新安,杜伏威起淮南,皆号吴王"。另《新安志》亦指汪华"建号吴王"。参考欧阳修:《新唐书》卷一,《本纪·高祖皇帝》,《文渊阁四库全书》,上海:上海古籍出版社,1987,第3b页。

池、濠、寿、滁、和六郡,绕我马棰,分我君忧,苟无将将之雄,莫破铮铮之胆。①

文中的"奴狂仆醉"和"盗起曹南"是指875年的黄巢起义。在此时局下,"淮王"杨行密为唐朝皇帝抗击黄巢军队,据守宣、池、濠、寿、滁、和六州。这一描述又显示出汪华和杨行密有多处共通点:他们同是处于王朝末期的乱世,为了保障地方而起兵;他们都是忠臣,没有称帝野心,仍奉中央政府年号。很明显汪台符笔下的汪华,其实是影射杨行密,借汪华的事迹来称赞或解释杨行密起兵据守六州的理据,当汪华被描写为地方保护者时,杨行密亦具相同的正面形象。因此,汪台符的《歙州重建汪王庙记》是一篇政治宣传稿,为杨行密于同年受封吴王而写。

祭祀汪华在杨氏政权支持下得到尊崇,同时汪华亦神亦祖的形象也建立起来。汪台符一方面颂扬主子,另一方面声称汪华是自己的祖先:

> 台符越公之裔,浔阳之吏,祖能神、主能贤,辞或不直作神之羞、辱主之命,诏我邦人同归典实,庶可与言文论政矣。龙集壬戌十二月十有一日,谨记。②

"浔阳公"是指陶雅,汪台符宣称自己是汪华的后人和陶雅的下属。他认为如果自己不写这篇文章,不表扬祖先和主子的功劳,就等同于羞辱了二人。有一点需要特别注意的是,汪台符只声称汪华是自己的祖先,但没有提到汪华与当时其他汪姓者的关系,这点与后来在南宋汪华被奉为所有徽州汪姓的祖先有所不同。

进入北宋,祭祀汪华被列在祀典之内,但其重要性在中央王朝眼中渐降,最明显的证据是著于北宋的《新唐书》和《册府元龟》当中所记载的汪华地位

---

① (五代)汪台符:《歙州重建汪王庙记》,见(宋)李昉:《文苑英华》卷八百一十五,《文渊阁四库全书》,上海:上海古籍出版社,1987年,第7~9页。
② (五代)汪台符:《歙州重建汪王庙记》,见(宋)李昉:《文苑英华》卷八百一十五,《文渊阁四库全书》,上海:上海古籍出版社,1987年,第7~9页。

并没有如汪台符所描述的那么尊崇。《新唐书》称呼汪华为"歙贼",甚至没有完整独立的传记,汪华事迹只是载于《杜伏威传》内。① 根据《册府元龟》的描述,汪华形象不佳,"九月甲子,伪吴王汪华以黟歙五州之地来降。华,隋大盗汪宝权之族子也,大业末为山贼,有兵一万。至是,拜歙州总管,封越国公"。② 当中描写汪华是"大盗"之族子和"山贼"。

在北宋末,神明汪华的形象开始出现变化,这点可从一篇《唐越国汪公行状》的文章中看出。《唐越国汪公行状》的著作年份不详,作者胡伸是徽州人,绍圣四年(1097)进士。该文称颂汪华的一生如何有功于地方。由于原文较长,笔者只节录两段来说明汪华与徽州人的关系:

> 公姓汪氏,讳华,新安人,其先汪芒氏之后,或曰鲁成公支子,食采于汪,因氏焉。哀公时,童踦其孙也。汉建安中,龙骧将军文和为会稽令,避地,始家新安。公曾祖泰、祖勋、父僧莹,皆仕于陈⋯⋯
> ⋯⋯⋯⋯
> 公初起兵,未获立城之所,乃引弓远射,矢所坠,适当形胜,遂城之,今绩溪登源是也。后人因以立庙,广堑营垒,存焉。故宅距庙才一水,乡人不忍执锄其处,子孙环居之,因曰汪村。而郡人,自公入朝即生为立祠,殁益严奉。水旱必祷,今乌聊山庙是也。自唐刺史薛邕、范传正、吴圆、陶雅之属皆有增葺。及章圣东封,始载国朝祀典。其后,褒爵益崇,事具有司。独取公所起始末传后世。谨状。③

胡伸强调汪华的几个身份。首先,汪华是一位"新安人",新安是徽州在晋朝时的旧称。为了证明这个身份,胡伸列出汪华的祖先在汉末已迁往新安。其次,汪华是当时徽州人的祖先,汪华故乡在徽州绩溪县,该处有汪华的故宅和

---

① (宋)欧阳修:《新唐书》,第3802页。
② (宋)王钦若等修:《册府元龟》卷一百六十四,《文渊阁四库全书》,上海:上海古籍出版社,1987年,第6~17页。
③ (宋)胡伸:《唐越国汪公行状》,见程敏政辑:《新安文献志》,《文渊阁四库全书》卷六十一,第6b~17a页。

庙，住在该处的人便是汪华的后人，所以有名为汪村的村落。再次，汪华是得到政府认可、在地方上亦受百姓尊崇的神明，乌聊山上的汪华庙香火鼎盛。早在唐朝已得到官府承认，到宋真宗封禅泰山时，祭祀汪华更正式列入祀典。

这种视神明汪华为汪姓祖先的说法，在南宋时期一直都颇普遍。在南宋《新安志》中，提及胡伸的《唐越国汪公行状》是出于"故老所传"，意思是汪华的故事早在北宋末已流传于徽州，胡伸只不过是编采这些故事。罗愿本人非常重视神明汪华，在他所编的《新安志》中有关于汪华的大量内容。例如《姓氏》一章中便提及当地六个著姓，汪姓是其中之一，而汪姓的祖先便是汪华：

> 唐歙州刺史汪华居新安，故望出新安。今黟歙之人，十姓九汪，皆华后也。陈稷州刺史汪纲，陈亡，自歙州徙河间，故又有河间汪氏。右邓名世《姓氏辩证》云耳……邓名世以为汪王所居新安，而又言陈世汪纲自歙州徙河间，则是由陈以上固有居新安者矣。姑著其说，以待知者。

《姓氏辩证》即是《古今姓氏书辩证》，由宋高宗时期进士邓名世所编，成书于1134年，刊行于1168年。所以，当罗愿在淳熙初年（约1174）编修《新安志》时，这本关于姓氏源流的《古今姓氏书辩证》可能已经流行。虽然罗愿觉得邓名世没有清楚说明徽州汪氏是始于唐朝还是陈朝，但仍"姑著其说，以待知者"。所以罗愿实际上是同意"十姓九汪"这套说法的。这套说法与汪台符和胡伸的说法有很大区别，汪台符的文章只提到汪华是他个人的祖先，胡伸也只提及汪村这个地方，但《新安志》"十姓九汪"的说法，却是指徽州大部分人都是汪姓，这些汪姓都是汪华的后人。①

根据《新安志》，汪华是徽州人的祖先，亦是徽州地方神明。《新安志》关于汪华的资料，除强调汪华生前起兵保障乡土，不受战乱所侵，并得到唐高祖的封赏，有功于地方外，还详细地记载了汪华自宋朝起便不断受政府赐封

---

① （宋）罗愿：《新安志》卷一，第16页；（宋）邓名世：《古今姓氏书辩证》卷十五，《四库类书丛刊》，北京：商务印书馆，1992年，第10页。

神号：

> 新安之神，讳华，姓汪氏，绩溪人，隋将宝欢之从子，少以勇侠闻。大业之乱，以土豪应郡募，平婺源寇有功，寻为众所推，保据郡境。时四方割据，建号者众，乃稍以兵取旁郡，并有宣、杭、睦、婺、饶五州，带甲十万，建号吴王，为政明信，远近爱慕，部内赖以安全凡十余年。唐武德四年，以籍土地兵民遣使纳款于唐。高祖嘉之制曰，汪某往因离乱保据州乡，镇静一隅，以待宁晏，识机慕化，远送款诚，宜从褒宠，授以方牧，可使持节，总管歙、宣、杭、睦、婺、饶等六州诸军事，歙州刺史，上柱国，封越国公，食邑三千户。七年朝于京师……二十二年三月三日薨于长安，永徽中归葬歙县北七里云郎山，郡人思慕，立祠于刺史宅西偏。大历中迁于乌聊山，号越国公汪王神，自唐刺史薛邕、范传正相继增葺，他县亦处处有祠。及国朝东封秩群祀，郡人方演知州事，上唐所赐诰命，为奏请追封灵惠公。政和四年三月赐庙号忠显；七年十二月封英济王；宣和四年以阴相平睦寇加显灵；隆兴二年闰十一月以能御灾厉加信顺；乾道四年三月进封信顺显灵英济广惠王。①

据罗愿的记述，汪华已是名副其实的"新安之神"，他成为神明的过程始于永徽年间（650—655）。汪华死后归葬徽州云郎山，罗愿没有提及在该墓举行的祭祀活动。但根据明朝弘治《徽州府志》，宋朝官员修葺和祭祀云岚山（云郎山别称）上的汪华墓，到了元朝至元十四年（1277），官府还在墓上建墓庙，而且汪华墓的祭祀参与者都是朝廷官员。②乡民祭祀汪华的活动则始于汪华在绩溪县的故居"刺史宅"，根据罗愿所说，唐末乡民已在"刺史宅"旁建庙祭祀。到大历年间（766—779）祭祀汪华的庙宇由绩溪县迁往乌聊山，并得到地方官的尊崇，称之为"越国公汪王"，汪华祭祀由此在其他地方也兴起了。唐

---

① （宋）罗愿：《新安志》卷一，第23～26页。
② 弘治《徽州府志》卷二，第18页。

朝时,汪华仍没有封号和庙额。北宋真宗封禅泰山,徽州地方官方演①以唐朝时期的诰命呈上,才成功为汪华取得灵惠公的封号,而乌聊山上祭祀汪华的庙宇,到政和四年(1114)才得到庙额。韩森(Valerie Hansen)的研究提醒我们,宋徽宗年间(1100—1126)全国各地的封神赐额数量大增,而神明的封号越长,代表其神力越大和越受政府重视。② 汪华亦不例外,在宋徽宗时多次受到加封,宣和四年(1122)汪华因在神灵界帮助朝廷平定方腊而加封号显灵,之后在1164年和1168年又先后加封两次。

当汪华在乾道四年(1168)接受册封后,已是一位具有八字封号的神明,其神号已非常尊崇,不能再加封,所以政府之后转为册封他的妻子和儿子。汪华之妻钱氏在乾道五年(1169)受封为灵惠夫人。汪华的八个儿子生前都有官职,死后亦是徽州地方神明,被称为"八郎君"。绍兴十年(1140),政府赐庙额"忠助"作为祭祀他们的庙宇;乾道九年(1173),政府以神明封号册封他的八个儿子。③ 忠助庙建在州城以南的龙井山上,而在与龙井山一河之隔的渔梁村,现在仍有一所忠护庙,相传是祭祀汪华的第九个儿子。经过宋室多番册封,祭祀汪华成为地方色彩浓厚的正统信仰。

但问题是这位地方神明汪华在《新唐书》中的形象不太正面。根据《新唐书》,汪华不是直接向唐高祖投降,而是被杜伏威打败,成为杜伏威的手下后,再随杜归降的。④ 故此,《新安志》作者罗愿做了一番考证,驳斥《新唐书》的说法:

> 《新唐书》本纪,王以武德四年九月甲子归唐,而《杜伏威传》及《王雄诞传》,乃载王与雄诞战,览者因以为先战后服,以《资治通鉴》考之,王九月归唐,十一月自与伏威将雄诞战,是时王与伏威皆已受

---

① 方演于大中祥符二年(1009)任地方官,参考(宋)罗愿:《新安志》卷九,第29页。
② Valerie Hansen, *Changing Gods in Medieval China*, 1127—1276, Princeton, N. J.: Princeton Univesity Press, c1990.
③ (宋)罗愿:《新安志》,《附录·汪王庙考实》,第8~9页;(明)彭泽、汪舜民纂修:《徽州府志》卷五,明弘治十五年(1502),台南县柳营乡:庄严文化事业有限公司,1996年,第38页。
④ (宋)欧阳修:《新唐书》,北京:中华书局,1975年,第3802页。

唐命,战,自其私怨,非因战之后始归唐也。按,唐告称其识机慕化,
远送款诚,则是王自知天命,非战而后服,明矣。①

罗愿的目的是要证明汪华是"识机慕化",直接向唐高祖投降,他认为汪华与杜伏威、王雄诞打仗,是出于私怨,证据在于双方的冲突是发生在汪华投降之后。很明显,罗愿的目的是要提升汪华忠君的正面形象,好让汪华这位地方神明成为徽州地方效忠王朝的代表。

除了乌聊山,徽州多处地方亦有祭祀汪华的庙宇。徽州官宦吕沆(1205—1285)的《茆田忠烈庙记》,便记载汪华的庙宇"遍于乡邑",而在郡邑如绩溪县、婺源县、祁门县和休宁县的汪华庙,都有官员为其撰写文章,尊崇汪华。从这些颂扬汪华的文章来看,当时的士人也以崇拜汪华为荣,祭祀汪华不单纯是一般百姓对地方神明的崇拜。这就正如吕沆所说,还是孩童时,他便常常经过位于故乡附近的茆田忠烈庙,所以当徽州知州赵师夔(任期为1171—1173)邀请他为该庙撰文时,他便欣然答应,"辑文庙建,永绍乡井"。②

根据罗愿《新安志》,杨行密所居的扬州发生旱灾,曾命令"属郡遍祷群祀",而当时管治徽州的陶雅梦见自称汪王者告诉自己,宝林禅院的上师是水晶宫菩萨,可助他求雨。陶雅于是请上师帮助,上师说他已遣五龙施雨于扬州三昼夜了。此段记载的重点,在于汪华出主意解决了干旱问题。到了元朝,汪华控制雨水的神力更明显。至元十八年(1281),徽州祁门县出现战乱,徽州路总管赵谦带兵平乱,碰上不断下雨的天气,元军士兵难以沿山间道路行军,赵谦于是祈求汪华停雨。最后雨停,赵谦亦成功平乱。赵谦邀请徽州地方文学官员汪梦斗撰写《歙乌聊山忠烈庙享神辞》纪念其事。③ 在至元四年(1338)师山书院山长郑玉撰写的《重修忠烈陵庙记》中,同样记载汪华控制

---

① (宋)罗愿:《新安志》卷一,第25页。

② (宋)吕沆:《茆田忠烈庙记》,该文见吕沆父亲吕午的文集,参考(宋)吕午:《竹坡类稿》,据清抄本影印,北京:书目文献出版社,1988年,第296~297页。

③ (宋)汪梦斗:《歙乌聊山忠烈庙享神辞》,见(明)程敏政编:《新安文献志》卷四十九,《文渊阁四库全书》,第11~14页。

降雨：

> 后至元二年冬,府判燕山马侯佐治新安……见父老,询民水旱疾疫,所以致祷祀者,众谓忠烈王自唐至今,以功劳血食,祷应如响,侯识不忘。明年春,霪雨害麦,民且忧饥年,侯白僚长率厥官属诣祠下,斋戒以请,翌日天体霁然,麦遂倍收。①

从文章的名称推断,这所汪华庙不在乌聊山,而是位于云郎山。文章提及至元二年(1336)有地方官初来徽州,询问当地父老如天灾时需要祭祀哪一位神明,父老的回答是忠烈王汪华。当雨灾来临时,该官员便领下属往汪华庙求停雨,更出"己俸"和要求下属"出金"来修葺汪华庙。这两则材料还提及汪华在元朝时同样受官府尊崇。

在徽州士人的笔下,神明汪华的形象在不断变化,从这些变化我们可看出徽州百姓的自我认知是如何塑造出来的。由五代开始,祭祀汪华包含了神明即祖先的观念。五代时期汪台符的文章指出汪华是他的祖先,但没有提及汪华与其他汪姓者的关系;到南宋时罗愿提出"十姓九汪"这个说法,认为徽州当地大部分人都姓汪,而且是汪华的后人,这点已与五代时期汪台符的说法有很大差别。

总而言之,中央王朝的祭祀礼仪能在徽州普及,必须依赖一群担任官职的徽州本土士人撰写大量关于地方神明的文章,将这些神明描绘为忠于君主和有功于地方的人物形象。这些文章一方面满足中央王朝的需要,另一方面建构出一套徽州人的自我认知,因为对地方百姓来说,祭祀这些得到王朝承认的神明尽管可以表达他们对朝廷的忠心,但不足以表达出他们对自我身份的认同。他们开始强调他们与这些地方神明具有血缘关系,并以此作为徽州人的凭据。

宋室南迁,定都杭州后,杭州成为南宋的经济和政治中心。杭州的发展同时带动着徽州的开发,徽州的山村土产如木材、茶叶和漆,沿着新安江大量

---

① （元）郑玉:《重修忠烈陵庙记》,《师山集》卷四,第12~14页。

输往杭州。两地的经济往来,让徽州由山村变为集镇。

随着经济的发展,徽州的政治地位在南宋政府眼中亦日益重要。南宋政府在徽州扩建州学、增加科举额数、重修城墙,让中央王朝与徽州建立了稳定的管治关系,同时也培育了一批徽州士人。这批徽州士人考取科举功名,在政府担任官职,撰写大量介绍故乡的文章。在南宋以前关于徽州的文章都是由外地人所撰写的,但在南宋开始大量出现由徽州人描述徽州的文字记述。

在这些徽州士人的笔下,徽州人的自我认知,通过对地方神明的描述慢慢浮现。神明祭祀是宋朝政府所承认的,但神明的威名得以广传,必须借助于徽州士人。在他们的文章中,汪华的"忠君"形象和有功于地方的贡献得到大力宣扬。他们文章中"十姓九汪"的说法,表示这位神明其实是众多徽州人的祖先。其实,早在五代时期,地方官员汪台符便声称神明汪华是自己的祖先,但他没有宣称汪华与其他徽州人的关系如何。到南宋时期,罗愿才在《新安志》内提出"十姓九汪"的说法,将视神明为祖先的观念推广开来:祭祀王朝承认的神明,便是宋室子民;声称徽州神明为祖先的,便是徽州人。

第三章　元朝儒士的谱系和祭祀

以往研究元朝徽州地方社会的学者，已留意当时谱系在祭祖仪式中的重要性，并视之为后来明朝徽州宗族的开端。徽州婺源县大畈有个知本堂。知本堂建于元末1354年至1357年。该建筑是"楹间者五，其上通三间以为室"，室内祭祀自"得姓之祖""初渡江者"和"迁来居大畈者"及以下十几代祖先。[①] 知本堂似乎与明清时期普遍流行的祠堂区别不大，尤其是以谱系排列神主的祭祖仪式。但知本堂这样的例子在徽州并不常见，而且知本堂的兴建者汪同（？—1360）并非普通百姓，他是元末战乱期间的地方武装领袖，先后受元朝政府和朱元璋军队授官副都元帅和枢密院判。更重要的是，在知本堂旁边有一所庙，庙内祭祀五位神像，"像其祖之有封爵在祀典者，配以其子孙之有功德者四人"。"有封爵在祀典者"就是地方神明汪华，配祀的是同为汪

[①] 常建华：《宋元时期徽州祠庙祭祖的形式及其变化》，《徽学》，2000年卷，第1~14页；林济：《"专祠"与"宗祠"——明中期前后徽州宗祠的发展》，《中国社会历史评论》，第10卷，2009年，第31~56页；章毅：《理学、士绅和宗族：宋明时期徽州的文化与社会》，香港：香港中文大学出版社，2013年，第103~130页。另外，西方人类学家留意到记录每一代祖先的谱系对宗族非常重要，参考 Maurice Freedman, *Chinese Lineage and Society: Fukien and Kwangtung*, (London: Athlone P.; New York: Humanities P., 1966); Fried, Morton, "Clans and lineages: how to tell them apart and why—with special reference to Chinese society", *Bulletin of the institute of Ethnology*, *Academia Sinica*, 1970。

姓的地方神明。所谓"知本堂",其实是将祭祖的堂和祭神的庙"合而名曰知本堂",而知本堂的田产,在名义上不是由祭祖的堂所控制,而是由祭神的庙所控制。① 由此可知,知本堂不是后来明清时期的祠堂,也不是纯粹祭祀神明的庙宇,而是结合祖先祭祀和神明祭祀的场所。可见,徽州人开始分开祖先祭祀和神明祭祀,但又不能完全摆脱过往视神明和祖先为一体的观念,所以只能在一处祭祀场所采用两套祭祀礼仪。

视地方神明为祖先的观念在南宋已出现,而这个观念得以普及是由于徽州地方士人帮助推广。到了元朝,无论是士人本身,还是他们所推广的祖先观念,都出现很大的变化。自1276年徽州宋军守将李铨向元军投降,至1358年朱元璋军队占领徽州,在这段不足一百年的时间里,徽州先后经历了两次朝代更替。我们可以想象在这段时间里,战乱带来了剧烈的社会变迁。幸运的是,当时的士人留下了不少文章,为历史学者提供了研究元朝徽州社会的珍贵材料。这些文章表达出作者在动荡环境下的不安。特别是当科举取消、入仕的途径失去后,在元朝新的户籍登记制度下,这批士人被编入儒籍,成为儒士,只能担任地方学官和书院内的教官。尽管地位大不如前,但他们仍然希望通过推广礼仪,例如编撰祖先谱系和拜祭祖先等,来彰显他们自己特殊的身份。于是,在他们的文章中,出现大量为自己或替别人撰写的关于编修族谱和祭祀祖先的记述。这些资料也有助于我们明白元朝徽州的祭祀礼仪是如何变化的。

第一节　紫阳书院与儒士道统的建立

南宋时期,徽州士人描写故乡的文章,多是颂扬家乡地方神明的贡献,少有关于理学和道统的。元朝时情况出现转变,失去了科举入仕途径的士人,突然强调道统的重要性,他们尊崇朱熹学说,但没有多少人是朱熹再传弟子。

---

① （元）赵汸:《知本堂记》,《东山存稿》卷四,《文渊阁四库全书》,第15～18页。

在与朱熹没有师承关系的情况下,徽州士人无法以继承朱熹学说的正统身份自居。科大卫与刘志伟的研究指出,师承与正统的关系非常重要,宋儒用以证明他们所主张的礼仪符合天理的依据,是他们具有领悟圣人的能力,这种能力便是通过师承关系获得的。① 元朝时期,朱熹的地位已在朝野得以确立,不同地方的士人会以不同的方法来证明他们与朱熹存在某种关系。强调师承关系是方法之一,但这个方法在徽州并不适用,因此徽州士人只能用另一种方法,即强调徽州是朱熹故乡的说法。徽州紫阳书院崇祀朱熹便是这个说法的具体表现。以地缘来建构一套道统谱系是徽州士人继承道统的理据。

紫阳书院建于宋朝,但没有资料显示当时书院由谁管理、招收学生或教学,紫阳书院山长可能只是勋衔,但到了元朝便有了关于紫阳书院师生的资料。② 1276 年元军南下占领徽州,战乱破坏了紫阳书院。1280 年紫阳书院重建,同年方回撰写的《徽州重建紫阳书院记》记录了重建的参与者:

> [至元]十五年,按察使者至,谋诸总府,以书院地与古郡学地两易……得前进士汪君一龙、曹君泾为之师,前贡士许君豫立为学正……复得经历赵君仲璋与今治中汪君元龙白总府皆捐资,率同僚为助,而士亦酾泉相役,平洼亢卑。③

这次紫阳书院的重建是地方政府和称之为"士"的群众合力的成果。重建计划是江东道按察使奥屯希鲁所提出的,实质负责重建书院的是经历赵仲璋和治中汪元龙。汪元龙是徽州婺源人,咸淳元年(1265)登第,知徽州婺源县,入

---

① 科大卫、刘志伟:《宗族与地方社会的国家认同——明清华南地区宗族发展的意识形态基础》,《历史研究》,2000 年第 3 期,第 3~14 页。
② 《紫阳书院志》中没有宋朝紫阳书院山长的记录,但在嘉靖《徽州府志》中第一次出现宋朝紫阳书院山长的名单,名单上有六人,全是徽州人。参考嘉靖《徽州府志》卷四,第 26 页。宋朝徽州人汪庭圭在 1266 年中进士和被授紫阳书院山长,当时他只有十八岁。参考(元)王球:《存耕处士汪公庭桂墓志铭》,见(明)程敏政编:《新安文献志》卷九十二上,第 2278~2281 页。
③ (元)方回:《徽州重建紫阳书院记》,见(清)施璜编,陈联、胡中生点校:《紫阳书院志》卷十八,第 324~326 页;卷二《历代建置》,第 19 页。

元后被授徽州路治中。① 官府邀请到前朝进士汪一龙、曹泾和许豫等人担任教职。汪一龙(1230—1282)是徽州休宁人,南宋咸淳四年(1268)进士,入元后担任紫阳书院提学。② 曹泾(1233—1315)是徽州歙县人,同在咸淳四年(1268)中进士,被授昌化县主簿,元朝至元十四年(1277)任建德路儒学,与当时担任建德路总管的徽州人方回是朋友。曹泾担任紫阳书院山长时期"招致生徒,创辟学宫",1282年辞任山长。③ 我们还需留意《徽州重建紫阳书院记》的作者方回,他在文章中处处显示出自己对重建紫阳书院的支持,而且对书院的新形制提出不少意见。方回是南宋景定三年(1262)进士,累官至建德知县。1276年,元军至建德,方回出降,被委派为建德路总管。在这些重建的参与者中,以方回地位最高。④

我们需要注意方回和几位学官的身份:他们都是前朝进士,亦是徽州当地人。他们与其他称为"士"的参与者,都是萧启庆所指的儒士。萧启庆的研究指出,元朝政府在1277年设立江南儒籍,凡是南宋的士大夫都可由地方上报入籍,入儒籍者便如僧道一样免差役,而且有资格接受如奖学金性质的廪给,唯一的义务便是派户内一名成员任教或授学,世守儒业。教学的地点不一定是官学学宫或书院,他们自设门馆授课亦可。因儒籍可免赋役,导致不少人冒名入籍,元朝政府亦难以核实,最后的解决方法是以登记在至元二十

---

① (元)洪焱祖:《徽州路治中汪公元龙传》,见(明)程敏政编:《新安文献志》卷八十五,第2073页;道光《徽州府志》卷十二之二,第60页。
② (元)方回:《定斋先生汪公一龙墓铭》,见(明)程敏政编:《新安文献志》卷九十五上,第2409~2411页。该文不见于方回文集《桐江集》和《桐江续集》内。
③ (元)洪焱祖:《曹主簿泾传》,见(明)程敏政编:《新安文献志》卷九十五上,第2408页。该文不见于洪焱祖文集《杏庭摘稿》。方回与曹泾的关系,参考(元)方回:《鲍子寿诗集序》,1300年,《桐江集》卷一,第33~34页。
④ (元)洪焱祖:《方总管回传》,见(明)程敏政编,王宗植等增补:《新安文献志》卷九十五上,合肥:黄山书社,2004年,第2401~2404页。关于元初徽州人担任官吏的资料,参考章毅:《理学、士绅和宗族:宋明时期徽州的文化与社会》,香港:香港中文大学出版社,2013年,第63~68页。

七年(1290)的儒籍为准则,凡在该年登记入儒籍的,则永为儒户。① 在1290年以前,因为入儒籍资格宽松,所以只要在校任教或读书便能入儒籍,同时可以免差役和接受廪给。他们乐于参与学宫和书院的建设,目的是证明其具有入籍资格。

这群儒士当中,部分人在南宋已取得科举功名,入元后则担任教职或学官。他们不一定是朱熹的再传弟子,但都尊崇朱熹学说,或参与书院内的朱熹祭祀。他们彼此之间有师友或姻亲关系(参看图3-1)。例如:紫阳书院山长曹泾,与建德路总管方回是朋友;紫阳书院提学汪一龙,其墓志铭由方回所撰;继任山长的刘仲鼎和赵仲台都是方回的朋友,他们离任时方回都赠诗文送别;②至元二十五年(1288)任山长的王北山,与方回有姻亲关系;③方回和曹泾二人的朋友陈栎著有《四书发明》一书,其学"大抵以朱子为归",受到朱熹的四传弟子吴澄赞赏,而陈栎的学生朱升亦曾在紫阳书院任教;④1296年担任紫阳书院山长的程逢午是宋朝时举人,进士不第,任山长期间"为诸生抽绎《中庸》,辑为讲义三卷,凡十八阅月而成书,郡以其文可传,命书院锓梓",即他与诸生研究《中庸》一书,修撰成三卷讲义并付印出来;⑤程逢午与赵汸是世交,而赵汸则是九江理学家黄楚望的学生。⑥ 徽州部分儒士之间有千丝

---

① 萧启庆:《元代的儒户:儒士地位演进史上的一章》,《元代史新探》,台北:新文丰出版公司,1983年,第10~58页。

② (元)方回:《送紫阳山长刘仲鼎序铉号悦心》,《桐江集》卷一,《续修四库全书》,第43~45页;(元)方回:《送紫阳赵山长治台叟三首》,《桐江续集》卷二十五,《文渊阁四库全书》,第26页。

③ (元)方回:《柳州教授王北山诗序》,见《桐江续集》卷三十三,《文渊阁四库全书》,第24~25页。

④ (元)揭溪斯:《定宇陈先生栎墓志铭》,见(明)程敏政编,王宗植等增补:《新安文献志》卷七十一,第1739页;(明)朱同:《朱学士升传》,见(明)程敏政编,王宗植等增补:《新安文献志》卷七十六,第1854页。

⑤ (元)邓文原:《故海盐州教授程君逢午墓志铭》,见《新安文献志》卷七十一,第1751~1752页。

⑥ (元)詹士南:《东山赵先生汸行状》,见《新安文献志》卷七十二,第1758页;(元)邓文原:《故海盐州教授程君逢午墓志铭》,见《新安文献志》卷七十一,第1751页;(元)赵汸:《长乐县程令君愿学行状》,见《新安文献志》卷八十六,第2103页。

万缕的联系,而这些联系都是围绕紫阳书院建立起来的。他们就如达德斯(John Dardess)所言,因为在地方上长期担任学官,所以最后成为一群内聚力很强的"职业团体"(professional community)。①

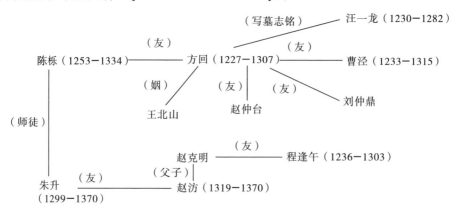

图 3-1　元朝部分儒士关系图

元朝的徽州儒士和南宋的徽州文人区别很大。南宋的徽州文人不少是朝廷高级官员,例如程大昌官至侍讲、吏部尚书;程元凤官拜右丞相兼枢密使;吕午、吕沆父子,分别官至史院官和两浙转运盐事使。但从他们的墓志和传记中可看出他们长期居于外地,他们会为减轻家乡的赋税而撰写文章,但很少在徽州开课授徒。② 但到了元朝,徽州儒士大多数都是学官或县丞、巡

---

① 萧启庆:《元代的儒户:儒士地位演进史上的一章》,《元代史新探》,台北:新文丰出版公司,1983年,第10~11页,第18~24页;萧启庆:《元代的族群文化与科举》,台北:联经出版事业股份有限公司,2008;John Dardess, *Confucianism and Autocracy*:*Professional Elites in the Founding of the Ming Dynasty*, Berkeley: University of California Press, c1983. p13-74. 关于元朝徽州地方学术和士人之间的关系,参考周晓光:《徽州传统学术文化的地理研究》,合肥:安徽人民出版社,2006年;史甄陶:《家学、经学和朱子学——以元代徽州学者胡一桂、胡炳文和陈栎为中心》,上海:华东师范大学出版社,2013年。

② (宋)周必大:《宋故龙图阁学士宣奉大夫致仕新安郡开国公食邑二千一百户食实封一百户赠特进程公大昌神道碑》,约1195年,见《新安文献志》卷六十八,第1672~1680页;(元)程继孙:《宋特进少保观文殿大学士致仕新安郡开国公食邑八千九百户食实封三千三百户赠少师谥文清程公元凤家传》,1271年,见《新安文献志》卷七十五,第1826~1846页;(元)方回:《故中奉大夫右文殿修撰致仕歙县开国男食邑三百户赠华文阁学士通奉大夫吕公午家传》,见《新安文献志》卷七十九,第1923~1933页;(元)方回:《监簿吕公沆家传》,见《新安文献志》卷七十九,第1940~1944页。

检等低层官吏。他们当中有部分长期居于故乡,亦较倾向于参与徽州的营建,前述重建紫阳书院便是一例。儒士陈栎在南宋亡后,便隐居徽州休宁陈村著书立说,教授学生;程逢午在担任紫阳书院山长期间,帮助同乡族人休宁汉口程氏,从异姓处收回土地,恢复晋朝祖先程元谭的坟墓。①

了解了参与重建紫阳书院的儒士群体后,我们还要理解该次重建紫阳书院的意义。旧紫阳书院原本只有一处祭祀朱熹的朱文公祠堂,重建后却新增了一所祭祀孔子的先圣庙,而且在形制上有僭越的可能,所以方回在《徽州重建紫阳书院记》中提出了儒士在这方面的担忧:

> 于是诸生相与言曰:"昔之书院,向挟紫阳山于其左,今之书院,若庙若祠若堂,皆南向,得紫阳山之正。学者俯而读,仰而瞻,由是以想夫子之步趋謦欬,将必有得其正传者,庸讵知书院之迁,非风气之所宜乎?"然回闻之,土有广狭,势有向背,栋宇有隆杀,仪文有盈缩,皆物也,有不物者焉? 先圣有言:"殷因于夏礼,所损益可知也;周因于殷礼,所损益可知也,其或继周者虽百世可知也。"尚忠质文建寅丑子,可以随世损益,曰纲曰常,百千世一也,则何损益之?②

方回刻意提到诸生的担忧,认为重建后的紫阳书院"南向",僭越了孔庙庙制,"非风气之所宜"。方回引用孔子所说的话,指出礼制会随时代有所转变,但这并不会影响纲常。方回为了证明其说法,还具体列举出历代祭祀先儒礼仪的变化:

> 古功臣与食于大烝,而后世享先圣也,以其门弟子及贤者侑之。汉孔庙不出阙里,许天下建原庙,自唐贞观始。唐释奠惟侑颜子,加以孟子自宋元丰始。宋初止有四书院,诏郡县皆立学自庆历中始。近世所至有庙学书院,而又升曾、思之侑,自濂溪至东莱俱列祀,而

---

① (元)邓文原:《故海盐州教授程君逢午墓志铭》,见《新安文献志》卷七十一,第1751页。
② (元)方回:《徽州重建紫阳书院记》,见(清)施璜编、陈联、胡中生点校:《紫阳书院志》卷十八,第324~326页。

又无不专为之祠,益从今尚损,与古违世也。①

表面上,方回似乎不太担心紫阳书院的形制,他认为宋朝将"濂溪"周敦颐和"东莱"吕祖谦等人从祀于孔庙时,地方上便有专祠祭祀他们,这种方式已经与所谓古礼区别很大。但如果他真的不担心,就无须花这么多笔墨来解释。方回的文笔非常小心,他不是要否定礼制或声称僭越并无问题,而是指出历代祭祀的受祭者必须是继承道统的贤儒,例如颜子、孟子、曾子、子思、周敦颐和吕祖谦。换言之,紫阳书院之所以不受形制的规限,是因为书院内受祭祀的是朱熹。其实这个论述非常大胆,虽然早在1241年宋理宗已下诏朱熹从祀孔庙,但当时曲阜孔庙在金人统治区内,直到元朝皇庆二年(1313),朱熹才进入曲阜孔庙从祀贤儒的行列。② 所以在方回撰写《徽州重建紫阳书院记》时,元朝政府仍未规定朱熹从祀孔庙。虽然在政治上朱熹的身份未被确定从祀孔庙,但在学术道统上方回已将朱熹说成是承接孔子的圣贤:

> 故待制侍讲赠太师徽国文公先生郡人也,合山与人称紫阳夫子,若洙泗先圣……歙今鲁地也,紫阳今洙泗也。夫子之教,百世千世与紫阳不朽。③

方回认为朱熹被称为"紫阳夫子",原因在于徽州有一所紫阳山,其情况就等同孔子被称为"洙泗先圣",原因是曲阜有洙河和泗河两条河流。方回的暗示显而易见,他将朱熹比喻为孔子,认为他们的地位在"百世千世"都不朽,同时也将徽州紫阳山比喻为曲阜洙水和泗水,无形中提高了徽州的地位。

方回强调徽州道统地位的意图,在另一篇文章《徽州路修学记》中表达得更清晰。这篇文章记述1278年地方政府计划兴办儒学学宫,倡建者不是别人,正是大力重建紫阳书院的江东道按察使奥屯希鲁,而重建儒学学宫与重

---

① (元)方回:《徽州重建紫阳书院记》,见(清)施璜编,陈联、胡中生点校:《紫阳书院志》卷十八,第324~326页。
② 宫衍兴:《孔庙诸神考:孔庙塑像资料编》,济南:山东友谊出版社,1994年,第120页。
③ (元)方回:《徽州重建紫阳书院记》,见(清)施璜编,陈联、胡中生点校:《紫阳书院志》卷十八,第324~326页。

建紫阳书院在同一年。由此可知,重建紫阳书院并非一宗独立事件,而是地方政府推行儒学政策的一部分。① 方回获邀撰写《徽州路修学记》,他同样强调朱熹在徽州的重要性:

> 独徽学先圣殿之左,又专为吾徽国太师文公祠,异乎天下之学,何也?文公,邦人也……吾徽学专祠文公,岂私于乡先生乎?自羲画以来,有孔、颜、曾、思、孟之言,不可无周、二程、张之言。吾文公陟衡、沿婺渚,参考互订,无一书、无论著,由吾文公之言,上达于周、二程、张之言,又上达于孔、颜、曾、思、孟之言,心学也。②

方回认为,徽州学宫与其他地方学宫的不同之处,是徽州学宫有祭祀朱熹的文公祠,而其他地方没有,原因在于朱熹是徽州人,更重要的是他继承了孔孟、周敦颐、二程等人传下来的道统。方回在1292年写的《润学重修大成殿记》中就直接指出,"学尧、舜者,必自孔子,学孔子者,必自朱子"。由尧、舜至孔子,再由孔子至朱熹,这是直接把朱熹定为儒家道统的继承者。方回的目的是要尊崇朱熹的地位,同时亦提升朱熹故乡徽州的名声。

方回将徽州、圣贤、道统串联起来的做法,影响深远,后人多有模仿。元末徽州儒士胡炳文(1250—1333)撰写的《徽州乡贤祠记》提到,徽州地方士人和州学贡生在泰定元年(1324)兴建了一所乡贤祠,祠内祭祀北宋理学家程颢和程颐兄弟。胡炳文认为徽州之所以祭祀二程,是因为二程其实是徽州人程灵洗的后人。程灵洗是南北朝时期的将领、宋朝时期的徽州地方神明。在南宋时已有人指出程灵洗是徽州程姓的祖先。《徽州乡贤祠记》很明显影射了朱熹与徽州的关系,当徽州是朱熹故乡这个说法流行之后,当地亦在视程灵洗为祖先这个固有观念上,加了视徽州为二程故乡的说法,目的是配合将徽

---

① 元军占据徽州后,以州学作为军营。1278年才迁移军队,重新创建学舍、殿宇和讲堂,聘请前朝进士陈宜孙为教授,但仍将部分土地作为军营。至元二十八年(1291)在当时教授杨斌的请求下,再恢复军营所占的学贡基地三十亩。(明)彭泽、汪舜民纂修:《徽州府志》卷五,明弘治十五年(1502),第16页。

② (元)方回:《徽州路修学记》,《桐江续集》,《文渊阁四库全书》卷三十五,第5b~7b页。

州描述为道统传承之地:

> 近有为道统之说者曰:圣贤之生,天地气化,相为循环。冀在北,岐周在西,鲁在东,春陵、新安在南,夫斯道绝续,天也。自北而南,迭生圣贤以续道统,非偶然也。①

根据这套道统南传徽州的说法,徽州能够成为继承道统之地的原因,不仅为徽州是朱熹的故乡,而且与二程兄弟有渊源。而把这套说法讲解得最透彻的,是元末明初儒士唐桂芳(1308—1380),他在1367年撰写的《修紫阳书院记》中,强调紫阳书院和朱熹祭祀是徽州地方传统:

> ……圣贤之道,与元气相与久长。时有隆污,元气未尝不贯其中。时乎东迁,彼一庚戌也;时乎南渡,此一庚戌也。夫子不生,万世纲常何以赖?文公不生,笺注诸经何以明哉?新安阙里,紫阳为山之重。吏部韦斋先生寓南闽,印章曰"紫阳书堂",文公曰"紫阳书楼",皆不忘桑梓也。二先生尚尔,宜后人尸而祝之,以为讲学之地也。②

唐桂芳认为圣贤之道,与"元气"存在一起,时势有盛衰,但"元气"仍在当中,就如周朝东迁洛阳、宋朝南渡杭州,孔子和朱熹等圣贤便相继出世。尽管唐桂芳的文章只不过是重复描述前人已提及的朱熹逸事,但有一点是他新创的,即"新安阙里"这一重要名词。"新安"是徽州的旧称,"阙里"是指孔子的故乡曲阜,"新安阙里"便是把徽州等同于曲阜,把朱熹等同于孔子。唐桂芳在另一篇文章《文公生日祭礼序》中提道:

> 文公生于闽,韦斋以文公托孤刘屏山,而赘婿焉。遂闻师友渊

---

① (元)胡云峰:《徽州乡贤祠记》,见(明)程敏政编,《新安文献志》卷十四,第375～377页。作者生卒年不详,约元中前期人。
② (明)唐桂芳:《修紫阳书院记》,《紫阳书院志》卷十八,第328～329页。

源,溯而上之,杨龟山、程伊川之高弟,故曰吾道南矣。①

唐桂芳关注的重点在于"师友渊源",他指出刘屏山师承杨龟山、程伊川,所以得到刘屏山照顾及教导的朱熹,自然也继承了师门传统,并把师承带来南方,所以才会"吾道南矣"。换句话说,朱熹的学术道统上接程颐,道统南下,落到朱熹身上,亦来到徽州,为徽州的儒士所承接。因为大多数的徽州儒士并不是朱熹的弟子或再传弟子,不能依靠朱熹的师承关系来确立自己的地位,所以只能标榜徽州为朱熹的故乡,并以此来证明徽州是道统南传之地,从而证明自己继承道统的正统地位。这群以继承道统自居的儒士,他们自己所实践的是一套怎样的祭祖礼仪,他们又如何向外推广这套礼仪?

第二节　由"图"至"谱":方回的祖先谱系

明清宗族的祖先祭祀,不同于一般的祭祖仪式,当中谱系的表达非常重要。那么,元朝时期的谱系怎样表达出时人对祖先的观念,其是否与明清时期的谱系相似?这是本节主要讨论的问题。要了解元朝徽州的谱系,我们需要由方回的文章入手,原因是在元朝初期,除了他的文章,就没有多少关于元初祭祖的文献留传下来。现存方回的文集有《桐江集》和《桐江续集》,当中收录了多篇关于其家庭状况、编修族谱和祖先的文章。在了解方回如何记述祖先之前,我们有必要知道方回传奇的身世及其家族情况。

根据方回的记录,方回的祖父方安仁,字伯寿,原先居住在歙县南部一处名小沟口的地方,后来搬迁至徽州城内:

> 先祖当高孝之间,奉曾祖迁居州城甘泉坊西,卜室北向前后各为重屋,三而为土库东南,陬效隐者韩伯休市药物自给。始葬曾祖

---

① (明)唐桂芳:《文公生日祭礼序》,见(清)施璜编,陈联、胡中生点校,《紫阳书院志》卷十八,第388页。

妣城东问政山兴道原。①

在宋高宗与孝宗统治期间，即12世纪中期，方安仁与他的父亲一起迁来州城。方安仁在州城的经济状况不错，薄有房产，并做起药材生意。方安仁的父亲死后没有运回故乡小沟口安葬，而是葬于州城东的问政山。方安仁及其妻死于1227年，方回在该年出生。方安仁死后，亦与妻子吴氏同葬在问政山其父墓旁。

方回的祖父有五子三女。方回之父方琢(1173—1229)是长子，嘉定七年(1214)以太学生上舍身份登进士第，②官至承直郎广西经干，权融州通判。嘉定十七年(1224)他在广西卷入官司而入狱，1225年谪封州，1229年死于封州，年五十六，当时方回才两岁。方琢去广西时，留下正妻俞氏和一名女儿在家乡徽州。因为方琢只有一个女儿，没有儿子，所以其友戴适之在嘉定十六年(1223)把自己的儿子给方琢为嗣，远在他方的方琢为其起名"元老"。但方琢在封州时，另纳一妾胡氏，1227年胡氏在谪所生方回。方琢殁在异乡。此时，方雷震也在封州任职，为他处理丧事，并在1230年送方回及胡氏回乡。

根据方回的文章，他有四位叔父，他们分别是方玜、方琮、方琛和方玠（参考图3-2），其中任州学教育官员的方琮和乡贡进士方琛，担负起照顾和教育方回的责任。叔父方琛从祖父处继承了祖居，其他叔父已分室外居。③但他们的居所相距不远，很有可能仍然同在州城之内。

方琛照顾方回一年后病逝，年方四十二岁。之后由方玜负责照顾方回，方玜有子名润民，幼年时已"病痫"。润民娶妻黄氏，有子名端甫。方玜因儿子得病，孙子年纪太小，所以立了另一位方姓者方垲为嗣。方玜担起养育子侄们的责任，有赖方回父亲留下的三十亩田。方回日后提到方玜次子垲时，

---

① （元）方回：《先祖事状》1275年，《桐江集》卷八，《续修四库全书》，上海：上海古籍出版社，1995，第8~11页。

② 宋代太学分外舍、内舍和上舍，学生可按一定的年限和条件而升级。参考《宋史》卷一百五十七《选举志三》。

③ （元）方回：《叔父九贡元墓志铭》，《桐江集》卷八，第48~51页。

说他"治生不润,失所析产,端甫独以己分奉祖母及母,事葬无阙",意思是方㟺不善管理而失去分到的产业,而端甫则用"己分"来奉养祖母和母亲。方㟺日后生活颇为潦倒,方回在为方㟺撰写的墓志铭中提到,方㟺在1276年死于方回寓屋,年方五十二岁,当时方回于建德任官,便把他葬于建德县之乌龙寺,没有葬回故乡。方端甫与方回保持来往,方回曾推荐端甫任塾客。另外,方㟺在世时亦为自己建了坟墓,与祖父方安仁一样,位置在歙县的问政山。①

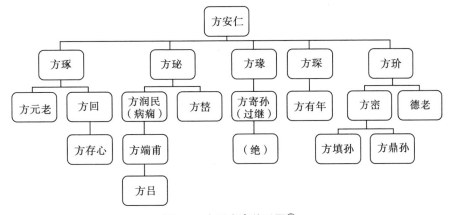

图 3-2 方回家庭关系图②

之后负责方回教育的是另一位叔父方璩。璩曾参加漕举,未中,生活颇为贫困。方璩有一女,没有儿子,所以"晚乃立同姓子,曰寄孙"。方寄孙娶吴氏,但未有后裔,约死于1275年,年方四十五岁。方回原想过继一名儿子给方璩作孙子,但后来打消了这个念头。至于祭祀方璩,则由方回负责,"岁时祀府君于先君之旁"。③ 在此没有说明是墓祭还是祠祭。方璩这一支,男女

---

① (元)方回:《叔父七府君墓志铭》,《桐江集》卷八,第43~46页。
② 家族图参考自洪焱祖,《方总管回传》,见(明)程敏政:《新安文献志》卷九十五上,第2401~2404页;(元)方回:《先祖事状》,《桐江集》卷八,第8~11页;(元)方回:《先君事状》,1282年,《桐江集》卷八,第11~24页;(元)方回:《桐江集》卷八,第43~46页;(元)方回:《叔父九贡元墓志铭》,《桐江集》卷八,第48~51页;(元)方回:《叔父七府君墓志铭》,《桐江集》卷八,第43~46页;(元)方回:《叔父八府君墓志铭》卷八,第46~48页;(元)方回:《先兄百三贡元墓志铭》,《桐江集》卷八,第51~53页。
③ (元)方回:《叔父八府君墓志铭》,《桐江集》卷八,第46~48页。

约 6 人,但最后无嗣。

方回另外还有叔父方琛和方玠,方琛本来继承了祖父的居所和药材生意,却早死于 1231 年,生意被转交给方琛妻弟打理。但在 1241 年药店发生火灾时,方回指出"其人夜抱簿稿钥而去,明日以无子遗告,盖所焚者,皆虚器也,实已往矣",①意思是有人在火灾发生时,拿走了账簿、锁钥等重要物资,却骗他们该物资已被火烧去。这段描述其实是控诉叔母外家之人借火灾盗窃祖父的产业。方琛有子方降年,改名"有年",长大后得功名,娶江山县丞杨思诚之女,并搬去与杨思诚同住,而原先的祖居也因火灾被毁。② 方玠有子方窊,方窊曾中贡元,但经济状况不好。当方玠于 1265 年死去时,他的两个女儿仍未嫁,次子德老也只有十二岁。方窊负起了照顾弟、妹的责任,但祸不单行,他自己的居所在 1270 年被火烧毁,他在 1273 年去世,年方五十六岁。方回提到拜祭方窊的仪式,"兄之卒,回始改官,寻奉祠家"。方回是在"祠堂"祭祀方窊,但没有更多资料描述该"祠堂"的规模。方回把方玠、方窊父子也葬在歙县问政山。

1276 年元兵到达徽州时,地方动荡不安,方玠后人的生活也受影响。方回写下了一段文字,描述方玠后人的凄凉,同时亦记录了徽州宋末时兵荒马乱的情景:

> 郡被祸惨甚。群佃奴起为盗,屠贵官富户无算,城空月余,生草及檐。兄之家逃避村落,虽脱兵厄,而端喜德老鼎孙,皆惊病相继殁。冬妹嫁迪功郎歙县主学史寅午,社姑嫁柯继祖,亦先下世。旧居土库藏书籍什器,群盗不逞,发而攘之,官府寻据,以为平准,库仅存者孤妻寡子。回近归,为填孙冠,借屋与居矣。③

根据方回的记录,当元兵来到时,"佃奴"成为盗贼,抢杀富贵人家,方玠的妾

---

① (元)方回:《叔父九贡元墓志铭》,《桐江集》卷八,《续修四库全书》,上海:上海古籍出版社,1995 年,第 48~51 页。
② (元)方回:《叔父九贡元墓志铭》,《桐江集》卷八,第 48~51 页。
③ (元)方回:《先兄百三贡元墓志铭》,《桐江集》卷八,第 51~53 页。

端喜、子德老和孙鼎孙,逃离村落,虽没有被乱兵所杀,但相继病死,方玠的两个女儿嫁人后亦相继死去。余下的只有方窑妻子和儿子填孙。方氏土库内的藏书、什物,也被"群盗"抢走变卖,只剩下孤儿寡妇住在土库内。方回回乡见到此情景,便为填孙举行冠礼,借房屋让他居住。

方回兄长方元老,后来命途坎坷,"先兄以贫病客死邻人章氏家,年四十二。女已过房杨氏,嫁王氏"。① 方元老最后因贫病死于邻居家中,年纪不算大,只有42岁。其女儿"过房"给杨氏,再嫁给王氏。方回日后的发展比其兄顺利,官至建德路总管,并育有子七人、女四人,当中有三子早夭。

在了解方回及其叔父的家庭背景后,我们知道,他们家族除了方回外,大部人生活颇为潦倒。这是一个家族,还是几个凄凉的家庭?但无论如何,有一点可以肯定,就是方回的成长离不开几位叔父的帮助。他长大后,同样帮助叔父的后人,为几位叔父撰写墓志铭和家族历史。

方回晚年时,撰写了多篇关于家族历史的文章,最重要的是绘制了一个他称之为"图"的谱系,将家族成员联系起来,让这些家庭成员看起来像一个群体。该"图"没有留传下来,但方回在著于1275年的《先祖事状》中提道:

> 追思家世谱牒散亡,先祖墓铭墨本、诸叔父家,皆屡厄于火,今或不存,故书此大概,以遗后人。而先祖五男子之子孙别绘为图焉。②

方回认为其家本来有谱牒,但已散佚,所以才要写出他自己的父亲和四位叔父的事迹,绘出他们及其子孙的"图",留给后人。方回称他的谱系为"图"有其深意。该"图"其实是一个以其父亲与四位叔父为中心的谱系。方氏的族谱,并非要追溯远祖,而是要将他自己和四位叔父的家庭联系起来,使之成为一个血缘组织。

方回的"图"只是一个记述三或四代的谱系,并没有追溯远祖,但这不表

---

① (元)方回:《先君事状》,《桐江集》卷八,第11~24页。
② (元)方回:《先祖事状》,《桐江集》卷八,第8~11页。

示方回没有方氏祖先的资料。在《先祖事状》一文中,方回主要描述其祖父的身世,同时亦表达出他对祖先的认知:

> 自紫阳泝歙溪舟行四十五里,曰深渡。又二十里,曰小沟口。水出休宁山中,合于歙溪,入钱塘江。歙之方氏,皆东汉贤良洛阳令赠太常方公储之后。回先高祖以上,家于斯,世为歙州歙县人,后更名徽州。先高祖七府君讳之宗,州学学谕,妣吴氏。先曾祖六府君讳敏,妣朱氏,先祖三府君讳安仁,字伯寿,特授承务郎致仕,妣吴氏,封孺人。高祖葬小沟口,以上皆葬小沟之源中。南渡前,水东有重屋十三间,故居也。宣和庚子以睦寇毁,迁居水西,在今高祖墓前。①

上文描述方回虽然家住徽州城,但祖先来自歙县南部的小沟口。方回认为他的祖先自北宋时便已住在小沟口,证据在于当地的高祖墓和故居。故居在"睦寇"之乱时被毁,高祖墓仍存留。方回能够清楚列出高祖、曾祖、祖父的资料,但对高祖以前的祖先却不能追溯,所以只能简单地说东汉方储是当地方姓的祖先,由方储至高祖则没有谱系。

方储正是前文探讨过的徽州地方神明。在方回所撰的另一篇文章《歙县柳亭真应仙翁庙记》中,详细描述了方储、真应庙和方氏的关系:

> 吾宗方氏,得姓远自黄帝之世,周有方叔、汉有方赏,而东都有洛阳令赠太常方公。按新安志及唐左台监察御史张行成撰碑,又参以他传记。公名储,字圣公,祖纮,本河南人,汉大司马府长史。以王莽乱避地江左,遂为丹阳郡人,家歙县之东乡。②

对照《先祖事状》和《歙县柳亭真应仙翁庙记》这两篇文章,我们可以发现,前者直接描述汉朝的方储是当时徽州方姓者的祖先,但后者却没有清晰表明这

---

① (元)方回:《先祖事状》,《桐江集》卷八,第8~11页。
② (元)方回:《歙县柳亭真应仙翁庙记》,《桐江集》卷二,第5~7页。

点,只提及方氏早在"黄帝之世"已经"得姓",同时列出周朝、西汉时期的方姓名人。到东汉时,方储避乱来到歙县,但方储及其后人是否定居下来,《歙县柳亭真应仙翁庙记》没有明言。方回用一种暗示的方式表达出方储与方氏的关系,这可能与当时的真应庙有关:

> 进士许君民,极尝买田,募僧守视,又一新其庙,以妥灵焉,俾回记之。①

根据方回的描述,当时的进士许君民捐赠田地、招募僧人,重修真应庙,并请方回为该庙撰写文章。而整篇文章没有描述方姓参与祭祀和兴建这所柳亭真应庙,该庙与许姓的关系似乎比方姓更密切。因为这所庙宇与方姓没有什么关系,所以方回在该篇文章中,把方储描述为与歙县有关系的神明,而不是方姓祖先。

方回述说祖先的方式与北宋苏洵编写族谱的方式非常相似。苏洵编写的族谱分两部分,先述说苏姓在先秦时期如何得姓,之后以简单的方式,列举几位由汉至唐朝的祖先,直至唐朝初年的苏味道(648—705),苏味道之后约200年的祖先资料却缺失,一下子便跳至苏洵的高祖。姑且引用苏洵自己的说法,"自益州长史味道至吾之高祖,其间世次皆不可纪。而洵始为族谱以纪其族,属谱之所记,上至于吾之高祖,下至于吾之昆弟,昆弟死而及昆弟之子"。② 由此可知,苏氏谱系只记录上至编者高祖,下至编者侄儿这个范围。与此相似,方回一方面声称始祖是汉朝的方储,另一方面述说祖先却由高祖开始,由方储至高祖之间的资料,同样缺失。

方回这个例子可反映出一个家庭在宋元交替时的经历。方回祖父在南宋时,由小沟口迁移至歙县州城,靠卖药为生,亦有居室土库,经济状况不错;到了下一代,五个儿子分家析产,各有发展,有的考取功名当官,有的守着卖药老业。方回的文章清楚提到每位亲人的墓地位置(九叔父除外),亦记录了

---

① (元)方回:《歙县柳亭真应仙翁庙记》,《桐江集》卷二,第5~7页。
② (宋)苏洵:《嘉祐集》卷十四,《文渊阁四库全书》,上海:上海古籍出版社,1987年,第8页。

叔父曾带领他往小沟口拜祭父亲的坟墓等事,① 由此推断,方氏家庭定期举行墓祭。② 但这些墓祭都不是祭祀远祖,最远的祖先坟墓只不过是高祖,所以方回所知道并能描述的祖先背景,不会超出高祖。

方回死于 1307 年,关于方回后人的资料几乎没有传留下来。根据徽州师山书院山长郑玉(1298—1358)撰写的《方氏族谱序》,有"方君名某"邀请他为方氏写族谱序,谱序内容没有指出这位方君与方回有何关系,也没有提到写作年份,但以郑玉生平来推断,该文应该著于 1340 年(郑玉的资料在下一节会详细展示),是在方回死后约 30 年。在序文内,郑玉说他"观方氏族谱"之后,称赞方氏"行谊于斯谱,尤用心",原因是方氏族谱与以前的谱系有所不同:

> 自宗法废,而先王所以睦族之意竟不可见,独赖谱系之存,世数犹可考也……方君之谱不及者,世则远矣,而于源流行实,复备录焉,所以著其始也,其亦识隆杀之等,而尽亲亲之道者哉。予每在世之奸人侠士,妄取前代名公卿,以为上世,自诧遥遥华胄,以诬其祖,以辱其身,如郭崇韬拜子仪之墓者,其亦可诛也矣。至若以为谱系有限,高、曾之外,即不复著,而不知先王制服以情后世,著谱以考其源,二者义实不同。如苏明允之序其族谱者,其亦陋矣。方公之谱举无此弊。③

五代时期,后唐将领郭崇韬因为冒拜郭子仪坟墓而受到嘲笑,④ 郑玉引用此典故来指斥妄称祖先为历史显赫名人的做法。但要判断是否妄称,则需要谱

---

① (元)方回:《叔父七府君墓志铭》,《桐江集》卷八,第 43~46 页。
② 伊沛霞(Patricia Ebrey)强调墓祭的重要性,认为这种定期性的聚会,有助于维持家族凝聚力。参考 Patricia Ebrey, "The Early Stages in the Development of Descent Group Organization", *Kinship Organization in Later Imperial China* 1000—1940, Berkeley: University of California Press, c1986. p. 16~62.
③ (元)郑玉:《方氏族谱序》,《师山集·师山遗文》卷一,第 6~8 页。
④ 郭崇韬资料,参考(宋)欧阳修:《新五代史》卷二十四,《唐臣传十二·郭崇韬》,北京:中华书局,1974 年,第 251 页。

系证明后人与祖先之间的关系。郑玉称赞方氏族谱的谱系已超越了高、曾、祖、考四代范围。郑玉认为苏洵所著的族谱,谱系只覆盖五服内的族人,祖先只追溯至高祖,实在过于狭隘,而方氏族谱则没有此问题。换言之,方氏族谱的谱系已突破了谱系不超过五服的规限,向上追溯高祖之前的祖先。而根据郑玉的描述,元朝中后期的谱系,重点在于"考其源"的功用,即以谱系来追溯远祖。

但郑玉没有提到方氏谱系追溯了多少代祖先和是否联系上汉朝的方储。郑玉大致遵循方回的说法以描述方储:

> 方在江南为大族,居睦歙间尤盛。盖自真应黟侯在汉和帝时,以贤良方正对策,为天下第一,死而血食其地,故居其间者祖焉。以虚谷使君之博学多闻,亦自以为实其所出,是信不诬也。①

郑玉提及方储和当时方姓的关系时,已经与元初方回的说法有所不同。方回提到方储时,没有明言他是徽州方姓的祖先,只是暗示方储是徽州人。但郑玉的说法是,在歙州和睦州,居住有很多方姓,而神明方储在歙、睦受祭祀,所以住在当地的方姓视方储为祖先。笔者推测,郑玉当时所看到的方氏族谱,很有可能已联系上汉朝的方储,所以他才会说"故居其间者祖焉"。

以谱系联系上神明,似乎在元朝的徽州甚为普遍。关于地方徽州神明汪华,南宋《新安志》已提出"十姓九汪"的观念,在观念上汪华已是汪姓的祖先;到元末,视汪华为祖先的说法有进一步发展。元末至正十六年(1356),唐桂芳(1308—1381)所撰写的《重建茆田灵显庙碑记》便提到"歙十姓九汪,本其谱系"。② 茆田灵显庙是祭祀汪华的行祠,唐桂芳是元末时期的徽州文士,他为该庙撰文时刻意引用《新安志》"十姓九汪"这个典故,还加上"本其谱系"这一句。由此可见,元末时期编修谱系在徽州已颇为流行,而且谱系不单将徽

---

① (元)郑玉:《方氏族谱序》,《师山集·师山遗文》卷一,《文渊阁四库全书》,台北:台湾"商务印书馆",1973年,第6a~8a页。
② (明)唐桂芳:《重建茆田灵显庙碑记》,《白云集》卷六,《文渊阁四库全书》,第28~30页。

州人联系上远祖,还联系上神明。

元朝徽州谱系的改变,在于谱系内可记录多代的祖先。元初方回绘制的"图",以父亲一代为中心,记录父亲和四名叔父之后人,其范围有限,不出四代;元后期的方氏族谱,以"考其源"为中心,超越五服范围,能够追溯远祖。谱系能追溯远祖,还能联系上当地的地方神明,所以元末唐桂芳便以"谱系"来支持"十姓九汪"这个说法。神明变成祖先,已由一种笼统的说法变为有谱系可依据的说法。

第三节 郑令君庙与郑氏石谱

章毅在研究徽州社会时注意到,元代初期一批"新豪强"在徽州抬头,这批"新豪强"在南宋时并无科举功名,他们在元军灭宋之时,选择归附和资助元军。这些功劳让他们及其子弟在元朝地方政府内担任官职。而在章毅列出的"新豪强"名单中,郑安是其中之一。[①] 郑安(1220—1292)及其子郑千龄(1265—1331)和孙子郑玉(1298—1358)这三代人,在地方上都具有影响力。郑安和郑千龄都曾担任地方官职;郑安死后也成为地方神明,被供奉在郑令君庙内。郑玉虽然没有官职,但他在元末战乱时期是非常受元朝官府重视的学者,得到皇帝御赐礼物和封赏官位。郑玉刻了一幅包含十五代族人的石谱。要了解郑氏祭祖、祭神和石谱的关系,我们需要结合郑氏在元朝徽州的发展来理解。

郑安年轻时"以赀雄乡里……独耻事进士业,放浪淮汉间,以材勇为淮师秦琳客"。他不参加科举考试,行走江湖。1276年元军占领徽州时,郑安已56岁,居于故乡歙县双桥里(现今歙县郑村)。这一年二月,宋朝的徽州都统李铨已投降元军,官吏已换成元军的人,但至五月,李铨副将李世达决定反叛元军,据守徽州路城,并杀尽元军所指派的官吏。六月,元军万户孛术鲁敬领

---

① 章毅:《理学、士绅和宗族:宋明时期徽州的文化与社会》,第63~68页。

大军讨伐,李世达败走。孛术鲁敬计划屠杀歙县、休宁各邑。就在这危急时刻,郑安与几位父老,带同郡印和酒肉等礼物,前往元军军营,成功游说元军放弃屠城。元军是否有屠邑计划难以确定,以上说法都出于郑氏家族所撰的文章,而明清地方志都采纳这个说法。可以肯定,在宋元交替、兵荒马乱之际,郑安可以携带郡印和物资与元军交涉,说明他在地方上必定有较高的威信。郑安被元军委任为歙县尹。①

郑安的儿子郑千龄担任巡检一类的官职,到1319年54岁时"始命于朝,为建德路淳安县尉"。郑千龄死后得到人们的尊崇,官府追赠他休宁县尹,赠其妻汪氏宜人。因为郑千龄生前被友人私谥为贞白先生,所以在他死后,故乡父老上请官府,将郑千龄所居住的歙县二十三都衮绣乡善福里改名"贞白里",并建里门,立石刻辞,请翰林学士揭溪斯写门碑,以纪念郑千龄。② 现在歙县郑村竖立了一座"贞白里坊",据说此牌坊建于元朝,③牌坊上刻有弘治十二年(1499)的重立年份。元朝时的双桥里和贞白里都在现今郑村。④

郑千龄儿子郑玉,字子美,没有担任政府官职,年少时喜欢朱子学说,"日诵四书,玩味朱子之说而抽绎之,沉潜反复,久而融会贯通,得其旨趣。数从乡先生学,意不适,辄易师,既而载书入黄山祥符寺,又迁紫阳南山观"。⑤ 郑玉曾跟从"乡先生"学习,因意见不合,最后往黄山祥符寺和紫阳山南山观学习。郑玉曾参加科举考试,但不第,之后便致力于地方教育。他的门人鲍元康为其在郑村内兴建师山书院,并让郑玉担任书院山长。元统初年(约

---

① (明)彭泽、汪舜民编:《徽州府志》卷十一,明弘治十五年(1502)刊,台北:台湾学生书局,第50~51页;(元)揭傒斯:《歙令郑君墓道之碑》,《济美录》卷一,台南:庄严文化事业有限公司,1996年,第3~6页。
② (元)许敬:《改善福里为贞白里帖》,《济美录》卷二,第8~9页;(元)揭傒斯:《贞白里门碑》,《济美录》卷二,第10~13页。
③ 歙县文化局编:《古歙揽胜》,合肥:安徽文艺出版社,1993年。
④ 根据元朝时的文献,郑安、郑千龄和郑玉所居地名为"双桥里"和"贞白里",到明朝时才出现"郑村"这个名字。参考(明)黄训:《济美录序》,《济美录》,1535年。
⑤ (元)汪克宽:《师山先生郑公行状》,《环谷集》卷八,《文渊阁四库全书》,第10~20页。

1333)地方官拟推荐郑玉往江南御史台任官,但郑玉拒绝了。① 纵观郑玉的生平和他遗留下来的文章,没有多少与乌聊山紫阳书院有关。由此推断,郑玉的士人身份与由前朝复兴紫阳书院的士人不同。

郑氏的祖先祭祀由郑玉建立起来,但在祖先祭祀以前,郑氏以神明的身份受祀于地方。1292年,郑安去世后成为地方神明郑令君。徽州路总管府在至元六年(1340)发出的《建立郑令君庙榜》记录了由祖先变为神明的过程:

> 至元三年四月初五日,据二十三都王文宣等状告……本都憩棠庵一所,俯临大道,实为士庶往来之冲。如蒙准告,许于庵内建立祠堂,雕塑遗像,以令君庙为额。听从民间岁时祭祀,实副舆情,告乞施行,得此。……据二十三都里正黄荣卿申,祠堂已行落成,得此移牒。主簿韩进蒙依上致祭施行。得此,先据歙县亦为前事已下本县,依上立祠,祠成,委官致祭施行……②

在至元三年(1337),歙县二十三都王文宣等人上告官府,希望在位于交通要道上的憩棠庵内,建一所祠堂,祠堂内雕塑一座郑令君像,再以"令君庙"作为庙额。在王文宣的计划中,"郑令君庙"明显不是一座独立的房子,而是在憩棠庵内的一间房,或者只是一个小小的神龛。在乡民心目中,憩棠庵内的祠堂,就是"郑令君庙"。对于乡民的请求,官府只批准建祠堂,却没有提赐庙额。

但地方乡民根本没有遵循官府的批令,坚持将郑令君祭祀于庙宇。在至元五年(1339)十月初二日,"二十三都住民汪德崇等联名状"要求官府承认郑令君祭祀。这次申状得到皇帝圣旨和江浙行省的批准,歙县当地的郑令君祭

---

① 南山观是一所老子祠,早在南宋时朱熹已提及,参考(宋)朱熹:《明堂室记》,《晦庵集》卷七十八,《文渊阁四库全书》,第8页。但到明中叶,该老子祠被徽州知府改建为紫阳书院。参考(明)何东序、汪尚宁编修:《徽州府志》卷九,嘉靖四十五年(1566)刊,北京:书目文献出版社,1988年,第19~20页。

② (元)彭忠文:《建立郑令君庙榜》,《济美录》,见(明)郑烛编:《济美录》卷一,嘉靖十四年(1535)家塾刻本,《四库全书存目丛书》,台南:庄严文化事业有限公司,1996年,第9~13页。

祀被容许、郑令君庙被承认。而官府之所以改变立场，是考虑到郑安有功于地方。在至元十三年（1276）元军南下时计划"将徽州城池屠戮"，而郑安成功游说元军放弃屠城计划，保全了地方百姓的性命。后来，元军更委任郑安为歙县尹。经他管治三年后的歙县"大治"。榜文称赞他"有功于国，有德于民"，所以准许建立郑令君庙。①

另一篇写于1341年至1358年期间的《郑令君庙碑》，②亦补充了郑令君庙的建立过程：

> ［郑安］令歙三年，民大治。其没也思之，数十年不能忘，至有祀之者，父老且死，戒其子孙乡人曰："微郑君，吾属无噍类矣。"且郑君正直，后必为神，盖相与祀之庙，毋祠于家，于是共立香火于城西之憩棠庵，尊之曰"郑令君"。久之以为未称崇礼之意，即庵旁立庙，会郡太守不悦于民，斥其请。民大欢，事上行中书，行中书按令君功德，应祭法且下县令，听民立庙以时祭。如请，民大悦。③

郑安死于1292年，在他死后数十年，有乡民在城西的憩棠庵内拜祭他，并尊称他为"郑令君"。郑令君祭祀场所有变化，起先郑令君是受祭于憩棠庵内，这点符合前述《建立郑令君庙榜》在庵内建祠的记载；后来乡民在庵旁另立一庙来祭祀他，但官府的批示是只容许于庵内建祠，并未准许庵旁建庙。后来地方乡民状申至行中书省，得到行省批准，郑令君庙才能独建于憩棠庵旁边。

地方政府起初反对建一所独立的郑令君庙，其审慎的立场值得注意。根据韩森（Valerie Hansen）的研究，官府授封号和庙号给当时未被国家系统承认的地方神，是将地方社会纳入王朝体系的举措；同样，地方社会亦乐于以此得到中央承认。但频繁赐封地方神的做法引起部分士人质疑，朱熹的学生陈

---

① （元）彭忠文：《建立郑令君庙榜》，《济美录》卷一，第9～13页。
② （元）程文：《郑令君庙碑》，《济美录》卷一，第6～9页。该碑内文提到郑令君庙于至正某年某月拒迁，至正年号始于1341年。另外，该碑由元朝名宦余阙篆书，余阙死于1358年。所以推测该碑著于1341年至1358年期间。
③ （元）程文：《郑令君庙碑》，《济美录》卷一，第6～9页。

淳便批评官员和地方势力互相串通，赐封一些不够资格的神明，导致赐封泛滥。陈淳认为受赐封的神明需要有如国君或将师等身世，或者神明与其受奉祀的地方有紧密关系。① 所以，徽州地方官员当初反对建立一所独立的郑令君庙，有可能是质疑郑令君的地方神明资格和为规范郑令君祭祀的发展。

确实，郑令君在朝廷眼中是一位非常"新"的地方神。郑安死于1292年，死后多年间虽然受地方百姓祭祀，但未引起朝廷关注，也从未接受朝廷的封号。所以，当时郑令君是一位只有庙额却没有封号的神明。而为了证明郑令君的资格，《郑令君庙碑》的作者程文证明了郑令君庙的正统性：

> 人之生往往殁而为神……大而负出世之资，开继圣之学，享国家千万年之祀于天下；小而烈夫、孝女、释子之见祠于其乡及其徒与。在外县者不论，论自汉以来有功德于兹而血食不绝者，东汉赠尚书令方黟侯，庙在白羊山村；后三百余年，有陈仪同程忠壮公，庙在黄墩；又百余年，有唐越国汪公，庙在乌聊山最显；又四百余年，有宋钱氏兄弟，庙在汝溪；又百五十余年，有郑令君焉，是皆所谓生也有自来，逝也有所为，而不为偶然者，呜呼盛哉……我国家之崇明祀、顺民心，歙人之报功德、厚风俗，皆足以昭往古、耀来今。而令君之威灵，赫然流行于两间，以为国家生民无穷之庇，休有不可掩者矣。②

程文是徽州婺源县人，身居翰林国史馆编修，他的立场是承认地方神明郑令君的地位。他举例的目的是证明郑令君与汪华和程灵洗一样，都具有成为徽州地方神明的资格。尽管郑令君的官职只是县尹，不如方储、汪华和程灵洗等显赫，但宋末郑安亲临元军军营成功阻止元军屠城，生灵免遭涂炭，同样有功于民，配受祭祀。

---

① Valerie Hansen, *Changing Gods in Medieval China*，1127－1276，(Princeton, N. J.: Princeton Univesity Press, c1990.) p. 100, 163－166.
② （元）程文：《郑令君庙碑》，《济美录》卷一，第6～9页。

第三章　元朝儒士的谱系和祭祀 | 77

郑令君成为官方和地方百姓供奉的地方神明,有关其祭祀仪式的记载最早见于元朝的《徽州路祭文》,该文落款是"总府押",即由徽州路总管府所发出。

> 某等来守是邦,访求遗事,敬仰英风,会有司以立祠事上祭,法惟允公,其妥灵于兹,尚与山川之神相时雨阳,作为丰年,使郡无水火盗贼厉疫之虞,以阴佑我郡邑……①

该祭文清楚表明,当时的祭祀由官员主祭,视郑令君为"山川之神",祈求他保佑地方。另有一篇《徽州路万户府祭文》,并无著作年份和落款,但以"徽州路万户"这个名称来推断,文章应该同样是元朝的官府祭文,年份亦与《徽州路祭文》相近,当中提到"……额额新祠,仪像孔肖,刺牲酺酒,以告微衷,神其鉴之。尚飨"。② 除了官方祭祀外,亦有资料记录了民间的祭祀,《郑令君庙碑》描写了郑令君的游神祭祀:

> 歙人之祀令君也,不敢慢,恒以岁仲春中旬卜日,刑牲酺酒大会庙下,陈簠簋笾豆,张乐歌舞,拜荐以娱神。礼毕,醉饱神赐,阖户而退,仲秋之日亦如之。正月十五夜,则奉衣冠出游,灯烛箫鼓,香花满野,稚耆欢呼,争持纸金银钱,迎道望拜,亲之畏之,俨如令君之复生也。饮食必祭,出入必告,怀私负曲者,不敢祷于令君之庙,庙成之岁,风雨协和,疾厉不作,盗贼屏息,五谷大熟连三岁,民咸曰令君福我哉。③

乡民每逢节庆便会预备酒肉,举行庙会。在正月十五日,则举行游神活动,他们对出游的郑令君神像"亲之畏之"。当地人无论是饮食还是外出等大小事情,都会先到郑令君庙拜祭和祷告。郑令君非常受当地人尊崇。以上三段资料皆显示,郑令君庙祭祀是一套祭祀地方神明的仪式,当中看不到郑氏的角

---

① 缺作者,《徽州路祭文》,《济美录》卷一,第13a~13b页。
② 缺作者,《徽州路万户府祭文》,《济美录》卷一,第13b~14a页。
③ (元)程文:《郑令君庙碑》,《济美录》卷一,第6a~9a页。

色,亦不包含祖先祭祀色彩。

　　无论是向官府申请将善福里改为贞白里,还是为神明郑令君申请建庙,倡议者都是地方乡民,郑氏后人没有积极参与,但到后来情况开始转变。程文的《郑令君庙碑》提到郑令君庙曾经搬迁过,"庵旁庙临大道,烦嚣非神所居,卜迁之吉,乃逾溪二里,营高敞地,近令君之墓,更作新庙"。① 这次搬迁中,我们应关注的重点在于郑令君庙的搬迁时间和搬迁地点。该碑文提到郑令君庙搬迁时间为"至正某年月日",至正年间是1341年至1370年,而该碑文的篆书出自当时担任浙东海右道肃政廉访司的余阙手笔。余阙卒于1358年,故可以确定,郑令君庙的搬迁时间是1341年至1358年。郑令君庙由城西的憩棠庵旁迁往"近令君之墓"即郑安坟墓旁。根据郑安的墓道碑,郑安的坟墓位于一处名为"叶酉"的地方,按道理说,搬迁后的郑令君庙,位置应该也是在叶酉。② 但根据明朝弘治《徽州府志》,郑令君庙由城西憩棠庵迁往"双桥之北",双桥即是郑氏的故乡。③ 另外,一篇著于洪武十三年(1380)的《移建师山书院引》亦提到,郑令君庙在当时已位于郑村(双桥里在明朝以后改名"郑村")。④ 由此推测,元末明初时期,郑令君庙和郑安坟一同迁往郑氏所居住的郑村。

　　郑氏迁庙和迁坟的原因,可以从郑玉所撰写的两篇关于故乡的文章中推测出来。迁庙的时间与文章撰写的时间,出奇地巧合。郑玉在至正七年(1347)撰写了一篇《先府君休宁县尹方村阡表》,文中提及他为其父郑千龄墓上刻石。其实郑玉父亲早于至顺二年(1331)去世,在元统二年(1334)葬于郑村附近的方村。为何郑玉在其父死后16年才刻石做纪念呢？郑玉只简单提到"大惧先德不扬,乃取先君历官行事梗概刻之石"。更重要的是,此文除了记载郑千龄生平外,还提及郑氏的谱系:

---

　　① (元)程文:《郑令君庙碑》,《济美录》卷一,第6a～9a页。
　　② (元)揭傒斯:《歙令郑君墓道之碑》,《济美录》卷一,第3b～6a页。
　　③ 弘治《徽州府志》卷五,第39a页。
　　④ (明)唐桂芳:《移建师山书院引》,见(明)唐桂芳:《白云集》,《文渊阁四库全书》,台北:台湾"商务印书馆",1973年,卷五,第23b～24b页。

> 郑氏相传自睦,谱逸不可考,今歙县以郑名村者四五所,所自为谱不相通。①

郑玉指出歙县郑氏流传一个说法,即他们来自睦州(今浙江省淳安县),但因为旧有的族谱散佚,所以无法考证,而在当时歙县有四五个村落都是以郑姓命名的,他们新编修的族谱互不相通。其实,如果"谱已逸",那又何来有"谱"以证明"通"或"不通"呢?唯一解释是当时这些村民已各自编"谱"了。郑玉如此叙述的目的是强调他所居的双桥郑氏地缘独特,与其他郑姓村落是有区别的,其证据在于谱系不通。

那当时"谱"的内容究竟如何,记录多少族人,我们不得而知。但在至正十五年(1355)郑玉写的《郑氏石谱序》中提及郑玉为其祖父郑安的墓碑刻上十五代族人的谱系:

> 郑姓居歙,号称繁衍,以姓名村者四五处。然村自为谱,不能相通。按吾家谱,始迁自睦,居城北之栗村,历数世又迁城西之官塘,高池府君始迁今居。世以孝弟力田相遗,四传至枫树府君,生产益饶,遂以贵雄于乡……取高池府君而下至族之曾孙,凡十五世,辑为此图,刻之先大父墓碑之阴,使我子孙苟知溯流寻源,尊祖睦族之义者,庶几有所考焉。呜呼,能以高池府君之心为心,则一人之身而已,岂有百数十人之殊哉。②

《郑氏石谱序》再次强调他们与其他郑姓的区别,并在郑安墓碑背面,刻上十五代族人的名单,以此来界定族内成员的身份。在这十五世的谱系中,郑玉的曾孙是第十五代,由此推算,郑玉属于第十二代,他的高祖,则属第八代。换言之,这个谱系已超越了高、曾、祖、考这个范围。郑氏石谱定下第一位由城西迁往双桥郑村的高池府君为他们的始祖,而不是第一位来到徽州的郑姓祖先。这个安排显示出他们要与其他地方的郑姓有所区别。在墓碑背面刻

---

① (元)郑玉:《先府君休宁县尹方村阡表》,《师山集》卷八,第2a~4a页。
② (元)郑玉:《郑氏石谱序》,《师山集·师山遗文》卷一,第13~14页。

上谱系其实是古老的习惯,在北方颇普遍。① 但郑氏的石谱并不是由祖先流传下来的,而是由郑玉刻在其祖父郑安的墓碑背面的。换句话说,郑玉是利用在墓碑背面刻谱这个传统方法,来表达一种新的祖先观念。

这石谱或许会给人一种错觉,以为当时郑氏已能组织人数众多的集体祭祀,但实际上在墓祭时,祭祀的参与者只是郑安的后人。根据郑安的墓道碑,郑安有五个儿子、十五个孙子,所以实际参与墓祭的人数,应该不会超过五十人。②

结合郑氏"新豪强"的身份来看郑玉所做的一连串的事,例如在故乡兴建一所新书院、在祖先墓上刻石谱等,我们会发现郑氏其实是通过这些文化符号来模仿士人礼仪。

可惜的是,郑氏的劳力受到地方战乱的影响。自从至正十二年(1352)红巾军攻打徽州路,徽州路便陷于战乱,而郑氏一族亦受到打击。当年五月红巾军占领徽州路后,便寻索郑玉,幸得门人鲍元康、鲍深和郑玉的弟弟郑璁(1317—1360)冒死入城,贿赂红巾军,郑玉才幸免于难。九月元军重占徽州路。到冬季红巾军又占领徽州路,再次寻索郑玉。郑玉为了躲避红巾军,逃入山区时意外跌断手臂。翌年,浙省平章萨木丹巴勒率大军反攻,成功驱走红巾军。元军重占徽州路后,想请郑玉任官,但郑玉以折臂为由拒绝。

至正十四年(1354),皇帝派使者带来内府的酒帛,以翰林待制奉议大夫的名衔召郑玉。使者亲至郑玉家中找他,这次邀请来自当朝皇帝,礼数不轻,但郑玉的回应是"卧病不起",最后他只接受皇帝的礼物,不受官位,以布衣之身随使者入觐。当他们行至浙省时,徽州路再被红巾军攻陷,于是郑玉游说官府,调建德路军征讨。至正十六年(1356)元军再次收服徽州路,留在杭州的郑玉决定不去觐见皇帝,回归故乡。郑玉弟弟郑璁是地方武装的领袖,当

---

① 常建华:《宗族志》,第四章《中华文化通志》"制度文化",上海:上海人民出版社,1998年,第221~313页;王日根:《从墓地、族谱到祠堂:明清山东栖霞宗族凝聚纽带的变迁》,《历史研究》,2008年第2期,第75~97页。

② (元)揭傒斯:《歙令郑君墓道之碑》,《济美录》卷一,第3~6页。

红巾军攻打徽州时,他"倾赀召募义兵,协助大军,克复城池,用心守御"。1353年,他跟随福建道都元帅帖古迭儿收复徽州婺源县,以功升太白渡巡检。当1356年红巾军反攻时,郑璡招募了350人,联同官军对抗红巾军。而在这几次战斗中,郑璡杀死敌人30多人,颇为勇武。最后,郑璡受荐为歙县尹,但因其兄郑玉反对,所以辞去官职。尽管郑氏的立场是支持元军,但郑玉似乎预知元朝的气数将尽,所以元朝皇帝派使者邀请其出任官员时他坚拒,还阻止弟弟郑璡担任官职。

至正十七年(1357),朱元璋部将邓愈领军攻陷徽州,邓愈采取与红巾军相同的策略,就是要寻索郑玉。而这次郑玉没有那么幸运,他在1358年7月被邓愈捉拿至郡城,不愿投降,最后自杀殉元。① 郑玉临终时"嘱公(郑璡)屈志以存宗祀",要求郑璡保存性命,继续家族的祭祀。自郑玉死后,郑璡亦退隐江湖,"沉默恬退,口不谈兵殚",专心养育郑玉遗下的一个儿子、两个女儿。最后郑璡亦在1360年去世。②

郑玉在1355年刻石谱,当时正值元末兵荒马乱之际,而自此以后再没有关于石谱和郑令君庙的记载。到明朝宣德七年(1432),才出现一篇《时祭祝文》,记载郑氏后人郑行简在郑令君庙内祭祀他的十世祖郑安,配祀的有十一世祖郑千龄和十二世祖郑玉。郑行简是永乐十三年(1415)进士,不是徽州的地方官员。③ 所以该次祭祀不是官方祭祀,而是郑氏的私人祭祀。这表明郑令君庙已成为郑氏拜祭三代祖先的地方。④

元朝郑氏的发展是一个极佳的例子,能让我们了解当时徽州人的祭祀与谱系。郑安死后成为地方神明郑令君,受祀于郑令君庙。由此可以看出,地

---

① (元)汪克宽:《师山先生郑公行状》,《环谷集》卷八,《文渊阁四库全书》,上海:上海古籍出版社,1987年,第10~20页。
② (元)汪克宽:《师山先生郑公行状》,《环谷集》卷八,《文渊阁四库全书》,上海:上海古籍出版社,1987年,第10~20页;(元)潘从善:《元故歙尹希贡郑先生墓志》,《济美录》卷四,第6~8页。
③ 弘治《徽州府志》卷六,第24页。
④ (明)郑行简:《时祭祝文》,《济美录》卷一,第14页。

方百姓与王朝对祭祀祖先和神明有着不同想法。地方百姓的神明观念是很随意的,他们最初在憩棠庵内设立祠堂,又希望将祠堂变为神庙,当中没有一套划分祖先祭祀和神明祭祀的正统观念,但后来当他们希望建郑令君庙得到官府承认时,他们必须确立郑令君的"神明道统",才能得到官府的赐额;官府的关注点是确认这位郑令君有功于民,才用封号和庙额确立他的神明地位。郑安成为地方神明,并不代表他不能以祖先的身份受后人祭祀。元末郑玉似乎尝试创建一套祭祖仪式,他为自己的家族绘制了一幅包含十五代族人的郑氏谱系图,刻在其祖父郑安的墓碑背面。刻谱并不是随意的,因为郑令君庙差不多在郑玉刻石谱这一时期迁往郑安墓旁。刻谱和迁庙的时间这么接近,似乎不是巧合。地方神明郑令君,对郑玉等郑氏族人来说,其实就是祖先郑安。所以无论是谱系的绘制、石谱的位置,还是祭祀场所的选择,背后都有特别的意义。但需要注意的是,当时郑玉主要是通过墓祭的方式来祭祀郑安,并没有一套祭祖仪式,直到明朝宣德年间,郑氏后人才在郑令君庙以祭祖仪式拜祭郑安、郑千龄和郑玉。

第四节　由坟庵至坟祠:唐桂芳的祖先祭祀

元末时,在徽州已颇具名气的师山书院山长郑玉,曾为唐桂芳(1308—1381)撰写一篇《送唐仲实赴乡试序》。可惜郑玉的文章未能为唐桂芳带来好运气,最终唐桂芳乡试不第,只能担任地方书院和学宫的训导,官运平平。然而,到了1358年,郑玉和唐桂芳的政治生涯出现逆转,当时朱元璋带兵进驻徽州,郑玉自杀殉元,相反唐桂芳则接受朱元璋的礼待,提出治国建议,受任为徽州府紫阳书院山长。从此以后,唐桂芳便成了徽州非常重要的人物。唐桂芳是一个非常值得与郑玉比较的人,因为两人在朱元璋这个新政权下,有着不同态度和不一样的结局,更重要的是唐氏的谱系和祭祀,随着唐桂芳政途的升迁而发生改变。如果前文所述郑玉的事迹可说明神明祭祀转变为家族祭祖的过程的话,那么本节唐桂芳的故事则说明在没有神明祖先的情况下,如何建立家族祭祖仪式。我们先了解元朝时期唐氏的背景。

唐桂芳的父亲唐元(1269—1349)字长孺,又号"筠轩先生",生平"以儒见称",年少时以诗文称道,为"新安三俊"之一。他46岁时,正值1314年科举重开,可惜不及第,其后便一直担任地方的教育官,71岁回乡,仍任徽州路儒学教授。唐元的背景颇为传奇,他的父亲唐虞本来是徽州婺源县严田李氏的后人,但后来过继给唐家。唐元对此事直认不讳,而且亦与严田李氏保持联系。在唐元77岁时(1345),严田李氏邀请他撰写《李氏族谱序》,该文所介绍的李氏祖先,其实也是唐元自己的祖先:

> 元[按:唐元]幼读程文简家谱,言其族出黄墩,朱文公亦自黄墩出,今李氏亦自黄墩东迁。文简谓黄墩地本惬隘,众不能容,特巢贼重己姓,不施杀戮,以故衣冠之家多依之,非土著也。吾祖兄弟三人,卜其所迁,俱以从田讳:德鹏迁祁门之里田,德鸿迁浮梁之界田,德鸾迁婺源之严田,此吾始祖也。六世至相三子,鹏举下宅祖也,次将上宅祖也。绍兴初释褐筠州教授讳炳,登进士第。尚书都官郎中讳知,已奎晚进士,知上元县,讳桃其迁祖所出,刑部尚书讳珏,冠盖相望,代不乏人……生祖小十,贡元,讳玘,字子器,以《书经》冠乡试,与丞相程讷斋同榜。先君子梅癯先生,讳虞,字常道,出继郡城唐百六,登仕后屡领乡荐,登仕版。先君子与伯父直轩公讳洪,同受荐,隐德不仕。①

程文简即程大昌(1123—1195),南宋时徽州学者,1151年进士。唐元年幼时读程大昌的家谱,得知程大昌、朱熹都来自篁墩。他提及唐末黄巢攻打徽州时,因为篁墩该地住有黄姓人,不施杀戮,所以很多世家大族避难于此地。唐元引用程氏、朱氏的移民说法,目的是证明李氏与他们一样,同样来自篁墩,并不是"土著",而是避难至此的"衣冠之家"。根据《李氏族谱序》,李氏的祖先是唐朝时期的三兄弟:李德鹏迁往祁门;李德鸿迁往浮梁;李德鸾迁往婺

---

① (元)唐元:《李氏族谱序》,《筠轩集》卷九,第23~25页。

源,成为婺源李氏的始祖。从唐元的描述中可知,自李氏三兄弟之后的祖先资料非常零散。较详细的记录要从唐元的祖父李玾开始,李玾曾中乡试,与程纳斋①同榜。李玾的儿子李虞,过继给住在郡城的唐百六,过继后的唐虞,生下了唐元。从这篇《李氏族谱序》中似乎看不出唐朝的李德鸾与元朝李氏祖先之间有谱系。唐元描述祖先的方式,与方回的描述方式相似,都是以零散的方式描述远祖,继而再描述高、曾、祖、考四代祖先,但远祖与高祖之间的世系缺失,当中亦没有提及谱系这回事。(唐虞关系图,参考图3-3)。

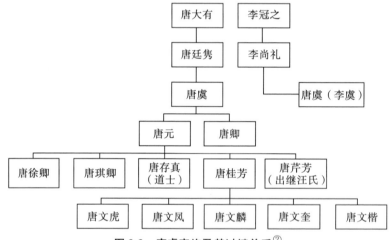

图3-3 唐虞家族及其过继关系②

在唐元死后,关于李德鸾的故事开始出现变化。唐元《元故新安郡博士筠轩唐先生行状》记载"李氏始祖三兄弟,德鹏、德鸿、德鸾,以德名者,唐德宗诸孙也"。③ 这篇行状指出李氏的始祖同样是德鹏、德鸿、德鸾三兄弟,但多了一层新说法。行状认为这三兄弟都以"德"字为名,表示他们是唐德宗的后人。在唐元的《元故徽州路儒学教授唐公墓志铭》中,亦有类似的说法:

---

① 程纳斋即程元凤(1200—1269),纳斋是其号,歙县人,1229年进士,任右相兼枢密使。
② (元)朱文:《元故新安郡博士筠轩唐先生行状》,《唐氏三先生集》附录一,第1~8页;(明)钟亮启:《明故南雄路儒学正白云先生唐公行状》,《唐氏三先生集》附录二,第2~23页。
③ 行状没有列出著作年份,但作者提到他写该行状的同一年,另一位理学家杜本亦撰写《元故徽州路儒学教授唐公墓志铭》。杜本死于1350年,故这篇行状著作年份不会迟于1350年。参考(元)朱文:《元故新安郡博士筠轩唐先生行状》,《唐氏三先生集》附录一,第1~8页。

> 又以婺源李氏出,后于唐李,故德宗遗胤,至今池曰飞龙、桥曰太子,以为左验云。①

"飞龙"和"太子"等名称,都暗示其祖先具有皇族后裔的身份。但值得注意的是,这套说法不曾出现在唐元所写的《李氏族谱序》中,在唐元死后,其行状和墓志铭才出现"皇族后裔"的说法。

唐元及其妻同在1349年过世,当时其子唐桂芳身任集庆路训导,刚入选为南雄路儒学学正。唐桂芳决定直接回乡而没有去南雄。而当其留居于徽州期间,碰上1352年红巾军攻打徽州,之后便一直留在故乡,没有离开。1358年朱元璋军队占领徽州,唐桂芳有机会与朱元璋见面,并受任为紫阳书院山长。在一次祭祀中,仪式未完,徽州知府魏均祥便开始吃祭肉、喝祭酒,其部下还取走祭肉,唐桂芳对他们这种行为很不满,便纠劾他们。在场的邓愈虽对唐桂芳这般直率的批评很愤怒,但亦强抑怒火,用好言安慰唐桂芳。

此事记录在唐桂芳的行状上,行状作者强调当时的唐桂芳是何等危险,"左右莫不震慑,为先生危之,邓公尤加敬焉,尝语人曰,当乱兵中,谁敢忤意,而唐先生直言无隐,可谓儒而有胆气,仁者之仁也"。② 据行状所言,当时其他人都担心唐桂芳的直言冒犯,会在兵荒马乱的时刻招来杀身之祸,幸好邓愈没有起杀心。此事反映出邓愈等人不太懂祭祀礼仪,但仍明白礼待唐桂芳等耆儒所带来的政治效果。因此,知府魏均祥支持唐桂芳重修当地的孔子庙和重建紫阳书院,以表达他们对徽州地方社会的尊重。③

在唐桂芳显达之后,婺源严田李氏在1363年邀请唐桂芳撰写《题先人序李氏族谱后》。在这篇文章中,唐桂芳述说祖先的方式与以前有所不同:

> 始祖讳京,生三人。讳仲皋,又生子三人。讳德鹏迁祁门之里

---

① (元)杜本:《元故徽州路儒学教授唐公墓志铭》,《唐氏三先生集》附录一,第8~11页。
② (明)钟亮启,《明故南雄路儒学正白云先生唐公行状》,《唐氏三先生集》附录二,第21~23页。
③ 关于朱元璋尊崇孔儒的治国理念,参考朱鸿林:《明太祖的孔子崇拜》,《"中央研究院"历史语言研究所集刊》第70本,1999年,第483~530页。

> 田,德鸾迁婺源之严田,德鸿迁浮梁之界田,以德为讳,唐德宗诸孙也。考其谱牒,贵莫若界田,富莫若里田,而严田介于贵富之间。先祖梅癯先生,讳虞,出继于唐……回盼始祖,将十四世矣。①

唐桂芳说的始祖故事中,同样有德鹏、德鸾、德鸿三兄弟,亦同样有"皇族后裔"的说法,但他还提到当时李氏与李氏始祖之间,相差十四世。唐桂芳所指的十四世,是当时李氏已有一条追溯出十四代祖先的谱系吗?我们不得而知,但可以肯定,这种叙述祖先的方式,在当时已用于墓志铭和行状。②

在元末,唐氏祭祖的仪式也有所改变。1361年唐桂芳邀请提刑按察司佥事陈浩,撰写《西山庵祔祀记》,记载他如何祭祀其父唐元:

> 壬辰干戈扰攘,轶人弥土,刘人妻孥,虏人财货,燔人栋宇。桂芳时新免丧,于是抱画像走藤源山中,炉香凡灯,为位俯伏,后迁乳坑、王田、松源、小溪,十余年间,几为鱼肉,画像旋失之矣。且岁晚多病,恐一旦濒于不讳,无以寓其哀。福田寺僧白云,雅与先人交,近筑西山庵,将买田祔祀于先世参军傍,庶永永不替者。③

陈浩所说的壬辰干戈,是指元末1352年的战乱,其时唐桂芳带着父亲的画像逃往藤源,经过十余年,失去了画像,最后将其父祔祀于西山庵内。需要注意的是,藤源是唐元坟墓所在地,所以在藤源"炉香凡灯,为位俯伏",其意思是在唐元墓旁建立如坟庵之类的祭祀场所。④ 唐桂芳之后几次迁移祭祀其父

---

① (明)唐桂芳:《题先人序李氏族谱后》,《白云集》卷七,第8~9页。
② 明人程敏政编修的《新安文献志》收录了大量的墓志铭和行状,当中有些文章提到时人与某祖先相距多少代,如《宋左中奉大夫徽猷阁待制新安县开国伯食邑九百户致仕赠左通奉大夫程公俱行状》《江东抚干直郎致仕汪公仪凤墓志铭》《庐州梁县尉事天先生江公润身墓志铭》等。参考(明)程敏政辑撰,何庆善、于石点校,易名审订:《新安文献志》,合肥:黄山书社,2004年,第2359、2392、2397页。
③ (元)陈浩:《西山庵祔祀记》,《唐氏三先生集》附录二,第38~39页。
④ (元)朱文:《元故新安郡博士筠轩唐先生行状》,《唐氏三先生集》附录一,《北京图书馆古籍珍本丛刊》,北京:书目文献出版社,1988年,第1~8页;(元)杜本:《元故徽州路儒学教授唐公墓志铭》,《唐氏三先生集》附录一,第8~11页。

的地点,最后才迁至西山庵。西山庵原是祭祀唐桂芳的先祖"参军",唐桂芳以"祔祀"的形式在西山庵内拜祭唐元。没有资料记录"参军"是谁以及西山庵的位置。上段资料显示,唐桂芳祭祀父亲的仪式有变化:起先是在影堂以画像祭祀唐元;①到战乱时唐桂芳携唐元画像逃往藤源,并建立坟庵;最后再将祭祀地点迁至拜祭其他祖先的西山庵内,由僧侣负责祭祀。

徽州在元朝时期,兴建坟庵十分普遍。太史文(Stephen Teiser)指出,自唐朝开始,僧侣在中元节,参与民间祭祖活动。在节日中,百姓以僧侣为媒介,而不直接向祖先献祭。②这种以僧侣为媒介的观念,让民众兴建佛寺,召请僧侣看守坟墓并代为祭祀祖先。常建华指出,皇帝会特别敕赐寺院与达官贵人,让他们以佛教的仪式荐福祖先亡灵,设置者需自办田产并造寺,然后申请朝廷赐寺额。如非"达官贵人",便不容易建寺祭祖了。在一般情况下,人们会委托僧人或道士在墓旁建一小屋,用来守墓和墓祭。这种小屋,称为坟庵。③坟庵规模不大,最多只会打理两三所坟墓,所以一所坟庵内安置的祖先不会太多。④

身为儒士的唐桂芳,在佛教坟庵祭祀其父,是否违礼?当时的儒士是否具有与佛道对立的观念?早在南宋时朱熹主张的祭祖改革,是在寝室旁建祠堂,并在祠堂内以木主祭祀祖先,目的是针对当时流行的佛寺祭祖和坟庵祭

---

① 影堂就是以画像祭祀祖先的地方。参考科大卫:《祠堂与家庙——从宋末到明中叶宗族礼仪的演变》,《历史人类学学刊》第一卷,第二期(2003年10月),第1~20页;郑振满:《莆田平原的宗族与宗教 福建兴化府历代碑铭解析》,《历史人类学学刊》第四卷,第一期(2006年4月),第1~28页。

② Teiser, Stephen F., *The Ghost Festival in Medieval China*, Princeton, N. J.: Princeton University Press, 1988. p. 35, 196-208.

③ 常建华:《明代宗族研究》,上海:上海人民出版社,2005年,第50~51页;常建华:《宗族志》,第二章,第145~159页;常建华:《元代墓祠祭祖初探》,《宋以后宗族的形成及地域比较》,北京:人民出版社,2013年,第58~68页。

④ 以徽州棠樾鲍氏为例,元朝的鲍氏族人,各自有守坟的坟庵和道观,很少合葬在一起。参考拙著《明清时期徽州宗族的发展和义田——以棠樾鲍氏为中心》,《历史人类学学刊》第七卷,第一期(2009年4月),第43~91页。

祖,重新建立一套理学家的祭祖礼仪。① 这一祭祀主张是否广泛影响着元朝的徽州儒士？章毅指出,尽管朱熹曾往徽州扫墓和讲学,但并没有教导出能够深入理解其学说的学生,而元朝徽州儒士虽然普遍尊崇朱子学说,但他们与朱熹之间没有确实的道统师承,他们被视为师承于朱熹,只不过是后来明朝人的说法。② 休宁县儒士陈栎在学术和实践上较为贴近朱熹的主张,他在撰写的文章中提到,自他曾祖父开始,死后丧葬不用佛事,他自己还定下不得以佛事治丧的家法。③ 但陈栎的做法只不过是其个人的抉择,因为在他的文集中收录了不少他为别人兴建寺观祭祖而撰写的文章,说明陈栎对此等祭祖方法不一定表示反对。④ 由此可知,陈栎所推崇的祭祖礼仪只是应用于士人之家,他没有一种要推广给其他庶民的教化观。元初方回(1227－1307)所撰的《善应庵记》则明显表现出当时的祭祖风气。善应庵是由一位孙居士所建,最初是一所建于其母黄氏墓旁的坟庵,但其后庵内也祭祀其他先人。根据方回的描述,这座善应庵颇具规模,"买田十亩,筑室十间,田以供粢盛,屋以祀其先"。该庵内奉观世音菩萨,另外又请"三十六代天师张真人宗演"为其庵题匾额。方回替孙居士撰写《善应庵记》时便提到,他对糅合多种祭祀的善应庵有所质疑,但同时他接受这所善应庵:

> 古有庙祭无墓祭……祭必用尸,周之东而废尸而用主。今之礼无一而古,重墓祭而轻庙祭,卜尸迎尸,愦莫之晓,以纸若木,书其先之称谓近于主。稍饰则画素肖形,曰影堂。又过,是则凡鬼神无不刻梓冶金为像,而其事侈矣。子贡庐孔子墓,三年而去,后世有以终身庐先墓,废庙不祀为孝者,皆非古也。居士即墓为庵,若混乎庙墓

---

① 科大卫、刘志伟:《宗族与地方社会的国家认同——明清华南地区宗族发展的意识形态基础》,《历史研究》,2000年第3期,第3~14页。
② 就以陈栎为例,虽然他尊崇朱子之学,但只不过是在儒家经典上跟从朱熹的文义随加点窜,尽管帮助理学进行阐释和传播,但当时并没有一套确实的"道统"传承,参考章毅:《理学、士绅和宗族——宋明时期徽州的文化与社会》,第49~55页;第70~79页。
③ 参考(元)陈栎:《本房先世事略》,《定宇集》卷十五,第5~11页。
④ 参考(元)陈栎:《等慈庵记》《星州寺记》《眉寿庵记》,《定宇集》卷十二,第5~11页。

之祭,为一为善,而应理所必然。事葱岭之神,而庵之命名书额,乃出于阳平都功之教,又似乎混佛老而为一者也。若之何为记!曰:不然,墓祭汉以来尚矣,墓有庵,以岁时烝尝犹不失古意……兵兴已来,百顷千楹之家,顷刻羽化,惟佛老之徒得全,桀者托于佛老而恣,庸者依于佛老而苟,中人藏其身于佛老之间,亦可以粗安田里而无他虞。①

根据方回所说,所谓"今礼"有三种方式:第一种是在纸上写祖先名称,模仿神主祭祀;第二种是祭祀先人的画像,北宋司马光便记载过他是以此种方式祭祖的;第三种是以塑像祭祀鬼神,亦即本章前节的郑令君祭祀。但很明显,善应庵不属于以上三种中的任何一种,所以引起了质疑。方回也知道善应庵是用"混乎庙墓"和"混乎佛老"的祭祀方式,所以他一方面将善应庵联系上子贡的庐墓和汉朝的墓祭,认为在墓旁祭祀虽然不是"古礼",但岁时拜祭,不会失去古礼的用意;另一方面他解释在战乱时世家大族早已衰亡,唯有佛道二教仍能维持,一般平民百姓也只有依附佛道,才能得以存活。因此,善应庵混合不同的祭祀方式是应对战乱的权宜之计。方回曾提及木主祭祖,很明显这种方式是先前所说朱熹所鼓励的方式,但值得注意的是,方回在此将木主祭祖解释为周礼的一种变相,完全没有提及朱熹的说法。

陈浩撰写《西山庵记》的理据与元初方回的说法如出一辙,他们都认为在佛寺道观祭祀祖先是可行的办法。陈浩的笔触隐约显示出这种祭祀方式不妥当,但他仍解释唐桂芳的做法的合理性:

> 余曰,天子七庙,自诸侯以降,各有等差,崇勋功爵,不可紊也。众人无庙,祭于寝,而事变之来,丰居赫奕,化为丘墟,非惟生者奔窜,死者魂游,彷徨无所归,亦可既矣。余行天下贵富之家,消歇不常,一至焉、再至焉,二至莽乎,无踪较诸禅宫,数程山颠水涘,滋久而不易,何哉?王彦章于寺铁枪,虎丘之于王元之,一时贵富,俱已

---

① (元)方回:《善应庵记》,《桐江续集》,卷三十六,第10~12页。

澌尽,音容或见仿佛者,敢不敬欤?先生名父子,行义显于世,纵不籍此,可也。犹欲区区祔祀于先世参军者,仁人孝子,厄于世故,有不得已而托诸异教,殆以孝起,未可以礼训也。①

陈浩引用庙制的传统,指出天子、诸侯的家庙是"各有等差",庶民只能在住宅内用一房间作祠来拜祭祖先,②亦即所谓"众人无庙,祭于寝"。但陈浩随即解释,当时兵荒马乱,不管是家庙还是祠堂都化为废墟,生者流离失所,死者也变成游魂野鬼,所以只能"托诸异教",即以佛教的方式来祭祖。陈浩将唐元比喻为王彦章③和王元之④,认为他们都是具义行的人,死后仍让后人思念,所以唐元死后本来可以不用祔祀于西山庵内,但由于其子唐桂芳的孝心,再加上战乱,不得已才受祭于佛教坟庵内。在坟庵祭父是因应时世、不得已的做法。陈浩文章的重点在最后一句,"殆以孝起,未可以礼训也"——其用心是孝,所以不能用礼来规范。换句话说,当时的士人相信,有一套特定的祭祖礼制用来规范士人,但并不应用于士人之外的百姓。当身为士人的唐桂芳违反这套礼制时,便需要加以特别的解释,以赋予他以坟庵祭祖的正当性。

唐桂芳的祭父仪式很快便改变。1362年,唐桂芳再次邀请陈浩撰写文章,文章名《藤坑源孝思堂记》,内容是关于唐桂芳在孝思堂内祭祀其父亲:

龙集辛丑冬,予一载莅新安,友人唐桂芳仲实甫割田妥灵先教
授长儒先生于西山庵。予既铨其颠末矣。壬寅春,寓书一通走金

---

① (元)陈浩:《西山庵祔祀记》,《唐氏三先生集》附录二,第38～39页。
② 以前,只有皇帝、贵族才能建家庙——独立的建筑物来拜祭祖先。直到明嘉靖十五年(1536),夏言奏折把这个禁例打破,普通百姓亦可以建家庙,祠堂才等同家庙。关于祠堂变化成家庙的过程,参考科大卫:《祠堂与家庙——从宋末到明中叶宗族礼仪的演变》,《历史人类学学刊》,第1卷,第2期(2003.10),第1～20页。
③ 王彦章是五代时将领,善使铁枪,据说死后其枪放于嘉兴铁枪庙。参考(宋)薛居正等撰:《旧五代史》卷二十一,《梁书》"列传十一",北京:中华书局,1976年;欧阳修:《新五代史》卷三十二,《死节传第二十》,北京:中华书局,1974年。
④ 王元之又名禹偁,是北宋初年文学家,死后其画像放在虎丘寺内受祭祀。参考(宋)苏轼:《王元之画像赞并序》,《东坡全集》卷九十四,《文渊阁四库全书》,第3～4页。

陵,诔曰,不肖为儿时,先君私之曰,吾家先祖登仕公谱系中绝,先伯重三斋谕,公自藤坑源出继于登仕,疏髯散朗,冰澄玉润,不幸短折焉。百岁后,倘祔葬与祖宗,体魄相依,狐死首丘,岂非畴昔之愿哉!小子听之。桂芳有识以来,未尝不胶轇于怀,诚恐有负先志。己丑夏,先君先妣弃背,是年冬用襄大事,中更乱离,始获买田,中设木主奉祀暨兄弟以下若干人,扁曰藤坑孝思堂……汉代名卿大夫捃摭绪余,建祠墓则,此祠之所由起也钦?然古人不崇墓祭,以魂与魄异今也,新翼数椽,在风篁水石间,不祭之于墓而于祠,不过神魂有知,为位拜哭者,不忍死其亲之意。①

这篇文章耐人寻味。《西山庵祔祀记》和《藤坑源孝思堂记》同出于陈浩之手,但时间相差一年。撰写于1361年的《西山庵祔祀记》只提及藤坑此地,却没有提及这所孝思堂,由此可知,陈浩著《西山庵祔祀记》时,孝思堂仍未兴建。到1362年唐桂芳兴建孝思堂后,便再次邀请陈浩为他撰文。文章中的"登仕公"即唐廷隽。唐廷隽无子,唐桂芳的祖父唐虞本来是李氏,后过继给唐廷隽。而藤坑源应该是李氏祖先墓地,所以唐桂芳才会忆述其父唐元希望死后埋葬于藤坑源,"祔葬与祖宗"。孝思堂的祭祀方式与西山庵不同,堂内受祀的祖先不单是唐元,还包括唐元的兄弟和侄儿等其他家庭成员,而祭祀仪式是祭祀木主,不是祭祀画像。陈浩声称孝思堂是墓祠,他引用《后汉书》的墓祭作为理据,②指出汉朝时官员在墓侧建祠,所以孝思堂是遵循汉朝墓祠的传统。元朝的墓祠可追溯至汉朝的说法只不过是对传统的附会。

---

① (元)陈浩:《藤坑源孝思堂记》,《唐氏三先生集》附录二,第39~40页。
② 《后汉书·祭祀下》:"古不墓祭,汉诸陵皆有园寝,承秦所为也。说者以为古宗庙前制庙,后制寝,以象人之居前有朝,后有寝也。《月令》有'先荐寝庙',《诗》称'寝庙奕奕',言相通也。庙以藏主,以四时祭。寝有衣冠几杖象生之具,以荐新物。秦始出寝,起于墓侧,汉因而弗改,故陵上称寝殿,起居衣服象生人之具,古寝之意也。"参考《新校本后汉书》志第九《祭祀下·宗庙》。见于"中央研究院"汉籍电子文献。另外,关于庙祭和墓祭的争议,参考田兆元:《墓祭的文化功能探析》,《中文自学指导》,2008年第4期,第9~11页。

墓祠应该是由坟庵转化而成的,这点常建华已指出。① 唐氏的例子所展示的,不是西山庵转变为孝思祠,而是在西山庵之外另建一所新的孝思祠。一套新的祭祖礼仪出现,并不表示旧有的礼仪要消失。新的礼仪亦不会凭空出现,必须建基于旧有礼仪之上。墓祠与坟庵的最大区别是,后者祭祀仪式由僧侣道士打理和负责,而前者由家族成员负责。僧侣道士与家族成员能否截然分开呢?劳格文(John Lagerwey)的田野考察可以启发我们理解这个问题。当他在一个颇为富裕的村落中,问及谁来负责村内的宗教仪式时,当地村民回答说,山上"道士村"的道士。而更让他惊讶的是,村民说,这些道士是买回来的,如同抬轿的下人!换言之,村民认为由家族成员充任僧侣道士是不体面之事,所以才要由买回来的下人担任。② 很明显,这些村民需要僧道替他们祭祀,同时又歧视僧道。这种歧视观念产生自明清时期的士大夫。在明清以前的中国社会不一定有这种歧视观念。崔瑞德(Denis Twitchett)关于宋朝范氏义庄的研究便指出,天平山佛寺是祭祀范氏祖先的寺院,范氏家族一方面捐赠田地给佛寺作为维持祭祀和供养僧侣的开支,另一方面会定期将家族成员送往佛寺担任僧侣,而这些僧侣其实是担起了替家族看守田地的责任。③ 同样,在元朝的徽州社会,也可以找到儒士家庭成员充任僧侣道士的例子。就以唐桂芳的家族为例,其父唐元"以儒见称",但"四旬以来,清心寡欲,颇得卫生之术"。意即他40岁后,便参与道家的修炼。唐桂芳的兄弟唐存真,"学老子法为道士"。④ 由此可知,在当时的社会观念中,家族成员担任道士并无不妥,根本没有歧视的观念。

---

① 常建华:《明代墓祠祭祖述论》,《天津师范大学学报(社会科学版)》,2003年第4期,第37~42页;常建华:《明代宗族研究》,上海:上海人民出版社,2005年,第50~55页。

② John Lagerwey, "Village Religion in Huizhou: A preliminary Assessment", *Minsu quyi* 2011/12, p. 305—357.

③ Denis Twitchett, "The Fan Clan's Charitable Estate, 1050—1760", David Nivison, ed., *Confucianism In Action*, (Stanford, Calif.: Standford UniversityPress, 1959) p. 93—133.

④ (元)朱文:《元故新安郡博士筠轩唐先生行状》,《唐氏三先生集》附录一,《北京图书馆古籍珍本丛刊》,北京:书目文献出版社,1988年,第1~8页。

还有两个例子具体记载了当时僧道的背景。徽州歙县兴道观的道士张应元"系出于儒,早领玄教,追游京师,被旨授兴道观提点"。他的背景便是儒士家族。他除了在兴道观内担任提点一职外,还捐赠田地给兴道观,"捐己资买田若干亩入本观,供聂仙焚修,又斥其余二十五亩有奇助玄妙道众半岁午膳,于以祠事其先人"。① 他捐赠的田地除了供奉兴道观的主祀聂师道外,还供奉自己的祖先。位于休宁县的等慈庵,庵内有一位僧徒叫"碧庵",他原是"出率溪何氏……生官宦儒家,十有三岁出家等慈"。碧庵长大后,预备了两份资产,"分积买田十亩,以兄次子本中,纯孝嗜学,可托也,祝之收入,永为烝尝资;又买田入庵之常住,嘱其徒为奉先世祀,亩数亦如之"。② 这个何姓儒士家族捐赠十亩田地给等慈庵作为常住田,祭祀他的祖先。由以上两个例子可知,张应元和碧庵原先都是儒士家族的成员,他们都在寺观内担任要职,他们亦捐赠田地给自己所属的寺观,用来供奉自己的祖先。③ 换言之,当时的家族是可以通过捐赠田地和派遣成员担任僧道的方法来掌握、管理寺观。如果他们兴建墓祠,最简单的方法就是将供职于佛寺道观的家族成员的僧侣道士身份改变回来。

以上只解释了墓祠祭祖如何从坟庙祭祖的基础上转化而来,却没有解释为何出现这种转化。我们没有多少资料可以解释元末的这种转化。进入明朝,这种转化的个案越来越多,我们能掌握的资料越来越丰富,这点会留待之后两章探讨。

徽州的士人在元朝出现了几波变化。在元朝初年,前朝士人为了维持身份,重建紫阳书院,并以书院为中心建立了士人群体。他们以继承道统自诩,但其正统性不在于与朱熹的师承关系,而在于声称徽州为朱熹故乡的地缘关

---

① (元)唐元:《兴道观张公舍田奉先记》,《筠轩集》卷十,《文渊阁四库全书》,第 14~15 页。关于兴道观的资料,参考(宋)罗愿:《新安志》卷三,第 16 页;(明)彭泽、汪舜民编修:《徽州府志》卷十,明弘治十五年(1502)刊,第 54 页。

② (元)陈栎:《等慈庵记》,《定宇集》卷十二,第 5~7 页。

③ 元朝寺观祭祖应该颇为普遍,关于张应元、碧庵的例子,可参考常建华:《宗族志》,第 147~150 页。

系。不久,一群"新豪强"出现了,他们因在宋元鼎革时支持元军的立场而获得社会地位。他们没有参与紫阳书院的建设,而是在家乡另建书院,另创其正统身份。当"新豪强"积极确立其身份地位时,红巾军和朱元璋的军队相继攻占徽州,士人又要适应新的环境和规则。

就在这个背景之下,新的士人群体相继出现,不同的群体对祖先观念和礼仪有不同的理解,从而影响着徽州的谱系和祭祖仪式的变化。在元初,前朝进士方回虽然声称地方神明汉朝的方储是他的祖先,但在编修族谱时以"先祖五男子之子孙别绘为图焉"。① 他就是以父亲及四位叔父为中心,绘出谱系。同样,身为学官职员的唐元描述其祖先时,虽然声称始祖在唐朝迁入徽州,但其所掌握的祖先资料,仍不出高、曾、祖、考四代祖先范围。到了元末,"新豪强"成员郑玉认为谱系的目的是"考其源",应该超出四代祖先范围,连接远祖。从此以后,谱系甚至可联系至地方神明,并证明神明与自己祖先的关系。

元末已出现追溯远祖的谱系,但这套谱系并不应用在祭祀仪式上。他们的祭祀活动大致分两种:一种是在庙宇内祭祀神明;另一种是以墓祭为中心,在祖先坟墓旁建坟庵或道观,但这类祭祀不适用于远祖(因为没有远祖的坟墓),也没有发展出大型的集体祭祀。

---

① (元)方回:《先祖事状》,《桐江集》卷八,第8~11页。

第四章　明初的王朝政策与祖先观念

在一次田野考察中,笔者途经歙县白杨源村泰伯庙,问当地村民:"这是什么?"村民答道:"这是我们的社。"(参看图4-1)

图 4-1　歙县白杨源泰伯庙①

图 4-2　香港屏山土地社坛②

这个回答给笔者留下很深印象,因为在香港,社的外形多数是一座露天的坛(参看图4-2)。明太祖朱元璋在洪武年间推行的里社制度要求:"凡民间各处乡村人民,每里一百户内,立坛一所,祀五土五谷之神,专以祈祷雨旸时

---

① 照片由笔者拍摄于歙县白杨源,2009 年 5 月 29 日。
② 新界屏山资料,参考 Jack Potter, *Capitalism and the Chinese peasant*; *social and economic change in a Hong Kong village*, Berkeley: University of California Press, 1968;廖迪生、卢惠玲编:《风水与文物:香港新界屏山邓氏稔湾祖墓搬迁事件文献汇编》,香港:香港科技大学华南研究中心,2007 年。

若,五谷丰登。"①白杨源的社在徽州并非特例,笔者在婺源县仙水庙旁所看见的土地社,同样是在建筑物内(参看图4-3)。郑力民指出,徽州的社是一种被称为社屋或社庙的房屋,与民宅相似。②

弘治年间的《徽州府志》记载,"府城内及歙各乡皆有社,春祈秋报,礼仪颇丰,但易坛以屋,而肖社公之像以祀之,不如式耳"。③ 地方志的编修者指出,当时徽州府城和各乡的社,并不是露天的坛,而是有盖的"屋",而且更有"社公之像",完全违反了洪武年间的里社制度。虽然编修者明白问题所在,但这种违规实在太普遍而又无力改变,故只能无奈说一句"不如式耳"。

图4-3　婺源县太白镇仙水庙旁之土地社④

要研究徽州在明初的历史,重点是要明白朱元璋在龙凤四年(1358)占领徽州时,徽州已是一个早与王朝有联系、发展出固有传统的地方。所以朱元璋早期管治徽州的方法,不是推行重大的地方改革,而是依循旧有传统政策以征取徽州地方大族的兵源和粮食,从而支持其军队在其他地方的战事。杨纳关于龙凤年间的朱元璋研究足以证明此点。⑤ 到了1368年,朱元璋在南京登上帝位,建号"洪武"后,试图推行多项全国性政令。在新王朝下的徽州是

---

① 万历《明会典》卷九十四,《礼部二》,第15～16页。
② 郑力民:《徽州社屋的诸侧面——以歙南孝女会田野个案为例》,《江淮论坛》,1995年第4期,第67～75页。
③ (明)彭泽、汪舜民编:《徽州府志》卷五,明弘治十五年(1502)刊,台北:台湾学生书局,第32页。
④ 照片由笔者拍摄于婺源太白镇,2009年8月23日。
⑤ 杨纳:《龙凤年间的朱元璋》,《元史论丛》第4辑,1992年第2版,第215～216页。

一个怎样的地方社会？这个地方社会如何成为弘治《徽州府志》所形容的"不如式"？在这种"不如式"的环境下，徽州人的祖先观念有何变化？这些都是本章探讨的主要问题。

第一节　朱元璋与徽州的传说

朱元璋的军队在龙凤四年（1358）占据徽州，龙凤五年（1359）朱元璋部下胡大海进攻徽州附近的婺州（今浙江金华一带），但这次军事行动并不顺利，于是朱元璋亲自带兵支援，并驻军徽州。① 不少关于徽州人帮助朱元璋东征西讨的故事流传下来。

茆田的"无粮庙"故事道出了徽州人如何直接与朱元璋打交道。茆田位于歙西盆地，当地有一所拜祭地方神汪华的庙宇，南宋官宦吕沆和元末唐桂芳都为该庙写过文章。而根据清朝雍正年间编撰的《岩镇志草》，茆田村内有一所祭祀汪华的"祖殿"，每年元宵节村民都会从这里迎汪华神像往岩镇的广惠祠放置五晚。② 笔者在2010年6月到访过当地，当时已没有什么庙宇和祠堂存留，村民指出当地原有一所"菩萨庙"和"无粮庙"，他们依稀记得曾在"菩萨庙"内拜祭汪华，庙早在20世纪50年代被拆毁。另外，他们不记得曾在"无粮庙"内拜祭什么神明，却能说出"无粮庙"名称的来历：朱元璋未当皇帝时，曾来此庙躲避追杀，到日后登基，为了报答此庙，便给该庙五亩不用纳粮的田地，所以该庙称为"无粮庙"。③ 我们不知道"无粮庙"这个故事始于何

---

① 《太祖实录》卷六，见傅玉璋等编：《明实录类纂——安徽史料卷》，武汉：武汉出版社，1993年，第900页；石国柱等修，许承尧纂：民国《歙县志》卷三《武备志》，第3页。

② （宋）吕沆：《茆田忠烈庙记》，见（宋）吕午：《竹坡类稿》，据清抄本影印，北京：书目文献出版社，1988年，第296~297页，该文见于吕沆父亲吕午的文集；（明）唐桂芳：《重建茆田灵显庙碑记》，约1356年，《白云集》卷六，《文渊阁四库全书》，第28~30页；（清）佘华瑞：《岩镇志草》，雍正十二年（1734）序，《中国地方志集成》，南京：江苏古籍出版社，1992年，第138页。

③ 田野考察，2011年6月。

时,只知道在徽州其他地方,也颇为流行这类关于朱元璋落难至徽州的故事。① 笔者认为,朱元璋是否落难至徽州并不重要,重要的是当地流传着这样的故事,正好让地方社会附会上王朝。

槐塘唐氏则以一种堂皇的方法来表达他们与朱元璋的关系。槐塘村同样位于歙西盆地,是宋朝宰相程元凤的故乡。在第三章已提及朱元璋会晤徽州儒士唐桂芳并委任他为紫阳书院山长,唐桂芳任山长后,搬往槐塘居住,担任程姓子弟的私塾老师,槐塘唐氏的历史才从此开始。② 现在的槐塘有几座牌坊,其中一座"龙兴独对坊"便是纪念唐桂芳与朱元璋的会面(参看图4-4)。

图4-4 龙兴独对坊③

该牌坊上书"龙兴独对"四字,还有碑文叙述唐桂芳如何与朱元璋会面、如何受礼遇和如何为朱元璋出谋献策。④ 但我们要注意,这牌坊建于正德年间,只能代表明中期槐塘唐氏的显赫,不能确定早在明初唐氏就是强盛的宗族。⑤

唐桂芳的儿子唐文凤(1341—1432)在洪武四年(1371)继承了其父在紫

---

① 歙县文化局编纂委员会编:《歙县民间艺术》,合肥:安徽人民出版社,2006年,第665~668页。
② (明)钟亮:《明故南雄路儒学正白云先生唐公行状》附录,《唐氏三先生集》,第21~27页。
③ 照片由笔者拍摄于歙县槐塘,2010年6月。
④ 歙县文化局编:《古歙揽胜》,合肥:安徽文艺出版社,1993年,第36页。
⑤ (明)钟亮:《明故南雄路儒学正白云先生唐公行状》附录,《唐氏三先生集》,第21~27页。

阳书院教学的职务。① 当时明朝政权刚稳定,任用官员主要是通过地方官推荐。洪武三十一年(1398)徽州知府黄希范便推荐唐文凤给中央朝廷。② 后来,唐文凤外放为江西兴国县知县,三年后改为担任藩王赵王的纪善。③ 当时因为靖难之变和汉王朱高煦叛乱,皇帝与外藩关系紧张,幸运的是赵王并未卷入政变中,唐文凤亦安然致仕回徽州槐塘,在宣德七年(1432)以86岁高龄逝世。④

唐文凤死后,唐氏家族马上进入大约70年的"空白期",这段时间没有什么人替唐文凤写墓志铭或行状,亦没有关于唐氏的文章留下来。到16世纪初,才有自称是唐文凤玄孙的唐泽,为唐文凤写墓志铭。根据这篇墓志铭,我们知道唐文凤死后,"殁而变故生"。⑤ 另有文章谈到唐文凤的儿子永吉"戍边道殁",永吉的儿子唐茂美"谈及父冤,母子饮泣",⑥似乎当时发生了重大事情而导致家族离乱。唐泽联同其他唐氏族人合力编修《唐氏三先生集》,收录了唐元、唐桂芳和唐文凤祖、父、孙三代人的文章,刊印于正德十三年(1518)。

这些重振唐氏声望的族人颇具功名。唐泽官任福建按察司副使,唐泽的父亲唐相时任山东道监察御史,叔伯唐佐时任宁波府同知,弟弟唐濂时任广

---

① (明)黄希范:《送唐子仪膺荐举序》,《唐氏三先生集》附录三,第45~46页。黄希范原名陈彦回,《明史》有传。靖难之变时任徽州知府,组织地方军队支持建文帝,朱棣攻占南京后不屈而死。参考(清)张廷玉:《明史》,《列传》卷一百四十二,北京:中华书局,1974年,第4043页。
② (明)陈自新:《送唐子仪之官兴国序》,《唐氏三先生集》附录三,第47~48页。
③ 纪善是明朝藩王王府内的官职,正八品,"掌讽导礼法,开谕古谊,及国家恩义大节,以诏王善"。参考(清)张廷玉:《明史》卷七十五《志五十一·职官四》,第1836页。
④ (明)陈自新:《送唐子仪之官兴国序》,《唐氏三先生集》附录三,第47~48页;(明)唐泽:《高祖梧冈先生墓表》,《唐氏三先生集》附录三,第55~60页。
⑤ (明)唐泽:《高祖梧冈先生墓表》,《唐氏三先生集》附录三,第55~60页。
⑥ (明)唐泽:《歙槐川处士唐公墓表》,《唐氏三先生集》附录三,第61~62页。

东道监察御史,族弟唐皋①为翰林院修撰、侍讲学士等。纪念唐桂芳和朱元璋会面的"龙兴独对坊"亦在这个时期兴建于槐塘。槐塘唐氏是利用文集和牌坊彰显唐氏名声,以表明他们的祖先如何效忠朱元璋和如何受到礼遇。

第二节　里甲户籍与祖先谱系

根据杨纳的研究,朱元璋早在龙凤四年(1358)便已占据徽州,其征税办法称为"自实田",由居民自报占田数额,再由官府查勘登记。杨纳所引用的资料,是徽州府官员端木复初的墓志铭。端木复初在龙凤九年(1363)至十二年(1366)任徽州府经历②一职,其墓志铭颇能反映当时徽州官员征税的实际情况,"癸卯三月,召为徽州府经历。徽为江东大郡,政繁而赋殷……田赋久不均,民不堪命,君即城东建局,使民自实田,集为图籍,核盈余,验虚实,而定科徭"。③癸卯三月即龙凤九年三月,初到徽州上任的端木复初即让人民自报田产,并据此编制新的图籍。弘治版《徽州府志》也提到,"乙巳年,中书省查勘本府钱粮,为见癸卯、甲辰两年册内花户、田粮增减不同,行拘本府并所属州县首领官吏、贴书、算人等到省,委自本省照磨帖木儿不花监督查勘,撰造归一,得实文册"。④由此可知,徽州在癸卯(1363)、甲辰(1364)和乙巳(1365)年都有登记土地,编造册籍。⑤

这些册籍与后来朱元璋定都南京后推行的里甲户籍非常不同。前者纯粹是土地登记,科徭是根据登记者拥有土地的多少而定;后者是以户为主体,

---

① 唐皋是文凤的弟弟文奎(子彰翁)的玄孙,而唐皋居住的地方不是槐塘,而是岩镇。《唐氏三先生集》的编修是唐氏家族经过70多年散漫岁月之后,由槐塘和岩镇两地唐氏合作,重建唐氏家声的重要一环。

② 经历是知府属官,正八品,参考(清)张廷玉:《明史》卷七十五《志五十一·职官四》,第1849页。

③ (明)宋濂:《端木府君墓志铭》,《宋文宪公全集》卷三十八,上海:中华书局,1936年,第18~21页。

④ 弘治《徽州府志》卷三,第22页。

⑤ 杨纳:《龙凤年间的朱元璋》,《元史论丛》第4辑,1992年第2版,第215~216页。

官府根据登记者所属户内的人丁和田地两项资料,将登记者编入不同等级的里甲户,登记者以其户的等级大小而承担相应的赋役。刘志伟认为,里甲户籍制度既是土地登记,又是一种户口登记,具有"编户齐民"的意味,只要百姓被编入户籍内,就属于国家一员,所以里甲制是将地方社会纳入国家体制的重要措施。① 里甲制度是国家政策,但在徽州地方上如何进行? 登记入里甲的资格是什么? 本节将会通过棠樾鲍氏和柳山方氏来探讨这些问题。

一、棠樾鲍氏

棠樾位置在槐塘之旁,居于棠樾的鲍氏在明清时期是非常显赫的宗族。现在留下的鲍氏族谱有多个版本,包括明朝成化元年(1465)编刊的残谱②(以下简称"成化谱")、清朝乾隆三十一年(1766)编刊的《鲍氏三族宗谱》③、嘉庆十年(1805)编印的《棠樾鲍氏宣忠堂支谱》④。另外,上海图书馆藏了一本鲍氏族谱残本(以下简称"正统谱"),当中有署名白云居士唐仲著于洪武六年(1373)的序,唐仲即是之前提及的紫阳书院山长唐桂芳。另有一序著于正统二年(1437),只署名十二世孙,没有名字。从该谱的内容看,正统谱并不属于棠樾鲍氏,而是由居于岩镇的鲍氏所编撰的。这几本族谱是珍贵的资料,特别是明朝的族谱,有助于我们探索明朝初年鲍氏的发展、祭祖仪式、与中央王朝的关系以及不同地方的鲍氏通谱。

元末明初,棠樾鲍氏是歙县的地方大族,族人鲍元康(1309—1352)和鲍深(1311—1377)组织民兵保卫乡里,对抗红巾军,又立社仓"济里之贫乏"。他们二人同是师山书院山长郑玉的学生,郑玉自杀后,鲍深继承师山书院山

---

① 刘志伟:《在国家与社会之间:明清广东里甲赋役制度研究》,北京:中国人民大学出版社,2010年,第28~93页。
② (明)鲍泰编:成化元年(1465)序,该谱为影印本,残本,无封面,只有封底记载刊于成化元年(1465),由鲍树民先生收藏。
③ (清)鲍光纯编:《鲍氏三族宗谱》,乾隆二十五年(1760)序,藏于安徽省图书馆、上海图书馆。
④ (清)鲍琮编:《棠樾鲍氏宣忠堂支谱》,嘉庆十年(1805)序,藏于安徽省图书馆。

长一职。在乾隆《鲍氏三族宗谱》内的祖先传记中,记载了一段颇为耐人寻味的故事:当朱元璋的部下邓愈攻克徽州,求索郑玉时,郑玉认为自己大限已到,但他的学生都认为老师可以幸免。在郑玉的学生中,唯独鲍深的儿子鲍颖(1332—1371)认为"先生受前朝恩宠,必死以报国为是"。而郑玉的回答是"子之言是也",之后便自尽。① 郑玉拒绝效忠明朝,但鲍氏很配合新王朝的政制。

鲍深在1377年写的《乡饮酒序》提及当时地方官急于推行乡饮酒礼,同时埋怨差役沉重,"差科既繁,生理不给,遂致废学,性命道德之说,邈然无知,而孝弟逊让之礼,或存或亡"。② 鲍深认为族人忙于力役和生计而导致"废学"。"废学"不是一般的荒废学业的意思,而是与社会身份地位有关,特别是对于担任师山书院山长的鲍深来说,教学和让子弟学习尤为重要。根据《鲍氏三族宗谱》,鲍深兴建一座耕读堂,延请朱升、唐桂芳、周彦明等名士来教导其子鲍颖,当洪武年间朱元璋召求民间贤才时,鲍颖"编史传进呈",得赐白金五十两、帽履衣各一袭,还因徽州知府王兴福推荐去中央政府任职,最后升为国史院编修,帮助编修《元史》。洪武四年(1371)鲍颖受任陕西耀州同知,还未离开南京时,由于西安府官员狱案而受牵连,最后死于狱中。③

在清朝乾隆《鲍氏三族宗谱》内的祖先传记中,记载了不少关于明初祖先登记入里甲户籍和忙于应付力役的资料。例如鲍深"门户科差之繁,世素饶田,产十去八九",其子鲍颖则"世运甫定,力役大作,筑城堡、造宫殿,其事繁重艰苦,公皆身任之"。郑玉的另一位鲍氏学生鲍元康,其子鲍壬师同样为力役而奔波,"明初科差繁重,被役筑郡城,造城东门楼,充采办千夫长,所费百端"。④ 鲍壬师的长子鲍继保(1364—1424),"年甫十八,充里役,是年初造黄册,未有定式,朝造夕改,募人书算,不胜其烦,又明年,以差错被提赴京改造,

---

① (清)鲍光纯编:《鲍氏三族宗谱》卷七,第4页。
② (明)鲍深:《乡饮酒序》,见(清)鲍光纯编:《鲍氏三族宗谱》卷一百九十,第4页。
③ (明)唐文凤:《故耀州同知尚絜鲍公行状》,《悟冈集》卷八,第1~6页;弘治《徽州府志》卷八,第40页。
④ (清)鲍光纯编:《鲍氏三族宗谱》卷五十五。

磨算既毕,照例罚工包成,倾赏往应,首尾劳顿"。① 鲍壬师的次子恒保(1367—1434)充任粮长,②"轮充粮长凡三次,恃顽者或以赋税负累代输,亦不校。晚年以公私庶务付其子掌之,稍全安逸"。③ 我们需要注意的是,以上的祖先记述,都记录在清乾隆年间的族谱内。鲍氏的成化谱因为残缺不全,未能让我们知道这些资料是否早在明朝成化年间已有记录。所以这些祖先记述,有可能是鲍氏族人从旧资料抄印出来的,或是清朝鲍氏族人对明初制度的影射。

在明初,棠樾鲍氏有没有共同的祖先祭祀是值得探讨的问题。现今的棠樾村内有一座始祖墓,据当地村民所说,每年清明节,鲍氏族人会从外地回来拜祭。④ 根据成化谱,该墓埋葬了鲍氏始祖鲍荣的一位妻子。鲍荣是北宋人,居于郡城,在棠樾建了一所"别墅",至他的曾孙鲍居美(1130—1207)才开始定居棠樾。在明初,没有资料描述这座始祖墓的祭祀情况,但可以肯定,明初流传最广的祖先故事是八世祖鲍宗岩及其"父子争死"的故事。

该故事讲述的是宋末兵荒马乱之际,贼人将鲍宗岩掳至棠樾村旁的龙山,正要加害于他时,其子鲍寿孙跑出来请求贼人放走父亲,自己愿意代死。鲍宗岩亦求贼人只杀死自己,不要伤害其子,最后贼人释放了父子俩。"父子争死"的故事受到元明两朝政府重视。在元末,该故事已录入《宋史》内;在明

---

① (清)鲍光纯编:《鲍氏三族宗谱》卷五十五。
② 根据梁方仲的研究,粮长是以"包揽"的方式承包起所负责粮区的催征、经收和解运秋粮,所以当鲍恒保负责的粮区有成员欠交粮数时,便负累鲍恒保代为填补粮缺。另外,梁方仲亦指出,粮长在洪武四年(1371)由民户田地多者充任,但到洪武十八年(1385),则以丁额和田产两项合并作为计算标准,亦即以户籍的大小来签派。梁方仲:《明代粮长制度》,上海:上海人民出版社,2001年,第15~18,64~98页。
③ (清)鲍光纯编:《鲍氏三族宗谱》卷五十五。
④ 田野笔记,访问鲍树民先生,2006年6月。

初，明成祖朱棣亦把该故事收入他所编修的《孝顺事实》内。① 鲍寿孙的儿子鲍鲁卿以此故事兴建了一座慈孝堂，鲍鲁卿的儿子鲍元唐、孙子鲍壬师、曾孙鲍继保等几代人，都邀请了不少达官文士，如元朝翰林直学士揭傒斯、御史程文、明朝徽州知府陈彦回为慈孝堂撰文纪念。② 因此，棠樾鲍氏的"慈孝"非常著名。现在棠樾村仍存留一座名"慈孝里坊"的牌坊，坊额刻有明成祖为"父子争死"故事写的诗和重修的年份弘治十四年(1501)。据说这座牌坊建于明朝永乐年间。

尽管鲍宗岩父子这么重要，但没有资料显示明初的棠樾村内发展出一套以祭祀鲍宗岩父子为中心的大型祭祀仪式。当"父子争死"故事被收入《宋史》时，鲍元康写了一篇《慈孝事登〈宋史〉告庙祝文》，当中提到他在至正七年(1347)祭告祖先"父子争死"收入《宋史》一事，而祝文记述他致祭的对象是"高、曾、祖、考"四代祖先，而"父子争死"的主角鲍宗岩和鲍寿孙父子，便是鲍元康的曾祖和祖父。③ 从这篇文章的名称推测，元末的鲍氏有一座"庙"用于祭祀四代祖先，而参与祭祀的族人只是高祖的子孙，笔者估计人数应该不超过一百人。而自鲍元康之后，鲍宗岩父子祭祀亦没有发展起来。明朝成化年间，鲍氏族人鲍泰所著的《龙山庙记》提到，其父鲍宁(1391—1462)因为棠樾当地没有一处纪念鲍宗岩父子的祭祀场所而耿耿于怀，尝试在发生"父子争死"故事的龙山上建一座孝子庙：

---

① （元）脱脱编：《宋史》卷二百一十五，《孝义传·鲍宗岩》，北京：中华书局，1985年，第13415页；该史传亦见（清）鲍光纯编：《鲍氏三族宗谱》卷一百八十四，乾隆二十五年（1760）序，乾隆三十一年（1766）刊，第1页；参考（明）朱棣编：《孝顺事实》，永乐十八年（1420），北京图书馆古籍出版编辑组，《北京图书馆古籍珍本丛刊》14，《史部·传记类》，北京：书目文献出版社，1988年，第489页。

② （明）程文，《慈孝堂记》，见（清）鲍光纯编：《鲍氏三族宗谱》卷一百九十一，第2页；（明）宋濂：《慈孝堂铭》，见（清）鲍光纯编：《鲍氏三族宗谱》卷一百九十四，第1页。该文亦见（明）宋濂：《宋文宪公全集》卷二十九，第9～10页；（明）陈彦回：《慈孝堂记》，见（清）鲍光纯编：《鲍氏三族宗谱》卷一百九十一，第8～9页。

③ （元）鲍元康：《慈孝事登宋史告庙祝文》，见（清）鲍纯光编：《鲍氏三族宗谱》卷一百九十三，第2页。

龙山者，以其蟠蜒高荫，棠樾地左之，谓当其风号贼散，显有神摄，乡人异之，因相与即其巅设坛祭祷，随感随应，而庙立焉……棠樾人岁春秋两祭于庙，以籍神庥。庙当元季毁于兵，复创于洪武之庚申，为堂三间，右为通真坛屋一间，两翼门庑住舍，盈列有差而祭会，分祀越国汪公暨诸庙食土神，尚矣。质之于邑孝女乡双庙，祀唐章预二女，史书其搏虎救母，旌而祀之，曰孝女庙，先子常以其事追念，先世未有知，求孝女例为孝子庙，而徙为龙山庙也，以币购取庙东山业五分，付庙吴伯通领之，将申其志，既卜地势，有不可因者而止。①

鲍宁希望仿效的孝女庙，祭祀的是唐朝两位孝女，其母被老虎所伤，她们为救母亲与虎搏斗，最后成功赶跑了老虎。事载南宋《新安志》和明朝弘治《徽州府志》。② 而原先在龙山上的龙山庙，建于洪武十三年（1380），其实是一座拜祭地方神明汪华和当地土地神的忠烈庙，嘉靖《徽州府志》记载歙县最出名的忠烈庙有6座，其中一座便在龙山。③ 文章作者鲍泰指出其父鲍宁原先的计划，是在龙山庙的基础上，兴建一座孝子庙，但最后计划失败。文章没有指出失败的原因，但应该与政府的宗教政策有关。鲍宗岩父子虽然一直受官府尊崇并赢得"慈孝"美名，却从没受册封为地方神明，亦没有登记入官方认可的祀典之内。

明初棠樾村大和社内的祭祀可以说包含了祭祖意味。现在大和社已毁，只留下社屋的4个柱脚（参看图4-5）。

---

① （明）鲍泰：《龙山庙记》，见《鲍氏三族宗谱》卷一百九十一，乾隆二十五年（1760）序，第16～17页。
② （宋）罗愿：《新安志》卷八，第17～18页；弘治《徽州府志》卷五，第39页。
③ 嘉靖《徽州府志》卷十，第6～7页。

图 4-5　棠樾大和社柱脚①

村内长者于 20 世纪 30 年代在社内拜祭地方神明汪华。② 这座大和社的历史可追溯至明初，一篇著于宣德六年(1431)的《大和社记》记载了大和社的历史：

> 鲍氏尝率里人建社于高塘充，地形散漫，风气疏泄，民居弗靖。洪武壬申，众谋移建棠川之村口。其地则慈孝之四世孙汝钦、五世孙必成两家之己业也，族众于是踵门告曰：子之先世，尝有功于民，子诚不忘先德，以己地为社神之居，俾里民征其余福可乎？汝钦必成咸诺之，于是缭之以垣墙，峨之以屋宇。风气完固，居民阜康，众悉宜之，且以其族之乡先生曰仲安、曰伯源、曰伯尚者，昔尝立社仓以济贫乏、保民于患难者，其功为多。又尝举乡饮酒礼，以存孝悌礼让，化率乡人，足以垂训，因祔祀焉。于是其族之人有字尚宾者，迁居北乡有年矣，观兹而有感焉，乃以其故乡遗田壹亩半，俾宗人均其税，而收其入禆祭祀之用。③

鲍氏在洪武壬申[洪武二十五年(1392)]迁往大和社棠樾村的村口位置，这里原先的业主是鲍氏族人鲍汝钦和鲍必成。大和社内以"乡先生"的名义祔祀

---

① 照片由笔者拍摄于歙县棠樾，2006 年 6 月。
② 田野笔记，访问鲍树民先生，2006 年 6 月。
③ (明)唐文凤：《大和社记》宣德六年(1431)，见(清)鲍光纯编：《鲍氏三族宗谱》卷一百九十一，第 11～13 页。

三位鲍氏族人：鲍元康、鲍深和鲍浚。① 在社内祭祀乡先生是依据儒家经典的，即"古之所谓乡先生殁而可祭于社"。此处的乡先生，可指有功于地方者，或辞官归乡者。但在大和社这里，祭祀乡先生等于祭祀鲍氏祖先，因为查考棠樾鲍氏的族谱，会发现鲍深与鲍浚是亲兄弟，鲍元康则为与他们没有直系关系的族叔，而捐地者鲍汝钦其实是鲍浚的儿子、鲍深的侄儿。换句话说，鲍汝钦捐地出来建大和社，并在社内祭祀父亲和叔父，大和社也拥有一亩半的祭田，祭田由鲍姓族人捐出，田税亦由族人分担，所以这座大和社已经为鲍氏所控制，虽然仍主祀土地神，但已有祭祀祖先的意味。但大和社的祭祖，仍不能与嘉靖之后"家庙式"祠堂的祖先祭祀相比，因为大和社的祭田登记在"宗人"名下，而不是祖先名下。

棠樾大和社除了在宣德年间重修过一次外，在以后的日子没有太大变化，没有进一步扩展为大型祭祖场所，祔祀的鲍氏祖先始终是鲍元康、鲍深和鲍浚三人，而祭田亦只得一亩半，祭祖人数没有增加，祭田面积没有扩大。但到嘉靖三十三年（1554），棠樾鲍氏便在大和社旁边建立第一座祠堂敦本堂，祭祀其八代前的祖先，村落的祭祀重心便转移往敦本堂处。②

大和社的祭祀是一种地缘祭祀，只有属于棠樾的鲍氏族人才会参与。棠樾鲍氏与其他地方鲍氏的联系则依靠族谱。根据棠樾的成化谱，棠樾鲍氏和岩镇鲍氏的祖先同是北宋的鲍荣，在南宋时鲍居美的兄弟鲍居仁迁居于一处名蜀源的地方，四代之后有族人迁往岩镇。该谱还记载了《各派收谱字号人名》，指出刊印了的 70 本族谱中，53 本由棠樾村人保管，其他的"居外乡谱号"，有 14 本属于蜀源，槐塘、呈坎和岩镇则各有 1 本。③

之前提及上海图书馆所藏的正统谱，其中一篇序记载："歙则附郭之大邑也，邑西二十有五里曰岩镇，编氓丛聚，风俗儒雅，族姓之繁，其间有鲍氏者，

---

① （清）鲍光纯编：《鲍氏三族宗谱》卷七，第 3~4 页；卷五十五。
② 关于棠樾鲍氏更多的资料，参考拙著《明清时期徽州宗族的发展和义田——以棠樾鲍氏为中心》，《历史人类学学刊》，第七卷，第一期（2009 年 4 月），第 43~91 页。
③ （明）鲍宁、鲍泰编：《鲍氏族谱》，成化元年（1465）序，成化十三年（1477）刊，鲍树民先生藏。

最为邑之著姓也,一日,耆民鲍从善持其宗谱袂告,请为序……"①由此可知,族谱是由岩镇鲍氏编修的。在这本族谱内,很多鲍氏祖先的名字由数目字组成。用数字命名,在宋元时期已普遍,是一般里巷细民的做法,②所以这本鲍氏族谱仍未经过士绅化。更重要的是,正统谱记载的"父子争死"的资料,却与棠樾鲍氏编修的成化谱有所出入。根据棠樾鲍氏编修的族谱,"父子争死"的主角是父亲鲍宗岩和儿子鲍寿孙;而在岩镇鲍氏族谱的祖先谱系中,鲍寿孙的父亲却是鲍庆云。根据棠樾鲍氏族谱,鲍庆云是鲍宗岩的弟弟。在这么重要的资料上,棠樾鲍氏和岩镇鲍氏的说法有所出入,由此可知,在正统四年(1439)编修正统谱时,各地的鲍氏仍未有通谱,没有统一的祖先资料。到成化元年(1465)棠樾鲍氏和岩镇鲍氏合修通谱之后,祖先的谱系才开始统一起来。

二、柳山方氏

位于歙县柳山的真应庙早在南宋时就已受官府赐额,庙内祭祀汉朝官员方储。元朝的方回和郑玉曾撰写文章,记载这位地方神明方储是徽州方姓的远祖,不过二人都没有提及方氏族人参与兴建或维修这所真应庙,③但编修于清朝乾隆十八年(1753)的《歙淳方氏柳山真应庙会宗统谱》(以下简称《方氏统谱》)却有不同的记载。《方氏统谱》是由居于徽州和浙江淳安县不同地方的方氏族人合编的统宗谱。统宗的核心便是柳山真应庙,所以《方氏统谱》内记载了大量资料,谈及明清时期方氏族人在真应庙的活动,可让我们了解明朝方氏的发展。

---

① (明)鲍从善:《鲍氏宗谱》,正统四年(1439)序,上海图书馆藏。
② 参看柯灵权:《古代徽州人取名字》,见《歙县文史资料》,歙县政协文史资料研究委员会,1985年,第203页;(清)俞樾:《春在堂随笔》,沈阳:辽宁教育出版社,2001年,第64页; Valerie Hansen, *Changing Gods in Medieval China*, 1127–1276, Princeton, N. J.: Princeton University Press, c1990. Footnote22, p. 100.
③ (元)方回:《歙县柳亭真应仙翁庙记》,《桐江集》卷二,第5~7页;(元)郑玉:《方氏族谱序》,《师山集·师山遗文》卷一,《文渊阁四库全书》,第6~8页。

《方氏统谱》称真应庙为"祖庙",其历史在北宋之前是"莫能悉纪"。北宋端拱元年(988),方氏族人方忠正"以原庙将圮,移建于柳亭山麓之左昌干";政和四年(1114),方仕燮将方干和其他32位受封侯伯以上的祖先"绘像于庙壁之左右";政和七年(1117)赐额真应;元世祖至元初,族人方兴重整庙貌;明洪武年间,庙内悬挂"支图"。① 撰于洪武四年(1371)的《真应庙宗支合同》,记载了方氏当时的户籍登记情况:

> 圣旨命韩国公李为严查天下百姓,军民匠户人等知悉:各姓供报,官给民由,始终本末,某处来历,某处为官,以分良贱事。韩府查得:"方姓之族……今验方姓支图,历朝所遗,迁居甚明,果是世家大族也。"韩府验过吾氏宗支图,并伟、储、干公等容像,赐印供报,官给民由可据。今为子姓繁衍,分派迁居散住,昭穆难以齿序,因而立有支图,流传后代。日后子孙照各迁居祖宗之名,相接流传,以为宗亲之验。立此支图,一样十纸,各执一纸,永远存照。②

这篇文章指出,替方氏验证祖先来历的人,便是鼎鼎大名的韩国公李善长。这点反而使文章观点值得商榷,但这并不表示我们不能利用这些资料做历史研究。③ 而《真应庙宗支合同》所反映的,不单是明初中央王朝在徽州推广里甲户籍制度的情形,还包括登记入里甲的资格。

"民由"即"民由户帖"的简称,是登记入里甲户籍的证明。方氏能够成功取得"民由",先决条件是方氏能够提供祖先谱系和官历,以此证明"某处来历"。本章的重点是要指出,当时人认同祖先谱系与户籍登记的关系,而且两者都是"以分良贱",即成为王朝子民的重要条件。

---

① (清)方善祖编:《歙淳方氏柳山真应庙会宗统谱》卷十八,乾隆十八年(1753),第29页。藏于犹他家谱学会。
② (清)方善祖编:《歙淳方氏柳山真应庙会宗统谱》卷十八,乾隆十八年(1753),第29页。
③ 刘志伟的研究最能解释族谱内述说祖先的内容如何反映出当时的地方历史。参考刘志伟:《历史叙述与社会事实——珠江三角洲族谱的历史解读》,《在国家与社会之间:明清广东里甲赋役制度研究》,北京:中国人民大学出版社,2010年,第233~255页。

根据引文,李善长查验过方姓祖先方伟、方储和方干的容像和方氏"支图",方伟和方储是汉朝官员,方储还是真应庙内受祀的主神,方干则是唐朝诗人。"支图"不是将这几位远祖联系至明朝族人的谱系,因为他们的世系已是"昭穆难以齿序",所以只能将各地方氏的谱系,以合同方式并起来,称之为"支图"。"支图"一式十份,分给十"派",在合同之后列出这十派方氏的名称和居住地。郑振满指出,宗族可以通过合同方式建立起来。① 《真应庙宗支合同》的内容反映了十派方氏以合同方式联合起来了。

根据《方氏统谱》,在16世纪之前,参与柳山真应庙活动的只有方氏苏磻派。② 根据朴元熇的研究,苏磻派方氏居于徽州苏村和磻溪,与柳山真应庙地缘最近。③ 但自16世纪开始,各地方氏开始参与柳山真应庙的活动。一份著于正德八年(1513)的《方氏族谱请户部钤印部牒》提到,在弘治年间方氏为了柳亭方储庙的拥有权与僧侣打官司:

> 弘治间,被叛僧福清等杂以他神,混处庙中,将产盗卖,图泯改寺,庙业几覆。族众方达、方原等鸣公具奏,蒙恩命抚按断勘,庙业复旧。远宜等诚恐将来支庶散处,虑庙食沦亡,将愈久而愈失其传也。为此,告投通状,前赴本部,请给部印,钤盖谱牒……准此,移文所属有司查验,勘方氏族众,与告词相同,合给全印,共计壹百伍拾叁颗,钤盖谱牒壹册,付远宜等收执,遗传来世,永守弗替。④

这份《方氏族谱请户部钤印部牒》由"磻溪里举监儒生方远宜、方纪达、方明育、方元滢"呈上地方政府。在整个事件中有两批方氏族人参与。一批是在弘治十五年(1502)、十八年(1505)的官司中出钱出力者,例如方达(即方彦

---

① 郑振满:《明清福建家族组织与社会变迁》,长沙:湖南教育出版社,1992年。
② 明朝洪武年间称之为"苏磻派",到万历年间则分为苏村派和磻溪派。
③ 朴元熇:《明清徽州宗族史研究:歙县方氏的个案研究》,北京:中国社会科学出版社,2009年,第43~44,211页。
④ (清)方善祖编:《歙淳方氏柳山真应庙会宗统谱》卷十八,乾隆十八年(1753),第41~42页。

达)和方原,方达还一度被官府拘禁,而千余缗官司费用由方墋一人支出。如参考族谱,方达、方原和方墋都属于苏磻派,族谱没有记载他们取得任何功名。另一批则是没有参与官司而在官司结束后请示过官府者,如方远宜等人。他们希望官府在方氏族谱上盖印,承认他们所宣称的方氏历史和真应庙的拥有权。他们名义上是以"磻溪里举监儒生"的身份与官府打交道,但根据族谱,他们不属于苏磻派。官府答应在方氏族谱一册上,盖上153颗印,而这册盖满官印的族谱,由方远宜等人而不是苏磻派族人保管。这个安排显示出各派族人各取所需,苏磻派寻找到有力的方姓盟友。

尽管在弘治年间方氏已为柳山真应庙打官司,争取庙宇的拥有权,但各地方氏在真应庙内共同祭祀,则到明朝万历年间才开始。在《歙淳方氏柳山真应庙会宗统谱》内,有一段清朝乾隆年间方氏族谱编修者写下的按语,解释他们对所谓"十派"的理解,当中涉及庙宇内的共同祭祀:

> 吾方氏自昔称十大派,按洪武四年宗支合同,则派非一族。至万历三十六年,立议轮司庙事,以干阁定次第……是族各一派矣。①

所谓"十派"的村落,随着时代不同而有所改变,前述明朝洪武年间所著的《真应庙宗支合同》中列出的"十派"名单,与明朝万历年间"十派"的名单是不相同的。清朝方氏族谱编修者解释,洪武"合同"内的"一派"并不等于"一族",到万历三十六年(1608),各地方氏轮流负责"庙事"后才算"族"。十派共同祭祀的"庙事"正是柳山真应庙。

真应庙除了具体表现出方氏共同祭祀的礼仪外,亦替方氏控产。根据之前提及的著于正德八年(1513)的《方氏族谱请户部钤印部牒》,"我明启运开天,真应祠产民由给方兴户,输纳国课"。方储庙的祠产在明初时登记入"方兴户","方兴户"是以祖先命名的户口。根据方氏族谱,方兴是元世祖时期的

---

① 佚者:《柳山十大派考》,(清)方善祖编:《歙淳方氏柳山真应庙会宗统谱》卷十八,乾隆十八年(1753),第43页。

祖先,他"重新庙貌,清复祀产"。① 到永乐年间,登记庙产的方法不再是以祖先登记,而改变为直接用庙宇来登记:

> 永乐间,族之贤士大夫增置祠产。五十世孙广西佥事如森惧分办税赋之未善,因尽更真应庙名,改签鳞册,计庙基地贰亩玖分叁厘捌毫,祀田柒拾伍亩零,并将丈量字号税亩铸载庙钟,以示稽考。②

在永乐年间,有方姓族人增加祠产。而任广西佥事的方如森,为了"分办赋税",将两亩的庙基和75亩的祭田不再登记在某祖先名下,而是直接登记在"真应庙"名下,并将祀田信息刻在庙钟上。到万历年间,因为多了其他派别的参与,所以由苏村和磻溪两派(即族谱所指的苏磻派)负责主祀真应庙,其余八派,每年一派协祭,但收取庙田租息,则十派每年轮流收取。无论是登记在"方兴户"还是"真应庙"名下,这种登记方法都不是以真人来登记,有别于官府里甲登记的原意。

方氏族谱表明真应庙是方氏的"祖庙",由方氏拥有,但事实上自明朝至清朝真应庙一直产权不清,官司不断。族谱记载了明朝弘治、万历和清朝康熙年间,都有围绕真应庙的官司,原因是真应庙为一所神庙,不是祠堂,庙内祭祀仪式是一套神明祭祀,而不是家族的祖先祭祀。《歙淳方氏柳山真应庙会宗统谱》记载了该庙在清朝乾隆时期的祭祀情况,"今其乡仙翁已为各姓香火,与陈、方、余、柳等神杂然并列"。③ 在真应庙内并不单单祭祀方储,也祭祀其他"杂姓"神明和祖先。这点与朴元熇在1996年的田野考察结果吻合:真应庙附近居住的吴姓不承认"真应庙"这一称呼,而称之为"和尚庙"。④ 所以就算在方氏眼中,真应庙是属于他们的"祖庙",但其他乡人不一定承认这

---

① "方兴户"也可能是一个虚构户,根据《歙淳方氏柳山真应庙会宗统谱》的谱系,与真应庙地缘最近的苏磻派中,有方兴此人,但无他的传记,只记录他迁居江宁。他的祖父方克明卒于洪武癸丑年(1373),所以他应是洪武年间人。参考(清)方善祖编:《歙淳方氏柳山真应庙会宗统谱》卷十一,乾隆十八年(1753),第19页。
② (清)方善祖编:《歙淳方氏柳山真应庙会宗统谱》卷十一,乾隆十八年(1753),第19页。
③ (清)方善祖编:《歙淳方氏柳山真应庙会宗统谱》卷十七,乾隆十八年(1753),第63页。
④ 朴元熇:《明清徽州宗族史研究——歙县方氏的个案研究》,第63页。

所庙宇由方氏拥有。

对于明初时期的鲍氏和方氏,祖先故事非常重要,因为他们是通过悠长的祖先谱系或显赫的祖先传说,成功登记入里甲户籍,成为明朝子民的。对于那些没有登记入户籍的人来说,祖先同样重要,因为他们只要能通过通谱与那些已登记入户籍的人建立共同祖先的谱系,他们的社会身份和地位就同样会得到政府承认。另外,仍没有证据显示出,明初的鲍氏和方氏已有祭祀祖先的大型活动。

第三节 神明祭祀与"庙户"——程灵洗与世忠庙户

社是指土地神,而立社祭神则涉及土地拥有权和政权管治。① 徽州的社祭除了具有一般祭祀土地神的意义之外,还有其独特的模式。郑力民指出,徽州的社被称为"社屋"或"社庙",外形类似于民居,除了祭祀土地神外,有时亦会祭祀祖先,所以在明初徽州仍未出现大量祠堂之时,家族祭祀祖先的场地是社屋或社庙。常建华指出篁墩的忠壮庙祭祀是"社庙为主,祭祖为辅"。章毅则指出这所忠壮庙在宋朝是社坛,至南宋时得到朝廷赐封庙额而成为神

---

① 科大卫指出,在香港乡村的打醮仪式中,参与的乡村会将各自的土地神请进打醮的神棚接受拜祭,代表了打醮仪式所覆盖的范围。汪明辉研究的台湾邹人中有一种土地神观念,认为每一处地名代表一场所,可以是一块耕地或猎场,皆有一土地神镇守。场所所有者通过对该场所之土地神的祈福,促进场所生产丰盛;通过驱逐场所之侵入者,确保土地之所有。劳格文指出,商朝军队出征时,会从都城社坛取出部分土壤随军出征,占领一地时,便用该土壤在新占土地上建一座社坛,代表占领完成。郑振满认为,明代的里社制度是试图建立统一的祭祀仪式,把民间的宗教活动纳入官方法定的祭祀制度之中。参考 David Faure, *The Structure of Chinese Rural Society*, (Hong Kong: Oxford University Press, 1986);汪明辉:《Hupa:阿里山邹族传统的领域》,《师大地理研究报告》,第 18 期,1992 年 3 月,第 1~52 页;John Lagerwey, *China: a religious state*, (Hong Kong: Hong Kong University Press, 2010);郑振满:《莆田平原的宗族与宗教——福建兴化府历代碑铭解析》,《历史人类学学刊》,第 4 卷,第 1 期(2006 年 4 月),第 1~28 页。

庙,最后演变成明中叶程氏宗族统宗的核心。① 以上的说法都尝试证明,徽州的社庙同时具有一层祭祖色彩。但问题是,既然忠壮庙在明初已有祭祖活动,为何其重要性会被日后的祠堂祭祖所取代?忠壮庙的祭祖活动在本质上与祠堂祭祖是否有区别?本节同样以篁墩忠壮庙的变化为例,探讨徽州社庙内的祭祖活动,以及明朝的祭祀政令带来的变化。

笔者在前文已探讨过宋朝篁墩忠壮庙的历史,特别强调当时的忠壮庙与程氏族人的关系不大,但到了元朝,情况出现变化。著于泰定四年(1327)的《元禁约榜文》,追述南宋程珌等人捐65亩田入庙,而这批田地到元朝延祐二年(1315)时才登记入"程世忠户",田地分别位于歙县二十五都和休宁县十六都。在当时有"二十五都九保民程思敏"与医官"范提领"打官司争夺田产与世忠庙。"范提领"资料不详,榜文形容他"插身入庙掌管,收苗二十余年"。官司的结果是,官府承认程思敏等人是程灵洗后裔,可以掌管"程世忠户"田土,庙内祭祀仪式则交由报德观一位程姓道士掌管。② 由此可知,元朝时期的世忠庙通过"程世忠户"登记田产,声称与神明具有血缘关系的说法,让程姓者在官司上拥有"程世忠户"产权。

朱元璋在1358年占领徽州(当时他尚未建立洪武帝号),为了巩固他在徽州的管治,他特别提升两位徽州地方神明的地位:一个是汪华,另一个是程灵洗。弘治《徽州府志》记载:

> 国朝初颁给榜文云,皇帝圣旨江南等处行中书省,照得徽州土主汪王,福佑一方,载诸祀典,本省大军克复城池,神兵助顺,累著威灵,厥功显赫,理宜崇敬。除已恭迎神主于天兴翼祠祀外,据祖庙殿庭,省府合行出榜,晓谕禁约诸色头目官军人等,毋得于内安歇,损

---

① 郑力民:《徽州社屋的诸侧面——以歙南孝女会田野个案为例》,《江淮论坛》1995年第4期,第67~75页;常建华:《明代宗族研究》,上海:上海人民出版社,2005,第45~46页;章毅:《宋明时代徽州的程灵洗崇拜》,《安徽史学》2009年第4期,第109~115页。

② 佚者:《元禁约榜文》,见《忠壮公墓辟伪录》卷一,雍正九年(1731),第29~32页。

坏屋宇,砍伐树木。①

韩林儿龙凤政权下的江南行中书省,由朱元璋建于至正十六年(1356),废于洪武元年(1368),②所以这段引文追述的是朱元璋在龙凤四年(1358)攻占徽州时所推行的政策。当时朱元璋承认的"土主汪王"就是汪华,朱元璋占据徽州,得到地方神明汪华的帮助和承认。因为朱元璋当时尚未称帝,不能册封神明,所以严禁军队骚扰庙宇,以示尊崇。另外,朱元璋同时也尊崇程灵洗:

> 洪武四年,太祖高皇帝大正祀典,凡昏淫之祠,一切报罢。徽之所存,惟越公及陈将军程忠壮公二庙。③

弘治《徽州府志》记载,洪武四年(1371)官府整肃祀典,打击地方淫祠,只存下程灵洗和汪华两位神明的庙宇。但事实上这个政策并没有切实执行,因为弘治《徽州府志》还大量记载了明朝的其他神庙。可见,在众多神明中,中央政府特别尊崇汪华和程灵洗。明初地方官员定时往篁墩世忠庙祭祀,"世忠庙在府西南三十里篁墩,祀陈将军程忠壮公灵洗……国朝洪武初庙著于令,有司春秋致祭"。④ 篁墩世忠庙就这样安然度过了朝代交替。

明朝成化年间,程氏和方氏开始为这所世忠庙庙产打官司,官司涉及当时的庙户田产和庙户的户籍登记。撰写于成化十八年(1482)的《世忠庙户产帖文》记载程氏控告方氏盗卖庙田:

> 本县十九都七等图民程廷章等连名状告,前事行据该县申解各犯方名得等到府牒,准推官陈将问过招罪缘由,照行事理,连人卷牒送前来,图审无异。拟合依拟发落通行,为此。除外帖仰本县当该官、吏照依帖文内事理,即将发去,后开问完的决,免科供明,方名得等各宁家其。方名得招称,将父方福华户籍开除,及方文旺照前析

---

① 弘治《徽州府志》,卷五,第34~35页。
② 张廷玉等撰:《明史》卷四十《志十六·地理》,第910页。
③ 弘治《徽州府志》卷五,第34~35页。
④ 弘治《徽州府志》卷五,第35~36页。

户事例,析入方名得户内。判令方名得照依曾祖方子高故事,作庙神祝,收供焚修。经业世忠庙田土,解纳有余,及焚修余剩香钱,公同乡人买补田地,补还庙业,再不许一应人等,冒入庙籍。行令开除析籍,给帖付照,毋得违错。①

当时世忠庙的田产已登记入"世忠庙户"内。明初的"庙户"是一种户籍登记,弘治《徽州府志》便记载了关于"庙户"的资料:

> 弘治十四年,知府彭泽立休宁民郑向为庙户,新安卫致仕千户于明捐歙县田二亩……原田共一十三亩……入祠以备秋祭修理与守人食用及香灯之费。②

由此可知,登记入"庙户"者,负责庙宇的打理和祭祀,"庙户"内的产业则用于"香灯之费"和供应"庙户"登记者"食用之费"。

此情形同样出现于世忠庙。根据《世忠庙户产帖文》,"世忠庙户"的登记者是方氏。方名得的供词指出,他将父亲方福华的户籍在"世忠庙户"内除掉,另外将方文旺依据"前析户事例"登记入"方名得户"内。帖文没有提及何谓"事例",但很明显,方文旺析入"方名得户"正是程廷章等人告官的事由。官府的判决结果不是取消方氏"世忠庙户"的登记,也不是取消方名得在"世忠庙户"的户籍,而是不许其他方姓者登入庙籍,方名得本人仍负责世忠庙的祭祀和庙产经营。最重要的一点是,官府承认了方氏的"世忠庙户"户籍。

到了成化十九年(1483),程、方两姓共同立下《世忠庙田地盟书》,当中清楚界定了方氏在世忠庙内的职责:

> 直隶徽州府歙县二十五都世忠庙神祝方文旺等,今因程廷章等告争本庙田地……本乡及庙及休宁寄庄田地,俱系供奉香火,不系自己产业。审得:叔名得、弟文进、侄富营等,俱各分户在前,与庙无

---

① 佚者:《世忠庙户产帖文》,见(明)程弘宾编:《歙西岩镇百忍程氏本宗信谱》卷九,万历十七年(1589)序。

② 参考弘治《徽州府志》卷五,第36页。府志只记录两座庙的庙户,但实际应该不止两座。

干。程廷章等虽系忠壮公子孙,但其所居与庙相远,管业不便,情愿令文旺一支照旧在庙崇奉香火见存,田地租息及各处香钱等项,每年积聚在庙,遇有损坏,即便修理,并不敢将寸土尺地盗卖与人,亦不许各房叔伯兄弟人等侵夺庙利……着令程□□□自招僧道承管,各无异词,今恐无凭,立此文书照。

计开本乡田地山塘一十四亩五分二厘。

……(田地名称和面积略)

成化十九年四月二十二日立盟人　　方文旺　方名得

　　　　　　　　　　　　　　　　　方富荣　方敏进

　　　　　　　　　　　　　　　　　程廷章　程音远

　　　　　　　　　　　　　　　　　程金孙

　　　　　　　　　　　　　　　　　　　为书人方文信

　　　　　　　　　　　　　　　　　　　见人毕社高

　　　　　　　　　　　　　　　　　　　　　王福①

根据盟书协定,程氏承认方文旺及其后人属于"世忠庙户",能够掌控庙宇、庙田租息和香火钱,反对方文旺的叔伯兄弟等已分户的家人冒入"世忠庙户"内、盗卖"庙户"内的产业。盟书的重点是限制"世忠庙户"内方姓登记者的人数和防止他们卖出庙田。

徽州名宦程敏政(1445—1499)认为,早在宋朝时,程姓祖先便捐赠田地作世忠庙的庙产,所以世忠庙的庙产应该由程氏族人控制。程敏政所撰写的《休宁汉口世忠行祠记》提到,"中丞十四世孙端明殿学士赠少师珌,宋嘉定中倡休歙族人,捐田入篁墩庙,每岁合一乡六社之人,迎神至汉口祀"。② 程敏政认为,早在宋朝嘉定年间,程珌已捐田入庙。但奇怪的是,之前提及的程珌

---

① 佚者:《世忠庙田地盟书》,见(明)程弘宾编:《歙西岩镇百忍程氏本宗信谱》,万历十七年(1589)序,卷九。

② (明)程敏政:《休宁汉口世忠行祠记》,《新安文献志》,《文渊阁四库全书》,卷十四,第10a~12a页。

所撰的《世忠庙碑记》全然不提此事。程敏政的根据是一篇署名为程森、著于端平二年(1235)的《立忠壮公庙回县司状》。该文称忠壮公是程灵洗的神明封号，所以忠壮公庙即世忠庙。该文提到嘉定年间，程玜联同程卓、程覃、程旗、程璋、程瑜等人"买墓旁地创立庙宇"。程敏政在《书程森回县状后》中指出，这篇宋朝所写的《立忠壮公庙回县司状》，以往只藏于"绩溪仁里宏祖房"旧谱中，到他编修统宗世谱时才"得之"。巧合的是，程敏政声称程瑜是自己的十一世祖，而其他捐田者如程卓、程覃、程旗、程璋等人，则是休宁汉口、会里、陪郭程氏的祖先，这几派程氏都是程敏政编修统宗谱时的重要成员。①所以，捐田入庙之说其实是程敏政统宗计划的重要一环，以此证明各地程氏与忠壮庙的关系和各地程氏祖先之间的合作。

明朝程氏如何宣称他们对世忠庙的拥有权呢？程敏政声称世忠庙的庙产由程氏祖先所捐赠，庙产理应由程氏管理，但如今庙产由登记在"世忠庙户"名下的方氏所掌控，所以他非常不满，并两次致书徽州知府王问，游说"忠壮公庙田，当正其户"。第一次致书《与太守王公论世忠庙产书》，著作年份不明，大约为弘治十年(1497)：

> 忠壮公祠在篁墩，当宋之季，得裔孙休宁汉口端明公玜、会里枢密公卓、太卿公覃、歙槐塘知录公旗及仆先祖陪郭掌书公璋、将仕公瑜六人买地建庙……具有宋端平二年申状……可证……今方氏自洪武初始为庙祝……旧立世忠庙户，今若使巫祝妻孥入其户内而不为之屏除，则与世之馁鬼无嗣者何异……忠壮庙户不正其籍，则后日私鬻孰能阻？私鬻莫阻，则其势不至于尽绝不已，盖人既入于庙中，则事产即其己物。②

---

① (明)程森：《立忠壮公庙回县司状》，见(明)程弘宾编：《歙西岩镇百忍程氏本宗信谱》卷九，万历十七年(1589)序；(明)程敏政：《书程森回县状后》，见(明)程弘宾编：《歙西岩镇百忍程氏本宗信谱》卷九，万历十七年(1589)序。关于明朝程敏政编修统宗谱，参考章毅：《理学、士绅和宗族：宋明时期徽州的文化与社会》，香港：香港中文大学出版社，2013年。

② (明)程敏政：《与太守王公论世忠庙产书》，见(明)程弘宾编：《歙西岩镇百忍程氏本宗信谱》卷九，万历十七年(1589)序。

书信再一次重申,程氏祖先在宋朝时已捐田入忠壮庙,证据便是著于端平二年(1235)的《立忠壮公庙回县司状》。程敏政认为,方氏在过往并未参与忠壮庙的活动或有所贡献,只不过自明洪武年间开始担任庙祝。程敏政刻意不提方氏登记入"世忠庙户"等事,只强调必须"屏除"方氏家属等人入"世忠庙户",如不整肃户籍,必不能阻止盗卖,因为"盖人既入于庙中,则事产即其己物",即方氏登记入"世忠庙户",庙内事产便是其"己物"。

弘治十年(1497)程敏政第二次致书《与太守王公论重修世忠庙事宜书》:

> 稽之洪武经理庙基二亩有余,休歙两县祭田,将八十亩以世忠庙为户……洪武初置庙祝一人,曰方子高,其后年远,长子育孙,起盖私屋,侵损庙宇,盗卖祭田,冒窃神姓,无所不至。①

世忠庙基和庙田共约80亩,在洪武年间已登记入"世忠庙户"内,当年的庙祝便是方名得的曾祖父方子高,而成化年间担任庙祝的是方名得的侄儿方文旺。换句话说,方氏担任"庙户"和庙祝,已有五代人。程敏政认为,庙宇属于程氏,方氏只是程氏招来担任庙祝一职,后来方氏人丁繁衍,他们"侵损庙宇"和"盗卖祭田"。这个说法当然是程氏的一面之词。在当时的里甲户籍制度下,方氏才是"庙户"的拥有者,他们要承担力役,要派一名家庭成员担当庙祝。"庙户"内的田产,除了用于维修庙宇和祭祀的开支外,还要用于供养"庙户"成员。所以,程氏才会坚称只有方文旺是"庙户",并要求方文旺的叔伯兄弟分户,目的是要拆开方氏户籍,不让"庙户"内有过多的方氏成员,瓜分了庙产的开支。

从以上资料,我们大概可以知道世忠庙、"世忠庙户"方氏和声称是程灵洗后裔的程氏三者之间的关系。世忠庙内祭祀地方神明程灵洗,程氏早已声称程灵洗是其祖先,程氏祖先在宋朝时捐田入世忠庙祭祀,但因为明朝世忠庙庙基和庙产的户籍登记在"世忠庙户"名下,而"世忠庙户"的登记人并非程

---

① (明)程敏政:《与太守王公论重修世忠庙事宜书》,见(明)程弘宾编:《歙西岩镇百忍程氏本宗信谱》卷九,万历十七年(1589)序。

氏，而是与程灵洗没有血缘关系的方氏，所以不论程氏捐多少田地入庙作祭祖之用，这些田地都会归方氏控制。

程氏希望将"庙户"转给程氏的愿望，到嘉靖年间才实现。嘉靖十三年(1534)的《世忠庙田府帖》指出，嘉靖三年(1524)大水冲毁了忠壮公墓，继而再引起一连串方、程两氏的纠纷和官司，最后结果如下：

> ……其世忠庙户田产，原因庙祝方育等废卖，致程荃等评告，已经断明，判令方育等归入方姓户籍，本庙仍有实在祀产田地坟茔，共三十二亩七分七厘有零，俱听程忠壮公子孙，另召歙县玄妙观道士胡元弼住持，收取前产租利，以备焚修祭扫、修葺庙宇坟茔、输纳粮差等项。①

到此时，方氏才脱离"世忠庙户"编入"方姓户籍"，而"世忠庙户"三十多亩田产则由程氏拥有，另外，世忠庙和庙产管理则交由道士胡元弼负责。但这位道士的角色，与之前的方氏已不同，因为该文也提到，如果道士"踵袭前弊，盗卖本庙田产"，后果是"俱听程氏子孙具实陈告究治，另行召人侍奉"。所以，庙产的最高负责人便是程氏，而庙产成了基金，因为规定连"程氏子孙亦不许侵占"。②

虽然嘉靖年间程氏控制了世忠庙及其庙产，但这所世忠庙仍不是科大卫所指的"家庙式"祠堂。"家庙式"祠堂是一种具有特殊形制的祭祖建筑物，根据《明集礼》的家庙图，其外形是地台高出地面，屋脊翘角，四柱三间，中间为寝室。科大卫认为，在明朝中期以前的珠江三角洲，这类建筑并不常见，但自明朝嘉靖年间开始，百姓庶民模仿品官祭祖的礼仪，大量兴建"家庙式"祠堂，

---

① 《世忠庙田府帖》，见(明)程弘宾编：《歙西岩镇百忍程氏本宗信谱》卷九，万历十七年(1589)序。
② 《世忠庙田府帖》，见(明)程弘宾编：《歙西岩镇百忍程氏本宗信谱》卷九，万历十七年(1589)序。

导致宗族社会的形成。① 反观世忠庙的外形,"前后二殿,各四楹,两庑门",很明显不似《明集礼》中的家庙。另外,世忠庙内的格局是:"忠壮公像居中,正宫董氏夫人像居后,都督忠护侯文季像居左。从神二,左曰孙璟,右曰赵铭……"② 庙内有五尊神像,正祀的是忠壮公程灵洗,之后为他的正室董氏,左方有他的儿子程文季,偏殿还有从神孙璟和赵铭。从以上种种描述得知,世忠庙并不具有家族祠堂的外观和格局。

嘉靖十五年(1536),世忠庙再次出现重要的变化。根据嘉靖十六年(1537)所著的《礼部札付》,方氏在上次官司败诉后,"纠地恶汪昱、方汉、方松、方齐、方切、方黑等,于嘉靖十五年六月初二日夜,放火故烧祠宇,以快私忿"。③ 世忠庙在嘉靖十五年被火烧毁的案件最终闹至京师,由礼部裁决。裁决结果除了惩治方氏外,还命令徽州府衙门同程氏合作,再建新庙:

> 本府督同本枝重造,照旧致祭……伊祖程灵洗原系忠烈,得祀载在祀典,其庙内自不应添设邪像,亦不应只属民间私自管理……即将烧毁原建庙址,有司从宜盖造,不许仍设邪像,每岁另佥相应人户一丁看守,其程氏本枝子孙,仍许另择善地,亦盖伊祖程灵洗庙宇,以备祭享。④

这所新庙由官府协助重建,建成后亦由官府掌管,不再由程氏掌控,程氏子孙要另择地点重建"程灵洗庙宇"。自此以后,祭祀程灵洗的仪式分为祭祖仪式和祭神仪式。《世忠庙灾六邑子姓设主致祭文》记载:

> 嘉靖十五年丙申夏六月念七日,邑裔孙程某等谨以牲醴之奠,

---

① 科大卫:《祠堂与家庙——从宋末到明中叶宗族礼仪的演变》,《历史人类学学刊》,第1卷,第2期,2003年10月,第1~20页;科大卫著,卜永坚译:《皇帝与祖宗——华南的国家和宗族》,第118~126页。
② 《忠壮公宅墓庙坛基址》,见(明)程弘宾编:《歙西岩镇百忍程氏本宗信谱》卷九,万历十七年(1589)序。
③ 《礼部札付》,见(明)程弘宾编:《歙西岩镇百忍程氏本宗信谱》卷九,万历十七年(1589)序。
④ 《礼部札付》,见(明)程弘宾编:《歙西岩镇百忍程氏本宗信谱》卷九。

> 致祭于"显祖考镇西将军忠壮公之神""祖妣惠懿董氏夫人之神""祖考都督忠护侯之神"……中宫灾变之忽作,痛心刻骨……故鼎新祠宇,想轮奂之如故……①

程氏在嘉靖十五年(1536)六月七日举行祭祀,祭祀日期是在火灾后五日,而在祭祀中,对象已不是塑像,而是神主。神主有三:程灵洗,其夫人董氏,其子都督忠护侯程文季。而祭文内容提到世忠庙火灾后,程氏另建一座新的"祠宇"。无论是《礼部札付》中新建的"程灵洗庙宇",还是《世忠庙灾六邑子姓设主致祭文》中的"新祠宇",都表示程氏另外建一座新建筑来祭祀程灵洗,而这座新建筑已不是神庙,而是一座"家庙式"祠堂,证据见于一篇约著于嘉靖三十八年(1559)的《墓祠感》②:

> 方遂毁庙以逐道士,于是当道遂以其庙名诸官,而令程氏另立家祠。夫官庙乡人祈福者也,家祠后裔报本者也。始焉,乡人祈福于墓下,后裔感之而作,致报本之意于今所,遂致祈福者,并归于报本之所;而报本之所,渐为祈福者所专。盖初之失辨,方以公祀为荣,以乡人之祈赛为盛,不虞其后之见溷也,未立之防。既而报本者居远而渐弛,祈福者居近而常□,势固有此尔。③

引文显示当时人已明白祭祖仪式和祭神仪式的区别。此文用"家祠"指称该座由程氏另立的祭祀建筑,以区别于由官府重建和管理的世忠庙。作者强调"官庙"和"家祠"的区别:"官庙"是乡人祭神的地方,而"家祠"是同姓族人祭祖的地方。作者认为,世忠庙的问题就是混淆了祭神和祭祖的场所。值得注

---

① 《世忠庙灾六邑子姓设主致祭文》,见(明)程弘宾编:《歙西岩镇百忍程氏本宗信谱》卷九。
② 此文作者是程霆,没署著作日期,但可推断著于嘉靖三十八年(1559)前后,因该年程氏内部为了忠壮公的墓地打官司,作者曾为此事著文,参考(清)程霆:《议复忠壮公真墓檄》,见《忠壮公墓辟伪录》卷一,雍正九年(1731),第47~51页;《徽州府胡二尊案下正派告词》,见《忠壮公墓辟伪录》卷二,雍正九年(1731),第1~2页。
③ (清)程霆:《墓祠感》,见《忠壮公墓辟伪录》卷一,雍正九年(1731),第40~41页。

意的是,自"大礼议"事件发生和嘉靖十五年(1536)夏言上奏让庶民可以祭祀始祖后,"家庙式"祠堂便在地方社会流行起来。① 当时人已分辨出"官庙"和"家祠"的概念。所以程霆暗示这座由程氏重建的"家祠",不是以前那种"官庙",而是一座"家庙式"祠堂,以神主来祭祀程灵洗及其他程姓祖先。一篇编修于雍正九年(1731)的岩镇程氏族谱记载,"本派子孙奉公及寿五公主入篁墩家庙春秋享祭"。寿五公是岩镇程氏的迁始祖,而这座篁墩家庙便是明嘉靖年间另建的"家祠",岩镇程氏当时奉迁始祖木主入"家祠"。②

另建家祠的影响是程氏失去了世忠庙庙产的控制权。《墓祠感》的作者同时提到,"惟是原所入田,实出程氏,已阅四百年……程氏不得业其庙,则庙户之田、之地、之山,不犹委之通衢矣"。③ 这可说是一句画龙点睛的结论,作者认为,程氏不得管理世忠庙便等同失去了那些庙产。当时他们已明白,"祭神"的"庙"与"祭祖"的"祠"必须区分开,就是因为关乎田产的控制权。

由宋至明,世忠庙起先只是一所社坛,继而成为社庙,之后受官府赐封庙额,正式成为世忠庙。程敏政修纂统宗谱,联系徽州各地的程氏宗族后,世忠庙便象征着整个统宗的核心。虽然程氏宣称神明程灵洗是他们的祖先,并且有谱系支持他们的说法,但如果没有一套祭祀祖先的仪式,他们仍不能控产。由此可见,在神明和祖先形象重叠的徽州,祭祖仪式能够有效地区分祭祖和祭神。

尽管明初徽州人已开始懂得编修追溯远祖的谱系,并声称地方神明是他们的远祖,但他们在社庙和庙宇内祭祀这些神明祖先时,基本上沿袭的是一套神明祭祀传统,没有家族祭祀的意味。没有资料指出,明初时期的徽州村落,已普遍出现大型的家族祭祖仪式。

---

① 科大卫:《祠堂与家庙——从宋末到明中叶宗族礼仪的演变》,《历史人类学学刊》,第1卷,第2期(2003.10),第1~20页;常建华:《明代宗族研究》,上海:上海人民出版社,2005年,第12~22页。
② (清)程廷谔编:《岩镇程氏家谱》卷五,清乾隆十年(1745),第38页;卷六,第1页。该谱藏于美国犹他家谱学会。
③ (清)程霆:《墓祠感》,见《忠壮公墓辟伪录》卷一,雍正九年(1731),第40~41页。

第五章　明中叶祭祀礼仪的变化

在本书第一章提及的万历四十年(1612)一宗产业官司中,歙县知县刘伸判定,吕应松等吕氏族人无吕侍郎祠及其附近林地的拥有权。吕氏不服,坚持上诉至徽州府和都察院,理由是吕侍郎祠的营建和祭祀一直有吕氏族人的参与。

这个故事记载在吕氏编修的《新安大阜吕氏宗谱》内。该族谱内有一篇著于民国二十四年(1935)、署名吕龙光的序言,声称该谱是重刊本,卷一至卷五重刊了著于明朝的《新安吕氏宗谱》,卷六重刊了著于明朝的《吕氏负冤历朝实录》。卷五最后附有编修宗谱者的名单,全是明朝万历年间的人。名单中有吕氏族人吕仕道,他写了一篇《族谱总论》,放在名单之后,当中有"春野子编辑宗谱,三载始成",最后署"时万历五年岁在丁丑三月朔旦裔孙春野仕道谨识"。由此可知,这位别号春野子的吕仕道在万历五年(1577)完成了《新安吕氏宗谱》的编辑工作。

卷六的《吕氏负冤历朝实录》记录了万历三十九年至四十一年(1611—1613)关于吕氏祠堂吕宗伯祠的官司资料,当中包括吕氏族人的讼词和地方官的批示文件。整本《新安大阜吕氏宗谱》都没有记录关于清朝和民国的资料,所以,这本刊于民国时期的《新安大阜吕氏宗谱》,很可能是直接重刊自明朝的《新安吕氏宗谱》和《吕氏负冤历朝实录》。① 知县刘伸的判词收录在《吕氏负冤历朝实录》中。

这个故事亦指出当时人开始形成新的祭祖观念,突破了以往神祖不分的旧观念。明中叶徽州人是如何建构他们的宗族的呢?

第一节 赋役改革与宗族归并

有研究指出,白银流通和地方政府赋役改革改变了地方社会的发展。② 如果比较两本分别编于弘治和嘉靖年间的《徽州府志》,会发现徽州同样经历过这次赋役改革,而且早在嘉靖年间,徽州府就已将力役折银,并将户籍由人口登记变为纳税的户口。徽州的赋役改革没有取消里甲制度,而是将里甲制度改头换面,使"血缘"成为编排里甲的重要依据。这点对日后宗族发展有巨大影响。

白银在徽州流通始于正统年间,至弘治时期已非常普遍,这与官府政策有关。明初政府发行宝钞,禁止民间金银交易,以维持宝钞的价值,但由于宝钞大量印发,钞价下跌。到正统元年(1436),政府索性放松用银禁令,容许长江以南等地人民用银代替米、麦来缴纳部分田赋。因此,白银开始成为民间流通的货币。到弘治五年(1492),政府设立都转运盐使司,让以往把粮食运往边境换取盐引的商人,不用再长途跋涉,只需直接将白银交给该机构,便能换取盐引,而政府把收到的银子送往北方边境作军费或购粮。此政策无疑刺激了白银的流通。③

---

① 关于《新安大阜吕氏宗谱》的编刊时间,可参考栾成显:《新安大阜吕氏宗谱研究》,《徽学》第六卷,合肥:安徽大学出版社,2010 年 12 月,第 133~151 页。

② 刘志伟:《在国家与社会之间:明清广东里甲赋役制度研究》,北京:中国人民大学出版社,2010 年;David Faure, *Emperor and Ancestor: state and lineage in South China*, (Stanford, Calif.: Stanford University Press, 2007).

③ 全汉升:《明清经济史研究》,台北:联经出版事业股份有限公司,1987 年,第 69~71 页;彭信威:《中国货币史》,上海:上海人民出版社,1958 年,第 452~453 页。

与政策互相印证的,是土地买卖契约。中国社会科学院出版的《徽州千年契约文书》收录了大量明朝地契,综观这些地契会发现当中的变化:在明初地契上,交易货币是宝钞或布帛;但自正统开始,便渐次以银来买卖土地;到弘治年间,所有地契全用银交易,不再出现宝钞或布帛。① 由此证明,徽州地方社会的土地买卖活动,在弘治年间便大量利用白银做交易,可见白银在当时已非常流通。

徽州地方政府的赋役改革,一方面是因为白银在当地流通带来了契机;另一方面是因为明初的里甲制度,并没有如执政者预期般在地方上切实执行。户口登记没有及时更新,百姓为了逃避赋役,"相冒合户"来隐瞒原来的人丁事产,这些最终都会导致户籍登记内容严重失实。当时的徽州官府亦明白问题所在,嘉靖《徽州府志》的编者提及:

> 夫按计书观户口,信蕃庶矣,而着籍岂尽实!往余少,尝属役于里中,睹编户流移,十常三四,其着籍者亦赤立无物业,每遇征需,卒不能取之下户,即里长破产偿,苟处苛责,官府不知也。②

府志编者指出,如果只看户口登记,便会以为人丁增加,地方繁荣,但登记入户籍的资料又岂会完全真实。编者还指出,他年少时曾在里甲中服役,目睹所登记的户口十之三四都因日久而内容失实,有些登记入户口者更是全无资产。每当官府征需,不能从下户取足需要时,便将矛头指向里长,强迫里长补偿不足,最后亦导致里长破产,官府不知就里,便处处苛责。在户籍登记严重失实的情况下,地方衙门要继续运作,只好各寻自救方法,改革赋役制度。所以早在正统年间,便有地方政府推行"均徭法""均平法"。各地政府在不同时间有各自的改革,但改革的整体趋向是赋役折银和定额化,后来就出现了万历年间的一条鞭法。③

---

① 中国社会科学院历史研究所收藏整理:《徽州千年契约文书:明编》,石家庄:花山文艺出版社,1991年。
② 嘉靖《徽州府志》卷八,第44页。
③ 刘志伟:《在国家与社会之间:明清广东里甲赋役制度研究》。

第五章 明中叶祭祀礼仪的变化

明朝徽州府出版过两次府志，非常具体地反映出徽州赋役改革的整个过程。《徽州府志》第一次出版于弘治年间，序于弘治十五年(1502)；第二次编修府志，志序于嘉靖四十五年(1566)。两者相差约60年，所记载的赋役内容和白银在赋役中的角色已有很大分别。在弘治《徽州府志》中，官府根据里甲制度中户的等级来决定赋役轻重，所以府志内详细记录了户口数字，当中再细分军、匠、民、医、儒、僧尼、道士等户。① 赋税方面，只有少量赋役可以折银，例如上供品黄牛皮，每张皮折银八钱。② 其他大多数税项以铜钱、钞或实物来缴税，如茶税便以"株"为单位。夏税麦和秋粮米都只会抽取部分来折银，不会全数折银。而力役方面，除了从事长途运输工作的马夫和船夫可以在"均徭"这个名目下以"征银"代替力役外，③其余本地差事，仍要征人当力役。

相比之下，在嘉靖《徽州府志》中，白银在赋役征收上有非常大的变化。首先，嘉靖版府志是没有户口资料的，说明当时官府不再靠户等来决定征税多寡。其次，赋役项目已全部折银，即在各项征取的物资后，列出几色银和银两数字，例如中药四种，便叫作四色银，四种药合共的银总数便写在项目后。④ 再次，力役亦全部折银，"均徭"这个词已不是明初赞美地方官德政的用语，而正式成为赋税项目。⑤ 在"均徭"项下，再分"力差"和"银差"，名义上"力差"是"民执其役者也，应役于守令与郡邑之公事皆办之"，即民户成员亲身担当的力役工种有郡县衙门的皂隶等；"银差"是"输钱于官，使之雇役，而就役凡监司督抚之需，以及两京之徭"，即民户只需交钱，让官府另外雇人担当，工种则是较为远程的职务，用工地点远在督抚之衙门甚至是北京。可以看出，这个设计是让当地人不用长途跋涉到远方应役，只需应付府县层面的官府需要。但据府志记载，这个设计最终连府县层的力役都不用亲身担当，只需交费了事，

---

① 弘治《徽州府志》卷二，第34～39页。
② 弘治《徽州府志》卷三，第72页。
③ 弘治《徽州府志》卷三，第74页。
④ 嘉靖《徽州府志》卷八，第4页。
⑤ 嘉靖《徽州府志》卷八，第24～38页。

所以所谓"力役",最后也只是"徒仍空名,均徭之法,尽出于银差矣"。①

徽州的赋役改革大致在明朝徽州知府何东序任内完成。②何东序担任徽州知府的任期约为嘉靖四十三年(1564)至隆庆元年(1567)。③他在任内颇有政绩,例如修纂府志、修筑六县城墙以防备倭寇等。④何东序提倡多项赋役改革,当中以"新定粮长之役"和"新定收头之役"最能表达出折银代役的理念。根据梁方仲的研究,一般的粮长负责的征粮区域范围并不与里甲相符,而是好几个里甲才成为一个粮区。而粮长的选派方法起初是乡里推选、官府委任,任期可以有好几十年,职位甚至可以传给子孙,这被称作"永充法"。发展至正德年间,各地盛行"朋充法",原因是粮长职务越来越多,需要多人分担,故分为"催办粮长""兑收粮长"等名目,所以粮长人数随之增多。而"朋充法"所取的不再是中等以上人户,中户甚至是下户亦有机会受编派,同时粮区亦渐渐拆细,起初是一万石粮设粮长一名,但越往后发展,几千几百石的地区也设粮长。到一条鞭法实行后,粮长的名义仍保留,但实际已变成地方徭役的一个项目,可按丁粮计算折银代役,不再由固定人户来充当。⑤嘉靖年间徽州"新定粮长之役"其实是在"朋充法"的基础上,增加更多折银代役的条例。

嘉靖《徽州府志》记载:

> 粮长先年每区额编一正、二副,不论粮之多寡,甘苦不均……知府何东序行县酌议,不拘名数,以粮为主,通融编金。此区粮少,附近彼区粮多人户帮之,大约歙休二县,每粮一石,计收银五十两……人户多而征收少,公事易完……粮长主粮收银,众轻易举之良法也。特粮长一名,止以为首者当官及承批差,其余人户听其帮贴,免当官

---

① 康熙《徽州府志》卷六,第60~63页。
② 康熙《徽州府志》卷六,第60~63页。
③ 嘉靖《徽州府志》卷四,第33页。
④ 徽州府早在宋朝已有城墙,歙县的城墙则建自明嘉靖年间。康熙《徽州府志》卷五,第20页。
⑤ 参考梁方仲:《明代粮长制度》,上海:上海人民出版社,1957年;嘉靖《徽州府志》卷八,第39~43页。

应卯,不致人多受累,乃为与民远辟全善之法也。若派收,当先本图,本图粮少,方以他图,不许躐越图分,拣易避难。①

何东序推行"新定粮长之役"改革,首先是不拘泥于名额,只以粮为准则,以粮多之户当粮长,如某一区只有下户,税粮不足,便并入附近粮多的区域,经过合并后,每区的人户增多,而每户所需交纳的税项便相对减少;其次,粮区百姓纳粮也可折银,在歙县和休宁,每1石粮折银50两。改革的目标是将粮长的工作只派给"为首者"("为首者"意思是富户,在下文会有解释)担当,其余人等出银了事,不致多人受累。"新定收头之役"也是同一道理,收头之役原是指负担"军需之派"的差役,自永乐迁都后,徽州百姓便需支付"军需之派",开初是不定期的人身力役,后来成为常额,折银了事,不分区域,每名额征银500两,如遇上额少之年只需支付一名,额多之年亦不过三四名,但若有人户拖欠则累及别户。所以在何东序改革中,收头遵照新定粮长的办法,不再拘泥于名额,改为按区编佥。② 当然,这些改革早在他上任之先,已有部分实行,何东序只不过总其成,定为通例。

徽州的赋役改革,不再以里甲户籍内的"户等"③为标准,而根据丁粮多寡来征税,但没有完全取消里甲制。其原因是在旧有制度下,官府征役找里长,征粮则找粮长,若里甲制被完全取消,官府面临的问题就是不知找谁来承担责任。没有里长、粮长而单靠衙门差役,实在难以征收参差零散的丁田赋税,所以官府要想办法把百姓以里甲的名义编排在一起,易于征收赋税。而新的编排方法已不是朱元璋当初的设计。嘉靖《徽州府志》便有一段记录,表明了编排里甲的变化:

---

① 嘉靖《徽州府志》卷八,第39~40页。
② 嘉靖《徽州府志》卷八,第30~43页。
③ 在明初里甲制的设计中,政府会把户分为九个等级,所以明初政府收税的方式并不是比例税,而是等级税,等级税的意思并不是每一户多一人丁便多交一份税,而是当人丁和田地数字过了一个界限时,便会被评定为大户,赋税额亦大量增加;相反,土地和人丁都不足以成一户的畸零户,可免差役。参考刘志伟:《在国家与社会之间:明清广东里甲赋役制度研究》,第247页。

下户既多无赖流移,而上户富民又皆自窜于中下之间,以相影射,多者一人至数户,或数十户,故今之受害者偏在中家,中家小有田业,无余赀,一更重役,无不折而入于贫,此诚可悯也。分户之弊,亦难尽罪民,以避粮长收头重差耳,然户多分而粮长收头重差益苦矣,乃若签粮长收头,使富民不得巧免,编均徭,使轻重不致偏注,则今守令良法,补偏救敝……大抵朝廷之科派愈繁,则齐民之规避愈巧,则有司之权制愈密。总之一切之法,莫如令民归并。迩者有司逐年归并,但能行于本甲。或有同姓非族、下户,误而并入,犹为害耳。今欲讲其法,惟不限本甲,通籍十年……欺隐之弊可尽抉也,使九等之户,各自占籍,黄册之外别为一书,著之令甲,班之编民,家晓户习,吏不得缘为奸利,则赋可平役可均,而善政举矣。①

根据嘉靖《徽州府志》的记录,在过往的赋役制度下,下户经常流移,官府难以追寻,上户亦利用分拆户口的办法②来冒充中、下户,最严重的是一户可分拆为数户甚至数十户。最受损害的是中户,因为中户只有少量田业,想分拆也分拆不了,所以一旦承担重役,便会落入贫困境况。

府志编修者指出,"分户"问题很难怪罪于百姓,他们只不过想避免担任"粮长""收头"这些重差。但不断"分户"又造成恶性循环,导致更难找人担任该差役,令"粮长""收头"的工作越来越沉重,所以解决办法便是"签粮长收头"和"编均徭"。"签粮长收头"意指特定指派富户担任力役,不再轮佥;"编均徭"即是将力役折银,平均分派给各户。这是当时知府何东序消除时弊的办法。府志编者认为,朝廷的烦琐科派较多,百姓便会想更多法子避免承担,而地方衙门便更需要严密的权宜之计来应付,最好的办法莫过于把百姓"归并"入与自己血缘(同姓)或地缘(本甲)相近的人。上段中的引文没有详细解

---

① 嘉靖《徽州府志》卷八,第44页。
② 百姓为了避免编入需要承担较重赋役的上户,通常采用"花分子户"的方法,即尽量将人丁田产分拆入不同的户内,让每户只拥有少量的丁产,好使"户等"保持在"下户"。参考刘志伟:《在国家与社会之间:明清广东里甲赋役制度研究》,第248页。

释"归并"的意思,但可以肯定"归并"是针对之前提及的"分户"的权宜之计,故可以理解为不同的子户,根据地缘或血缘合共编为里甲。

府志编修者特地警告,"归并"时不要误将同姓不同族"归并"在一起,或"归并"了下户。我们要留意"或有同姓非族、下户,误而并入,犹为害耳"一句,"归并"的标准是不可以"同姓非族",换句话说,官府是鼓励"同姓同族"的"归并"。这套政策令宗族得以扩展,因为不是由官府决定"非族"或"同族",而是由宗族与宗族之间通过编修族谱和共同祭祀来决定,所以他们只要建立共同的祠堂和族产,再创立一个虚构的户口来替祠堂缴税,便是"联宗合族"了。所以整个赋役改革,以官府的话来说是"归并"政策,但实际运作中是"联宗合族"遍地开花。本章以下内容将阐述歙县不同地方的吕氏,如何在此行政改革的背景下联宗合族。

第二节　太平兴国寺与吕氏祖先

太平兴国寺位于徽州府城西南,明朝弘治《徽州府志》记录了该寺历代所受的册封庙额,同时亦记载了早在唐朝该寺已与吕氏的祖先有关:

> 太平兴国寺,在府城西南二里,唐至德二载建,号兴唐寺……大历末吕渭为州司马,尝于寺之隙为堂读书,晨入夕还。既去,以贻寺僧,故有吕侍郎祠……太平兴国四年勅改今名,而民间亦呼为水西寺……寺旧有院二十四,今兹起废仅十五六处。①

据弘治《徽州府志》,唐朝时歙州司马吕渭在该寺旁建堂读书,离去后把书堂送给寺僧,寺僧则建了一所吕侍郎祠作为报答。其实这段记录差不多是一字不差地抄自南宋《新安志》,②如果与后来嘉靖《徽州府志》比较,会发现嘉靖《徽州府志》谈及太平兴国寺时,特意删掉这段关于吕渭赠堂的记录,只提及该寺历代

---

① 弘治《徽州府志》卷十,第51页。
② (宋)罗愿:《新安志》卷三,第18页。

的寺额册封。① 这与太平兴国寺及旁边吕侍郎祠的官司甚有关联。

从明朝弘治至万历年间,徽州吕氏为了太平兴国寺和寺旁吕侍郎祠的拥有权,与汪氏、吴氏甚至是地方官打官司。根据《新安大阜吕氏宗谱》,太平兴国寺不是普通的寺庙,而是替吕氏守坟的寺庙:

> 唐至德二载,我鼻祖延之公刺越州时,抚民至歙,请建水西兴唐寺。至大历末年,子渭公为歙州司马,因父所建寺宇,遂于寺隙为堂读书,晨出夕还。后迁礼部侍郎,僧民感德,以其书室为去思祠。长庆末,孙安衡公复宦于歙,卒葬寺侧。康年公籍入歙州,因观先人去思祠像,遂奉祀之。至宋太平兴国四年,文仲公为翰林院读学士,捐俸重建,请勅改为太平兴国寺,卒葬祖茔之次。状元溱公又建水西十二寺院。历元迄今,虽遭兵火,不无兴废,要皆吾派子孙之所增修也。②

《新安大阜吕氏宗谱》的内容与弘治《徽州府志》相近,并有所添加。根据该族谱,寺庙由吕渭的父亲所建,之后历代吕氏祖先都有参与营建庙宇,包括向朝廷请赐勅表和在寺侧埋葬祖先,其中一位祖先吕文仲葬于寺旁,而当初吕渭所建的去思祠,并未如府志中所说赠送给寺僧,反而变成了祭祀吕氏祖先的场所。

要明白吕氏为何强调太平兴国寺和去思祠是由他们的祖先所建,必须先了解他们如何建构其祖先故事。弘治十四年(1501)的中和节(农历二月初二日),黄村宗长吕以彪著了一篇《万五公传》,提到他的五世祖万五公经历元末明初兵乱,由歙城搬迁往歙北黄村,在当地务农,后来成为黄村吕氏的迁始祖。万五公对吕氏最重要的贡献,是"洪武初年大量,遂改儒户为民,稍复旧业,然公于乱平之余,未遑他务,协同从侄绍一公、端四公相与重修水西宗伯祠。编修吾溪支谱,以聚祖考精神,以述祖宗功德,故当时宗祠安堵如故,支谱世系昭明"。③《万五公传》声称万五公在洪武年间已登记为民户,而且与

---

① 嘉靖《徽州府志》卷二十二,第1页。
② 《歙县刘公审语后附诉言》,见(明)吕仕道编:《新安大阜吕氏宗谱》卷一,万历五年(1577),1935年重刊,第46~47页。
③ 吕仲彪:《万五公传》,见(明)吕仕道编:《新安大阜吕氏宗谱》卷四,万历五年(1577),1935年重刊,第24页。

绍一公和端四公一同兴建称为"宗祠"的"水西宗伯祠"。先前已提及万五公是黄村吕氏的迁始祖,根据《新安大阜吕氏宗谱》的谱系,端四公其实是歙城吕氏的迁始祖。虽然《万五公传》声称端四公是万五公的从侄,但根据图5-1的世系图,端四公和万五公的关系相当疏远,他们的共同祖先要追溯至宋朝的吕裕。所以《万五公传》中的故事其实表明,这所"水西宗伯祠"是由黄村吕氏祖先和歙城吕氏祖先共同兴建的,所以两地的吕氏族人都有拥有权。

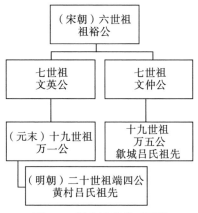

图 5-1　渭公迁歙世系图①

根据《万五公传》,似乎吕氏早在洪武年间便有一座名为"水西宗伯祠"的"宗祠",但事实上这座"宗祠"只不过是吕以彪用来影射太平兴国寺或寺旁吕侍郎祠的。因为太平兴国寺的位置在练江以西,所以又名"水西寺"。要明白吕以彪撰写《万五公传》的背景,需要先探讨一份收录在《新安大阜吕氏宗谱》中的《弘治十四年歙县所给印信帖》。该帖著于弘治十四年(1501)三月,该帖与《万五公传》的撰写时间只相差大约一个月。这份信帖正揭示出当时的吕氏发生了什么事情:

> 直隶徽州府歙县为重修宦品坟祠事。据本县西关隅都图吕以暹、吕仲斌等连名状告前事,缘始祖吕文仲授南唐进士、宋侍郎御检讨使,用己财建立本州河西兴唐等寺基宇后,世祖吕溱公官翰林加

---

① 参考(明)吕仕道编:《新安大阜吕氏宗谱》卷一,万历五年(1577),1935年重刊,第20～29页。

龙图直学士,重修太平兴国一十二寺,舍田七十二亩,坐落各寺前后,俱入寺经业,以作焚修香灯,仍存侍郎免征祠院坛地壹亩二分,及有吕云甫金业坟茔,皆载《新安文献志》。今蒙县主大人重造县厅,蒙差义民汪让、程琦价买本家宁康寺下,祖御史中丞吕开运公坟上椰木一根为县厅左边正柱,其木自宋至今,因□木见坟祠久远崩塌,身等欲要修整,奈因子孙住居星散,贫富不均,难以完成,又恐无干之徒故来搅扰,损害僧寺。如蒙准告,乞赐给示禁治,容令量力备财,整砌一新,光前显后,使子孙不失祖宗官宦之遗风,实为便益等因,扰拟此参照,系干重修宦品坟祠,事理难便准信,随拘本告族众,吕以暹、吕以彪、吕彦齐等到官费执本宗事实、勘诰,前来查审,果系宦品坟祠,志经堪载,应合听从,为此除外,今给帖付本告收照,督令枝下子孙,量力助资修理,毋得推挨,及因而生事。仍仰该彼地方禁止,不许无干之徒往来用工处所搅损害僧寺,如有此等,许令指名赴县陈告,以凭究治,施行毋得违错,不便须至呈者。

右仰付告人吕以暹、吕以达、吕仲斌等并地方准此

弘治十四年三月二十二日给

        知县 朱公谏 县丞王玠

              主簿黄珣

              典缺

              司吏何金[①]

这份信帖可分三个部分:第一部分是关于历代吕氏祖先与太平兴国寺和"侍郎免征祠"(即吕侍郎祠)之间的关系,当中包括五代吕文仲建寺、宋代吕溱捐田入寺和明初祖先吕云甫登记祖先坟地。如参考图5-1,宋朝的吕文仲和吕溱分别是黄村吕氏和歙城吕氏的祖先,而明初的吕云甫不是别人,正是黄村

---

  ① 《弘治十四年歙县所给印信帖》,见(明)吕仕道编:《新安大阜吕氏宗谱》卷六,万历五年(1577),1935年重刊,第37~38页。

迁始祖万五公的儿子。① 信帖中提到的吕以遑和吕仲斌是歙城吕氏族人，前者还是歙城宗长；而向官府呈递"本宗事实、勅诰"的吕以彪，便是撰写《万五公传》的黄村宗长。尽管吕仲斌等人指出，他们宋朝祖先与寺祠之事已载入《新安文献志》，但其实《新安文献志》只记载了关于吕溱的文章和行实，根本没有记载吕文仲和吕云甫之事，更没有提及吕溱捐田入寺。② 而所谓"吕云甫金业"，登记了太平兴国寺附近的祖先坟地，亦只不过是吕氏一方的说法，这点稍后会详加探讨。

第二部分是歙县官府买吕氏宁康寺下开运公坟上的榔木，宁康寺是太平兴国寺附近的一所寺院。③ 乍看之下，第二部分歙县官府买下开运公坟上树木，与第一部分太平兴国寺和"侍郎免征祠"似乎并无关联，但实际上这两部分加起来，说明了太平兴国寺和吕侍郎祠是由吕氏所建，所以寺旁的开运公坟墓及附近的山地林木都为吕氏所有。

第三部分是吕以遑、吕仲斌等人因为发现坟祠久远崩塌，请求官府准许他们重修坟祠。而整份信帖最重要的一点，是吕以遑、吕以彪、吕彦齐等人把"本宗事实、勅诰"，呈交给官府查审，官府最后承认吕氏的祖先故事，同时亦承认歙城吕氏和黄村吕氏在太平兴国寺附近共同拥有一座开运公坟墓和一所"宦品坟祠"。

自官府承认吕氏的坟祠后，歙城吕氏与黄村吕氏在弘治十五年（1502）立

---

① 吕仲彪：《万五公传》，见（明）吕仕道编：《新安大阜吕氏宗谱》卷四，万历五年（1577），1935年重刊，第24页。

② 《新安文献志》收录了吕溱的志传和吕溱所著的文章，有《吕密学传》卷九十四上；另有几篇由吕溱所著的文章。参考程敏政编：《新安文献志》卷一，《文渊阁四库全书》，第6~8页；卷九十四上，第13页。

③ 族谱记载："弘治十三年十二月初四日，本县朱公修造县厅左边正柱，优买水西宁康寺前我祖开运公万五公坟上榔木一株……"太平兴国寺位于练江西边，所以又被称为"水西寺"。族谱称宁康寺在"水西"是指同在练江西边。而嘉靖《徽州府志》记载一所灵康院，"有一径通太平兴国寺"。参考（明）吕仕道编：《新安大阜吕氏宗谱》卷五《歙县刘公审信后附诉言》，万历五年（1577），1935年重刊，第70页；嘉靖《徽州府志》卷二十二，第3页；道光《徽州府志》卷四之四，第5页。另外，宁康寺应该不是吕氏所有，因为元朝学者方回在文章中提及他的姐姐亦是葬在水西宁康寺。参考（元）方回：《先君事状》，《桐江集》卷八，第19页。

了一份议约，说明"宦品坟祠"的管理方式，以及"宦品坟祠"、吕侍郎祠与太平兴国寺的关系：

……庆历间，歙州官蔡永祯申奏朝廷，封为太平兴国寺都土地吕公侍郎之神，经年久远，子孙广泉，分派另居，每遇值年，拜扫之际，见坟祠崩塌，欲要修砌，奈子孙居住各庄，远近不齐。今弘治十三年十二月初四日，县主朱公重建公厅，差遣义民汪让、程琦价买本家后世祖宁康寺前御史中丞墓上榔木作楹栋，各来彼分其楞枝。是故我等君言曰：汝等子孙何存大道？因贪小利而来，有何面目观祖宗坟祠乎？众皆曰，可以补之。今特告给下帖，议立警谕戒约，示仰宗下子孙，世来世代务要遵依补益，僧寺兴旺，并修坟祠光□。倘或本家子孙人众，或同外人游春，往来闲耍，无拘城乡等辈，不许索取小菜醋酱，止与闲人一同。或标挂之时，油柴盐酱俱系吕氏子孙办，亦不经由寺僧。如有枝下子孙索饮酒食，及损害僧寺左右土地坟祠前后木植，并各样等情，许令和尚禀知本家宗长重责，照物估价，加赔追赔外，罚银一两，入奉祖祠公用，仍依此议约为准，亦各分远近子孙。但有修设大小善事，俱要请太平寺僧永暖、志宽等项下徒弟孙侄贡献，不许僧人巧立刁蹬，亦不许别寻另寺僧人。今特立此约，一样三纸，各书花字，各收一纸，遵依帖文，不许因而生事，不许无干之徒故来损害……

弘治十五年三月吉旦

二十三世孙上下都提督吕仲斌□立

歙城族长吕以暹

歙北族长吕仲彪

同立议约侄吕广福①

---

① 《修理坟祠警约》，见（明）吕仕道编：《新安大阜吕氏宗谱》卷五，万历五年（1577），1935年重刊，第71页。

议约所说吕氏祖先吕文仲在宋朝时已受封为太平兴国寺的土地神,所以吕侍郎祠其实是一座神庙。在之前的官府信帖中只承认吕氏有一座"宜品坟祠",并未说该"宜品坟祠"便是吕侍郎祠,但这份议约声称这所吕侍郎祠是官府承认的"宜品坟祠",亦是他们的"祖祠"。当议约由歙城吕氏和黄村(议约中"歙北族长"即是黄村族长)吕氏订立后,这所坟祠与太平兴国寺和吕氏的关系亦同时建立起来。坟祠仪式由太平兴国寺的僧侣负责,吕氏族人不得搅扰僧侣;当扫墓时,祭品由吕氏族人提供。如果族人损害"僧寺"和"土地坟祠""前后木植"等财产,寺僧通知宗长,由宗长施行惩罚,罚款亦归坟祠公用,所以族人是寺祠实际的拥有人;寺僧只纯粹负责"修设大小善事"。从这份议约的内容,我们可以发现吕氏在弘治年间共同祭祖的两项特点:首先,吕氏族人宣称拥有该地的同时,亦开始限制外姓在寺祠范围的活动。尽管议约让"外人游春"、游览寺祠,但亦严格规限"不许无干之徒故来损害",即借此驱逐外姓者。其次,这所坟祠由吕氏拥有,但仪式部分仍由僧人负责,换句话说,弘治年间吕氏族人其实是在一所称为吕侍郎祠的神庙内祭祀祖先。

综而观之,弘治年间的吕氏已建构一套祖先故事,述说他们与太平兴国寺和寺旁一座坟祠的关系。在弘治十四年(1501)编撰的《万五公传》中,身为黄村始祖的万五公和身为歙城始祖的端四公,早在明初时已经合作,两派祖先共同兴建了一所"水西宗伯祠",共同拥有吕侍郎祠和附近的土地。

"水西宗伯祠"这个名字仅在《万五公传》中有记载,在弘治十四年(1501)的官府信帖和弘治十五年(1502)的议约中均没提及。这个名称很可能是吕氏族人对吕侍郎祠的称呼,吕以彪声称吕氏祖先兴建"宗伯祠",以增强他们在太平兴国寺旁拥有一座吕侍郎祠的说服力。"宗伯祠"这个名称再次出现,已经是隆庆六年(1572)的事情,其情况将在下一节讨论。

第三节　吕氏祭田的建立与管理

上一节提到,弘治十四年(1501)的官府信帖中记载,歙城吕氏声称位于太平兴国寺旁的吕侍郎祠由他们祖先所建，而祠旁的几亩祖先坟地，则登记在"吕云甫户"名下。吕云甫是他们在洪武年间的祖先，由此可知，吕氏在弘治年间已懂得利用祖先名义登记坟地。但族谱并没有提及这个"吕云甫户"在以后的日子发挥多大的作用，也没有资料记载吕氏登记更多田地入"吕云甫户"内。本节将会探讨自隆庆二年（1568）起，随着更多居于不同地方的吕氏参与共同祭祀，吕氏如何建立和管理他们的祭田。

根据《新安大阜吕氏宗谱》，在嘉靖十一年（1532），有婺源官宦汪云程者，称太平兴国寺为荒寺，指吕侍郎祠为土地祠，意图拆毁太平兴国寺和霸占吕侍郎祠。于是，歙城和黄村吕氏联同歙县的大佛、梅渡滩和叶酉各地吕氏，组织了三百人看守该寺祠，虽然最终赶走了汪氏，但控制不了太平兴国寺的命运。自此事以后，参与吕侍郎祠营运的吕氏，不再限于歙城和黄村，其他地方的吕氏亦有参与。在嘉靖三十二年（1553），吕氏与巴氏为吕文仲侍郎坟上的树木起纷争，最后巴氏愿赔木价银二两了事，这二两银交由黄村族人"领放生息"。在嘉靖三十五年（1556），吕氏修建吕侍郎祠，并向各地吕氏征集费用，黄村出银二十九两，歙城出银一两，大佛出银三两，梅渡滩出银二两，叶酉出银三钱，再加上之前木价赔款本利五两一钱，总共集得维修费约四十两。[①]

《新安大阜吕氏宗谱》编修于万历五年（1577），以上资料是万历年间吕氏追述的二十年前的往事。我们特别要留意，万历年间的说法与弘治年间有何不同。首先，吕氏已非常肯定地视太平兴国寺和吕侍郎祠为己业，不容外姓侵毁。其次，在寺祠附近，不单有吕氏祖先开运公的坟墓，还有宋朝祖先吕文仲的坟墓，而由吕氏重修的吕侍郎祠已不单是一所祭祀吕侍郎神的土地庙，还成为吕氏心目中一所守坟的坟祠。最后，嘉靖年间的吕氏成员已不单局限于歙城和黄村，还扩大至歙县其他地方如大佛和梅渡滩等地，这些居于各地的吕氏仍未成立共有的产业，否则吕侍郎祠的维修费亦不需向各地吕氏科派。

---

① （明）吕仕道编：《新安大阜吕氏宗谱》卷一，万历五年（1577），1935年重刊，第48～49页；卷六，第38～39页。

虽然吕氏一直声称宋朝祖先曾捐赠田地给太平兴国寺作为祭田,但他们亦承认这套说法是无法证明的。《新安大阜吕氏宗谱》记载:"弘治十四年族长以暹公、仲斌公等,给帖修祠,歙城本俊公因见先年香灯田俱已失业,自愿出田八分伍厘,土名宋塘庵、鸦鹊塘,与僧志宽管业,以奉祖祠香灯。"①族谱记载,早在弘治十四年(1501)时,吕氏已不能证明其所谓宋朝祖先赠田入寺,所以弘治年间才有族人捐田八分作为香灯田,交给僧侣管理。族谱编修者在以上资料后留下一段按语:"此田自弘治十四年至今,不过八十余年,亦已失业,况吾祖文仲公、溱公每寺与田陆亩山地二亩伍分,自宋至今,迭遭兵火,朝更国变,岂有不失乎?"②编修族谱时已是万历年间,编修者认为不要说宋朝祖先吕文仲和吕溱捐赠给太平兴国寺的田地已失业,就八十多年前弘治年间捐赠的香灯田,亦已无从稽考。收录于《新安大阜吕氏宗谱》的《祭田表》指出,"吾祠历宋元至我朝世远代更,迭遭兵火,田皆失业,而吾派凡遇祭祀,每人各出分予以供祭,享行之已二百余年矣"。③ 自明初至隆庆二百多年的时间,吕氏每次祭祀均是各出其份,由此证明在隆庆以前吕氏根本没有恒常的共有田产。

到隆庆二年(1568)情况才开始改变,当年婺源县吕氏有吕烈者提倡会宗,参与的包括歙县向杲、婺源沣溪等地的吕氏。这次活动是"统宗之议","各携旧谱以相证",而不涉及共同的祭祀活动。到隆庆三年(1569),各地吕氏便开始筹划族产。④ 吕氏族谱记载:

> 隆庆戊辰二年,婺源宗长烈翁乃从谦公之裔,谒祠会族。于是

---

① 《近世香灯田遗迹》,见(明)吕仕道编:《新安大阜吕氏宗谱》卷五,万历五年(1577),1935 年重刊,第 76~77 页。
② 《近世香灯田遗迹》,见(明)吕仕道编:《新安大阜吕氏宗谱》卷五,万历五年(1577),1935 年重刊,第 76~77 页。
③ 《祭田表》,见(明)吕仕道编:《新安大阜吕氏宗谱》卷五,万历五年(1577),1935 年重刊,第 14b 页。
④ 吕氏是先在隆庆二年通谱,后在隆庆三年设立祭田。参考(明)吕仕道编:《新安大阜吕氏宗谱》卷五,万历五年(1577),1935 年重刊,第 101 页。

歙城有光、黄川仕道，即诣杨宗伯祠，各执族谱以验之。若合符节，遂议曰：自渭公至吾侪八百余年，今复会合，诚宗族之盛典也。但向杲从政公与吾祖从谦公亲昆季也，怀吾在南监官之谆谆，吾派既入宗祠，向杲且在密迩，其可疏哉！于是会同向杲族众吕泰公濂等，自愿写立合同，各出银四十两，二派共银八十两，买办祭田，以补我文仲公派下歙城、黄川、大佛、梅渡滩、叶酉创修谱告之费。歙城领胙肆拾分；黄川领胙三十八分；大佛领胙拾三分；梅渡滩领胙四分；叶酉领胙四分；婺源向杲二派各领胙十六分。立户于西关二图六甲丁。永为定规，不许变易，如有违者，以不孝论。嗣后但有各派愿入祠者，补田领胙，照婺源向杲之例是。①

以上资料收在《新安大阜吕氏宗谱》，讲述发生于隆庆二年（1568）的会宗事件。当时各地吕氏集合于杨宗伯祠，②携带各自的族谱来通谱，承认大家的共同祖先是唐朝吕渭，并设立祭田。我们要特别注意，婺源吕氏和向杲吕氏需要"写立合同"，才能够捐银买田，究其原因，是各地吕氏之间派系复杂。

婺源吕氏认为，婺源吕氏祖先从谦公与向杲吕氏祖先从政公是亲兄弟，婺源吕氏和向杲吕氏关系较近，所以当婺源吕氏加入歙城吕氏时，亦邀请向杲吕氏一同加入。但婺源吕氏和向杲吕氏这一派与一向在吕侍郎祠祭祀的歙城吕氏和黄村吕氏，过往一直没有共同祭祀活动，③在谱系上亦非常疏离。在《新安大阜吕氏宗谱》的《世系》中，周朝的吕尚为一世祖，唐朝的吕渭是六十五世祖，婺源吕氏祖先从谦公和向杲吕氏祖先从政公，属于七十三世，他们是兄弟，祖父是七十一世祖文佐公，但文佐公以上的世系却没有交代（参考图5-2）。这显示出歙城吕氏和黄村吕氏已经有一份清楚的谱系，以解释各族人

---

① （明）吕仕道编：《新安大阜吕氏宗谱》卷一，万历五年（1577），1935年重刊，第49~50页。
② 杨宗伯祠并非吕氏祠堂，位于府学旁，参考嘉靖《徽州府志》卷二十一，第7页。
③ 婺源吕烈提倡通谱时，写了一份《会宗书》，内容提到"诸宗久未往来，诚大铁典也"。由此可知，婺源吕氏过往与歙县吕氏一直没有多少接触。参考《附烈翁会宗书》，（明）吕仕道编：《新安大阜吕氏宗谱》卷一，万历五年（1577），1935年重刊，第50页。

和祖先之间的关系。但隆庆二年(1568)婺源吕氏和向杲吕氏希望加入歙城吕氏时,却仍未弄清楚两派吕氏之间的关系,所以出现了这种不能连接起来的谱系。

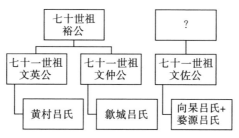

图 5-2　黄村、歙城、向杲和婺源吕氏关系图①

在此背景之下,婺源吕氏和向杲吕氏要加入歙城黄川吕氏一同祭祀,便出现礼仪上的问题:婺源吕氏和向杲吕氏并不属于文仲公派。② 所以他们需要签立"合同","合同"定出由婺源、向杲两派吕氏各捐 40 两银,用来购置祭田。这笔捐赠名义上是"补"文仲公派的"创修谱告之费",实际上却改变了吕侍郎祠的性质,即将单属歙城、黄村吕氏的祭祖场所,改变为开放给所有吕姓者的控产集团,若其他吕姓希望加入共同祭祀,只需遵照"婺源、向杲之例",捐银买田便能"入祠"。"入祠"意指捐田者可将自己的祖先供奉在祠内,共同祭祀后领取胙肉。胙肉按捐赠数目来分配,由于婺源吕氏和向杲吕氏同样捐银 40 两买地,所以两地分得的胙肉同样是 16 份。吕侍郎祠的胙肉共分 131 份,在不同地方和派别的吕氏中,以歙城吕氏分得最多,有 40 份,其次是黄村吕氏,得 38 份。以上资料显示出,各地的吕氏已开始合资购置祭田,但没有提及这些田地如何登记。

到隆庆六年(1572)五月,吕氏才向官府呈请,成立一个虚构户"吕宗伯祠

---

① 参考(明)吕仕道编:《新安大阜吕氏宗谱》卷一,万历五年(1577),1935 年重刊,第 20~29 页。

② 文仲公派即包括歙城和黄村,及其后由此两地散居出的大佛、梅渡滩、叶酉各地吕氏。严格地说,黄村吕氏亦不属文仲公后裔,而属文仲公兄弟文英公后裔,但族谱记载文英公后裔,宋朝的吕溱和明初的吕端四都有捐资和营运吕侍郎祠,所以歙城吕氏承认黄村吕氏在吕侍郎祠的成员资格。

户"来登记各地吕氏所捐赠的田产:

> 直隶徽州府儒学生员吕有光、吕仕道、吕调卿,婺源县儒学生员吕清邦、吕望卿等呈,为恳立祠户,以崇孝思事,生等始祖,侍郎渭公、文仲公,状元溱公奏建水西太平兴国寺。恩赐坟祠于寺右山地,历代免征,清册府志可查。祖下子孙蕃衍散居各邑,今共买祭田数亩在歙,备供祭仪。奈各邑难以收税理合,具呈恳立吕宗伯祠户,附西关二图太平兴国寺同甲,庶使粮差易输,实为便益。①

吕氏的祭田登记于"吕宗伯祠户",附于"西关二图六甲",意思是以一个虚构的户口登记田产。呈请立户的主事人是歙城的吕有光、黄村的吕仕道、婺源的吕清邦等人,其重申太平兴国寺与吕氏之间的关系,认为寺宇由他们的祖先所建,并得到历朝官府赐下的坟祠山地和"历代免征"的优待。整个呈请最重要的一点,是成立"吕宗伯祠户",附在"西关二图太平兴国寺同甲"(即之前提及的"西关二图六甲")。这个虚构户的重要之处,在于表示徽州已经历了赋役改革,户已经是一个纯粹课税的户口,但这个户口又没有完全脱离里甲制度,因为它是"附"于特定的"二图六甲"。户口由吕氏宗族控制,以后他们可把其他田地登记入"吕宗伯祠户"内,作为祭祀开支。

"吕宗伯祠户"的管理方式,不是集中控制田产;相反,是让各地吕氏在祭田登记的名义下,灵活地控制各自的财产。根据《新安大阜吕氏宗谱》,登记入"吕宗伯祠户"内的祭田,不是由各派轮管的方式来集中管理,也不是从各派中选出成员组成管理委员会管理,而是由各派各自管理:

> 向杲照婺源例,该出银肆拾两,今已买过田价银叁拾叁两,仍[余]银柒两。将向杲众田柒分入祠,每年除纳税粮外,纳租银伍钱伍分办祭,仍[余],俟下造黄册之年再买田一处,情革负遗之弊。
> ……

---

① 《立户呈》,见(明)吕仕道编:《新安大阜吕氏宗谱》卷五,万历五年(1577),1935年重刊,第101~102a页。

婺源向杲所买祭田文契,付二派收执,税入西关二图六甲下,吕宗伯祠户支解,各领胙拾陆分。①

婺源吕氏和向杲吕氏并非直接捐赠田地,而是先各捐白银四十两,再把部分白银用来购买田地,留部分白银用于其他方面,所以捐赠的资产可分田地和白银两部分,余下的白银会留待下一次造黄册之年再买田。买下的田地会登记在"吕宗伯祠户"内,名义上是捐赠出来的祭田,实际上田地文契仍由捐赠者婺源吕氏和向杲吕氏各自保管,祭田仍是由两派管理。换句话说,田地的买卖权和租佃权仍操纵在两派族人手上,两派需承担的义务是每年交纳"税粮"和"租银"。"税粮"是交给政府的地税,以换取政府对其田地拥有权的承认。"租银"的意思是这片田地归祖先所有,由祖先"租"给婺源吕氏和向杲吕氏打理,故每年需要交付"租银"。这套管理方法与现代社会的特许经营连锁店相近,婺源吕氏和向杲吕氏原本就是田产的拥有者,名义上他们捐赠田产给吕氏祖先作为祭田,并将田产登记在"吕宗伯祠户"内,最后成为祖先的佃农,需要向祖先交纳"租银",但实际上田产仍掌控在他们手上。正因为田地和祖先之间有这种租佃关系,所以婺源吕氏和向杲吕氏捐银买田需要"写立合同"。

正如前所说,嘉靖十一年(1532)太平兴国寺被拆毁,隆庆五年(1571)"在城乡宦吴玹"声称从汪云程买得太平兴国寺地基,意欲重建太平兴国寺。② 吕氏认为,吴玹重建工程的背后是预谋修建吴姓坟祠,故反对这项工程。事情发展到最后是吴玹退让,重建太平兴国寺改由吕氏负责。③ 在著于隆庆六年(1572)二月的《歙县所给印信帖》中记载了官府的判决,当中包括太平兴国寺拥有权属谁的问题:

---

① (明)吕仕道编:《新安大阜吕氏宗谱》卷五,万历五年(1577),1935年重刊,第101页。
② (明)吕仕道编:《新安大阜吕氏宗谱》卷六,万历五年(1577),1935年重刊,第39~41页。
③ 《隆庆五年在城乡宦吴玹公买寺兴作因吕阻当说帖》,见(明)吕仕道编:《新安大阜吕氏宗谱》卷六,万历五年(1577),1935年重刊,第39a~39b页;《隆庆五年吕姓复吴玹公说帖》,见(明)吕仕道编:《新安大阜吕氏宗谱》卷六,万历五年(1577),1935年重刊,第39~40页。

直隶徽州府歙县为蒙准复寺给帖杜患事,抄奉本府批处,本府儒学生员吕有光、吕仕道,婺源县儒学生员吕望乡等呈前事,奉批仰县给帖为照缴,奉此案照,先奉本府批词。据歙县吕仕迪状告陈情复建事,奉此仰县问报,奉此已经行拘原被到官审帖。老人徐时光、程荣,拘集地方西关一、二图里排程□巴文政等并邻僧广徽及云汉等到所,吊清册保簿从公逐一查勘,得原额太平基,系分字六十五号地一亩二角五十步,又查得吕侍郎祠基系分字三号地一角二十步二项基地,俱系免征于嘉靖十一年间,被汪云程拆毁,府给银四十两与僧存纲搬费,用将今没,崇寿院地税四分,过与汪云程,系分字一十三号,及查吕侍郎祠屋尚存。弘治十四年,裔孙吕以暹等告鸣府县修理,帖证历系子孙吕太祥、吕文献等祭祀不缺,并无冒认等因,取具,各该供给在卷参。审得汪云程拆毁太平寺而割崇寿院地税,抵之,矛盾已甚。义男汪进以有住持僧而诉,称价买废寺以吕有子孙而诉称冒认,其谬亦同。但查太平寺额系免征,岂容谋占,据结户额,寺僧俱存。吕仕迪陈情复建,听从修复备由,申奉本府批开,汪云程以官豪强占寺地,法当重究,姑念大臣之后,免招解,余俱如议行此缴。奉此除遵行外,今奉批呈,前因理合,给帖付照。为此,今给帖付本告听从,会同原额寺僧,照旧地额重建太平兴国寺于吕公祠旁,永期焚修不替。如有宦豪军民人等势及无干棍恶之徒搅扰公所,如有故违,许令赴官呈告。[①]

官府认为太平兴国寺的地基是免征官地,根本不承认汪云程和吴玹之间的买卖。虽然寺宇建筑已毁,但户额、僧侣仍存在,所以官府批准吕氏重建太平兴国寺的呈请。重建后的寺宇,官府视之为不属任何人的"公所",不许"宦豪军民""无干棍恶"侵扰,但对于吕氏来说,太平兴国寺是他们祖先经营兴建的,

---

① 《隆庆六年歙县所给印信帖》,见(明)吕仕道编:《新安大阜吕氏宗谱》卷六,万历五年(1577),1935年重刊,第40~42页。

所以重修太平兴国寺具有另一重意义。

> 族长吕太祥会同族众,备礼聘出原额太平寺僧宗沛、以钺,住持募化,共成业是,皆吾等协谋之功也。
>
> 重建太平寺工程浩大,非吾文仲公一派所能成,于是劝募婺源、向杲、竭田入祠者捐资乐助,概而厚田、王口、街尾吕村、休宁、旌德及饶、扬、应天、浙江、池州等派,亦作兴鼓舞以助之,其间或愿入祠而助寺者有之,或仅助寺而不入祠者有之。并各派所买祭田,亦如婺源、向杲补例。建太平寺除吕氏批簿外,壬申年起,正殿宗祠助谷壹百斗,付僧宗沛以作工人食用之需。①

吕氏仍很重视重建后的太平兴国寺,故"礼聘"寺僧,而自隆庆六年(1572)起,"宗祠"捐助谷一百斗供寺宇内工人食用。歙城吕氏借重建机会,向其他各地方(远至浙江和南京)的吕氏筹集经费,筹集方式可以是"仅助寺而不入祠"的纯粹捐助,也可以是所谓"入祠助寺"。后者的意思是仿效婺源、向杲吕氏的例子,捐赠田地入祠,继而将祖先供奉在吕宗伯祠内,而捐赠入祠的财产会用作营运寺庙的经费。换句话说,一方面太平兴国寺已成为"宗祠"恒常捐助的对象;另一方面吕氏筹集修寺经费的过程,等同于邀请其他地方吕氏联宗合族的过程,借此邀集更多田产。

吕氏族谱经常提及的"宗祠"是指吕宗伯祠。隆庆六年(1572)"吕宗伯祠户"成立,同时,《新安大阜吕氏宗谱》记载吕氏祭祀地点出现变化,不再提及坟祠或吕侍郎祠,全改称"吕宗伯祠"。参看《新安大阜吕氏宗谱》中的吕宗伯祠图(图5-3),这座吕宗伯祠位于太平兴国寺旁,很可能前身就是吕侍郎祠,只不过祠内加入神主和祭祀各地吕姓的迁始祖,这座吕宗伯祠其实是各地吕氏共同祭祖的祠堂。但这座吕宗伯祠与科大卫所说的"家庙式"祠堂仍有区别,科大卫认为明中叶时,百姓模仿贵族品官所建的家庙,其形制很独特,例

---

① 《祠墓寺图表》,见(明)吕仕道编:《新安大阜吕氏宗谱》卷一,万历五年(1577),1935年重刊,第51页。

如地台高出地面、屋脊翘角、四柱三间,其中一间为寝室,①但观看《新安大阜吕氏宗谱》中的吕宗伯祠图(图 5-3),其外形完全不是四柱三间。

图 5-3　太平兴国寺图②

自婺源、向杲吕氏捐资入祠和设立"吕宗伯祠户"后,其他地方的吕氏亦纷纷模仿,当中包括休宁桑园吕氏。休宁桑园吕氏声称是仲荣公派下子孙,仲荣公同样不是吕文仲的子孙(参考图 5-4)。

---

① 科大卫:《祠堂与家庙——从宋末到明中叶宗族礼仪的演变》,《历史人类学刊》,第 1 卷,第 2 期(2003.10),第 1~20 页;科大卫:《皇帝与祖宗》,第 125 页。
② 图来自《新安大阜吕氏宗谱》,图中建筑原有建筑物名称,但由于印刷后模糊,所以笔者另行加上太平兴国寺与吕宗伯祠名称。参考(明)吕仕道编:《新安大阜吕氏宗谱》卷一,万历五年(1577),1935 年重刊,第 54a~54b 页。

第五章 明中叶祭祀礼仪的变化 | 147

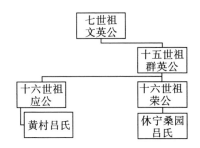

图 5-4 黄村吕氏和休宁桑园三派吕氏关系图①

隆庆六年(1572),桑园吕氏设立了另一个属于自己的"吕宗伯祠户"。资料记录在《休宁桑园家规》中,该家规收入《新安大阜吕氏宗谱》:

> ……裔孙廷福,倡率廷锦、廷积……共银叁拾两伍钱营息,续置土名桐予树腾字号田贰亩壹分、土名老虎堨查石塝,腾字号田捌分肆厘……其田地税粮于隆庆陆年告鸣本县,立户吕宗伯祠在三都一图九甲解纳,轮首耕种,租作价银,永供资盛。以后裔孙诞子,每名助银贰钱,娶者壹钱,嫁者伍钱,永为则规,谅付殷实子孙,轮相营息,本银每两年加利银贰钱,其身家单薄,不许领银……歙追始祖唐侍郎渭公、世祖宋学士文仲公等,坟祠金业府西披云峰侧。正月初十、三月三日致祭,吾裔往者,每规取路费银五分……②

居于休宁桑园的吕氏族人捐资约三十两,部分银两买田约三亩,田地登记入"吕宗伯祠户",但此"吕宗伯祠户"肯定不是之前由歙城等吕族人所呈立的"吕宗伯祠户"。资料记载休宁桑园在隆庆六年(1572)告鸣的"本县"是休宁县而不是歙县,而他们所立的祠户位置是"三都一图九甲",不是之前歙县的"西关二图六甲"。由这点可知,休宁桑园吕氏族人是利用同一个"吕宗伯祠户"名称成立另一个户口,用来登记他们自己的田产。桑园族人捐出来的田产和白银是一笔独立基金,由休宁桑园吕氏自己掌控,与歙县和婺源县的吕

---

① 参考(明)吕仕道编:《新安大阜吕氏宗谱》卷一,万历五年(1577),1935 年重刊,第 20~29 页。

② (明)吕仕道编:《新安大阜吕氏宗谱》卷五,万历五年(1577),1935 年重刊,第 107 页。

氏无关。田产以"轮首耕作"方式,由桑园吕氏内部轮流负责耕种,耕种者需支付"价银"作为租金。这些租金是一笔流动资金,不会用于购买田地,而是轮流交给不同族人生息,利息是每两白银每两年二钱。资料提到白银也会资助休宁桑园族人诞子和嫁娶,但唯独没有提到会捐助给歙县吕宗伯祠和太平兴国寺的祭祀。

休宁桑园吕氏直到万历五年(1577)才开始捐田入歙县吕宗伯祠。尽管桑园吕氏与歙城黄村吕氏在图谱上关系接近,但在捐赠田地一事上,仍需遵照婺源、向杲吕氏的先例,订立"合同":

> 万历丁丑年季春月,裔孙廷朋、廷敖、廷福、廷碧欲思报本追远之忱。四人共出银一拾两,买到歙县九都五图黄元基户内鸟字号土名葛塘干民田壹亩壹分贰厘,入府西宗伯祠,进始迁祖桑园祖仲荣公神主。其田递年收租备仪永,祭祖完领胙四分,带还置田四人裔收,毋许争论。
>
> 安奉迁居休宁桑园祖讳仲荣府君神位牌在府西宗伯祠享祭,则年春月规取租银叁钱与太平兴国寺僧,诣祠焚香灯,永期毋缺。①

桑园吕氏四名族人共捐十两,买歙县田地一亩余,捐入"府西宗伯祠",即徽州府西边的吕宗伯祠。族谱指出,桑园吕氏族人在捐田后便能把桑园祖先神主放进祠内祭祀。祭田的收益会分别捐助吕宗伯祠和太平兴国寺的祭祀,祠内祭祀的胙肉则只有捐资者四人及其后裔才有资格领取。这是一套巧妙的捐资方法,能联系休宁吕氏和歙县吕氏,尽管捐助者只是桑园吕氏当中四名族人,领胙的也只有此四人及其后裔,但进主入祠的桑园祖先仲荣公,却又是桑园吕氏的始祖。由此可知,桑园吕氏登记了两个控产集团,第一个是登记在休宁县"吕宗伯祠户"的约三亩田地和若干白银,桑园吕氏各人都有份;第二个是登记在歙县"吕宗伯祠户"的一亩多田地,只有四名族人有份,其作用是

---

① (明)吕仕道编:《新安大阜吕氏宗谱》卷五,万历五年(1577),1935年重刊,第108～109页。

将休宁桑园吕氏联结上歙县的吕宗伯祠和太平兴国寺。

总之,吕侍郎祠原本是歙城吕氏和黄村吕氏共同祭祀的场所,自隆庆二年(1568)开始,越来越多居于不同地点的吕氏族人加入共同祭祀,吕侍郎祠被改为吕宗伯祠。吕侍郎祠在隆庆之前是一座祭祀地方神明的庙,而吕宗伯祠则是一所祭祀各地吕氏迁始祖神主的祠堂,不同地方的吕氏通过"合同"方式捐赠田地入祠后,便能在祠内放置祖先神主。捐赠出来的田地会登记在一个新立的虚构户"吕宗伯祠户"内。

第四节 祭祖礼仪与产权

在吕侍郎祠的拥有权背后,涉及的利益甚广,包括该祠所处的坟山、山上的树木和该祠名下登记的田产,所以尽管吕氏完成了祭祖、建寺和立户,但并不表示围绕该祠拥有权的纷争告一段落。万历四十年(1612)里排李灿光等人控告吕氏族人霸占神庙,"窃见本境太平寺内有吕公祠,公讳渭,仕唐朝,原为歙州司马,历升礼部侍郎。百姓众僧咸思其德,共于免征地上建祠,尸祝尊为十寺都土地,勒碑纪迹在祠"。李灿光等人认为,吕宗伯祠根本不是吕氏的祠堂,而是一座祭祀土地神的吕公祠,所以并非吕氏族人所有。他们认为吕氏能够占据神庙,原因是"役等往观,又见祠内毁灭故牌,新列神主,本寺经堂改为私室,切思祠系一方神祠,原非一姓家庙"。[①] 从以上资料可知,李灿光等人判断吕公祠不是"一姓家庙",而是"一方神祠",关键有二:首先,建祠所在地是"免征地",即官地,所以吕公祠不属吕氏;其次,尽管祠内有吕氏神主,但都是由吕应松等人"新列"的。在李灿光等人心目中,"家庙"和"神祠"的区别,在于前者放置吕氏的神主,坐落于民地;后者没有神主,坐落于官地。李灿光等人的观念,是以祭祀礼仪和土地登记决定祭祀建筑物是"家庙"还是"神祠"。

---

① 《豪党因伐木拒骗诳歙批衙呈》,吕龙光序,《新安大阜吕氏宗谱》卷六,1935年重刊,第54b页。

面对李灿光等人的指控,歙县吕氏同样呈官诉状反驳。吕氏为了证明他们拥有吕宗伯祠,列出弘治十四年(1501)至万历二十三年(1595)关于吕侍郎祠的官府文件和纳税票据:

> 且今纳税多年,何复捏为官物?况当汪豪被占,地仍免征,伊祖程涣、巴文政等结称,吕祠基地系分字三号,词称系子孙吕太祥等祭祀不缺,即无冒认,等因。且金丈状税,系伊祖父征粮审图,尽属伊手,历有公结,何突诳诬据捏?①

吕氏指出他们一向为该地纳税,所以该祠不会是"官物",而且当年的文件部分还是由李灿光等人的祖父负责具结。当中提到弘治年间的吕氏族人吕太祥等人,在吕侍郎祠内"祭祀不缺",证明吕氏族人早已参与"吕祠"的祭祀。李灿光等人的控词和吕氏族人的反驳是否有道理,并不重要,重要的是他们都相信祭祀礼仪和土地登记是决定该祭祀场所是"家庙"还是"神祠"的关键。

正因为祭祀礼仪和土地登记是辨别祭祀场所的关键,所以接下来笔者会详细解释这两点。首先,在《新安大阜吕氏宗谱》中有明朝人对祠堂祭祀礼仪的解释,全段引用于下:

豪称公祠非宗祠辩语

> 据云祠有宗祠、公祠之别,非必其无别也,宗祠祀统宗之祖,公祠祀不迁之主,如在学左者有大宗伯杨公祠、在古关者有宋司农卿汪公祠、在王墓者有越国汪公祠、在向杲者有宋提干鲍公祠,皆称某公祠也,特其专祀为百世不迁者耳,非即为官祠也,将概入官乎?且志载吕侍郎祠,则三侍郎神主,刘公且鼎列而跪拜之,胡伯祥安得而毁之也?于法为不赦矣。生亦窃怪,神主庞杂,俨然宗祠,宜招物议,且亲尽宜祧,安在百世不迁?宦主之外,另立宗祠,可也。若宦主附祀,亦仿诸文庙,试观文庙不一其人,岂必文宣师子然独享,乃

---

① 《歙县派原诉词》,吕龙光序,《新安大阜吕氏宗谱》卷六,1935年重刊,第55b~56b页。

为愉快耶？敬将宦主开列于后……①

根据以上说法，族谱编者认为，当时已有"公祠"和"宗祠"两套祭祀方式和分辨两者的办法。公祠是用来"专祀""不迁之主"，即祭祀对象"百世不迁"，不会被移除，并且该祠不会祭祀其他神主；宗祠是用来祭祀"统宗之祖"，且会"亲尽宜祧"，意思是随着后代繁衍，相隔年代久远的远祖"神主"会被移除，祭祀方式不是"专祀"，而是"神主庞杂"，即祭祀多个"神主"。

"百世不迁"和"亲尽宜祧"是两套完全相反的礼仪，想要明白两者的不同，先要了解明中叶的礼仪改革。科大卫指出，明朝的民间祭祖礼仪是受官方礼制所规范的，明初庶民只可祭祀祖父、父亲两代祖先，即使是品官，一般也只能祭祀高、曾、祖、考四代祖先。要到嘉靖年间礼部官员夏言上奏，容许庶民祭祀始祖，这个规范才算被打破，从而也促进了一套在祠堂祭祀远祖的礼仪在地方社会普及起来。② 但我们不要以为，礼仪改革之后，四代以外的祖先神主就可以长期陈设，因为祭祀这些祖先的方法，通常是把名字写在纸上，在仪式完毕后把纸烧掉。换句话说，随着家族繁衍，每一代高祖祖先神主都会因超出四代范围而被迁走，这便是"亲尽宜祧"。

如果"亲尽宜祧"是指祭祖礼仪的话，那么与它相对的"百世不迁"又是指什么祭祀呢？《新安大阜吕氏宗谱》的编者举出几个当时"百世不迁"的例子，例如在学宫旁的"杨公祠"、在古关的"汪公祠"、在汪华墓旁的"汪公祠"和在向杲的"鲍公祠"。可以确定学宫旁的"杨公祠"和汪华墓旁的"汪公祠"，其实是神祠。③ 所以笔者认为，"百世不迁"的"公祠"和"亲尽宜祧"的"宗祠"的区别其实是"神祠"和"家庙"的区别。因为徽州的祖先和神明形象重叠，所以对

---

① 《豪称公祠非宗祠辩语》，见（明）吕仕道编：《新安大阜吕氏宗谱》卷六，万历五年（1577），1935年重刊，第11页。

② 科大卫：《祠堂与家庙——从宋末到明中叶宗族礼仪的演变》，《历史人类学刊》第1卷，第2期（2003年10月），第1～20页。

③ 关于这几座祠的资料可参考（元）郑玉：《重修忠烈陵庙记》，《师山集》卷四，《文渊阁四库全书》，第12～14页；弘治《徽州府志》卷五，第38页；嘉靖《徽州府志》卷二一，第7页；卷十，第11页；康熙《徽州府志》卷一七，第21页；道光《徽州府志》卷三，第5页。

徽州人来说,公祠(神祠)和宗祠(家庙)都是祭祀祖先的,但当嘉靖年间的礼仪改革出现后,一套在祠堂内祭祀祖先的特定礼仪兴起,同时影响了"神祠"的祭祀方式。

吕宗伯祠便是解释当时"神祠"祭祀改变的一个很好的例子。我们特别要注意,《新安大阜吕氏宗谱》的编者也质疑吕宗伯祠的性质,因为根据编者的描述,一方面吕宗伯祠并非专祀一位祖先,而是"神主庞杂",安放了 21 个神主,所以是一座"宗祠";但另一方面,如果吕宗伯祠严格遵循"亲尽宜祧"原则,便不应该放置唐朝的吕渭和宋朝的吕文仲、吕溱三侍郎这些远祖的神主。编者为了自圆其说,便声称祠内放置三侍郎神主是得到知县"刘公"刘伸承认过的,所以不能毁掉。而在三侍郎以外的其他神主,则是仿效文庙祔祀的方式。明显地,吕宗伯祠的前身吕侍郎祠其实只是一座"神祠",但经过礼仪改革后,祭祀远祖的规范解除,吕氏族人试图将其改变为属于他们的"家庙",于是便通过与其他地方吕氏签立"合同"捐赠财产的方式,在祠内增设这些吕氏的迁始祖。所以对于吕氏来说,吕宗伯祠是一座统宗祠。

吕氏官司中的重要内容是证明吕宗伯祠的土地登记。李灿光等人指称吕宗伯祠属于官祠,因为其地基是免征地。吕氏反驳,他们的祖先吕渭早在唐朝已在此建了房子,到宋朝官府尊重吕氏,才给予祠寺免征优待,所以尽管地是免征的,祠仍属于他们。[①] 后来官府并不承认吕氏这套说法,判吕氏败诉。

当吕氏拥有吕宗伯祠的说法开始遭到质疑时,他们的祭田的拥有权亦岌岌可危。万历四十一年(1613),苏懋祉[②]任歙县新知县,吕氏在同年上告当地里排胡良琪等人侵占"吕宗祠户"田地:

> 抚院天鉴,驳招送台严查,赖有吕宗祠户,寄歙西关二图,历册足征,官票可据。岂豪亲弟胡良琪充府户吏,将册潜藏,恶党胡世祖亲当册里,将户倒灭,祖祠地税一分九厘零,罄飞他户;祖坟地税二

---

① 《先有坟祠而后免征说》,见(明)吕仕道编:《新安大阜吕氏宗谱》卷六,万历五年(1577),1935 年重刊,第 10 页。
② 苏懋祉歙县知县任期不详。参考康熙《徽州府志》卷四,第 3 页。

分七厘零盗入私家;祭田七亩六分不卖而瓜分无剩,塘税一分七厘不推而涓滴无存,户尽削除,丁皆报绝。①

吕氏认为都察院接纳上诉,官司仍能继续打下去,原因是吕氏能提供"吕宗伯祠户"的土地登记,所以绝对要保存"吕宗伯祠户"。之前的官司争论点是吕宗伯祠的祠基拥有权属谁,与登记在"吕宗伯祠户"的祭田无关。理论上,祭田的拥有权应该是非常稳固的,但事实上,"吕宗伯祠户"的登记和吕宗伯祠内祭祀祖先的活动是一体两面,不能切割。如果吕氏失去了吕宗伯祠,亦即失去以祠堂祖先名义登记的户口和田地。

官司后来牵连甚广。在李灿光等人背后的是歙县县城内的斗山文会,②万历四十年(1612)四月,文会内的举人、监生和生员,联名上告斩伐树木的吕氏族人吕应松。当时的歙县知县刘伸③判吕氏败诉,"匕其吕族私主,各许撤回奉祀,前祠永为公物,岁时有司崇报"。④ 官府裁定该祠是一座单单祭祀吕渭、吕文仲和吕溱的"神祠",伐木卖得之银用于购置祭田和供祭神,并订立官府要往吕祠祭祀。同年五月,婺源吕氏上诉,坚称吕祠属吕氏所有;八月,旌德吕氏加入官司;但十一月徽州府批示,仍判吕氏败诉,一切遵照知县刘伸的判决,但多加一道命令,就是容许一名吕氏族人守祠,并立碑为证,⑤同月吕氏上诉至巡抚都察院。而在等待都察院判决期间,吕氏与李灿光等人再起纷争,一方面,李氏等人指控吕氏在万历四十一年(1613)三月初十夜,领一百多

---

① 《豪党尽灭吕宗祠户尽飞吕宗祠税连名急呈》,见(明)吕仕道编:《新安大阜吕氏宗谱》卷六,万历五年(1577),1935年重刊,第72页。

② 斗山文会有可能即斗山书院,由徽州知府建于嘉靖十八年(1539),湛若水曾在此讲学。参考嘉靖《徽州府志》卷九,第24页;道光《徽州府志》卷三,第45页。

③ 刘伸任歙县知县约在万历中期。参考康熙《徽州府志》卷四,第3页。

④ 《歙县夺祠散申院道稿》,见(明)吕仕道编:《新安大阜吕氏宗谱》卷六,万历五年(1577),1935年重刊,第61~63页。

⑤ 《本府批详令吕氏守祠卷案》,见(明)吕仕道编:《新安大阜吕氏宗谱》卷六,万历五年(1577),1935年重刊,第64~65页。

人打开官封祠门,将官府所立的碑石投于河中;①另一方面,吕氏则指他们在三月初三日往祠祭祀,初六日李氏等人领人除去侍郎"神牌",毁去祠内祭器等物,并毒杀吕氏族人。② 根据吕氏族谱,都察院驳回府县的判决,交由道台查办,但官司的最终结果并没有记录在吕氏族谱内。

从吕氏的个案可知,祭祖仪式与产权有着非常密切的关系。吕氏声称吕宗伯祠内一直进行祭祀神主的祭祖仪式,以证明这是"一姓家庙"。否则,这座吕宗伯祠只不过是一座祭祀当地神明的"一方神庙"。万一官府不承认祠内已有一套祭祖仪式,对吕氏来说后果非常严重,他们将会失去吕宗伯祠的拥有权,连带也失去登记入"吕宗伯祠户"内的田地。

明朝吕氏的个案,解释了为何祠堂能够代替神庙,成为地方社会普遍的控产组织。吕氏宗族能够建立起吕宗伯祠及其祭田,先决条件是当时徽州社会经历过行政改革。嘉靖《徽州府志》记载,当时的徽州地方政府已将"户"的性质由人口登记改变为登记土地的纳税户口,而且随着旧有里甲登记的过时和失实,官府便以一套新的方法编排和集中百姓的户口,以方便收税,即将各"户"以"同姓同族"的原则"归并"起来。但地方百姓是否"同姓同族"不是官府所能界定的,而是依赖民间编撰的族谱和共同的祭祀。换言之,地方政府的行政改革无形中促使各地吕氏集合起来共同使用"吕宗伯祠户"。

但行政制度必须配合礼仪才能在地方上得以实行。万历四十年(1612),吕氏宗族为吕宗伯祠的拥有权打官司,官司的关键争议在于吕宗伯祠内是否一直有一套神主祭祀仪式。如有的话,则这座吕宗伯祠便是一直由吕氏主持祭祖仪式的"一姓家庙",建筑物本身和在祖先名下登记的祭田便稳固地由吕氏控制;如没有神主祭祀,只有塑像祭祀,则这所吕宗伯祠内便没有一套祭祖仪式,只是祭祀吕侍郎神的"一方神祠",祠宇本身与名下的祭田亦不属吕氏所有。

---

① 《豪党安刘碑换神牌反诬盗碑灭牌连名呈府词》,见(明)吕仕道编:《新安大阜吕氏宗谱》卷六,万历五年(1577),1935年重刊,第66~67页。

② 《歙县派连名诉词》,见(明)吕仕道编:《新安大阜吕氏宗谱》卷六,万历五年(1577),1935年重刊,第70~71页。

由此可见,徽州的宗族礼仪是明中叶从神庙祭祀这个传统上蜕变出来的。徽州人早在明朝以前,便有一套神、祖形象重叠的观念;到了明中叶,这套观念没有改变,但仪式改变了。祭祖仪式的出现凸显了祠堂和神庙的区别,同时亦确认了祠堂的产权、祭田的登记和联宗合族的办法。所以,祭祀仪式的变化反映了徽州社会的变化。

第六章　岩镇的社区管理①

过往关于徽州的研究，主要集中在单姓乡村和宗族，甚少涉及当地的乡镇商埠。因此，为了对明朝徽州社会有更全面的了解，必须研究岩镇。岩镇是徽州在明清时期重要的商埠，当地的商业活动，已引起历史学者的注意。王振忠指出，明朝万历年间的地方志《歙志》等多次提及如潘之恒等岩镇商人和岩镇一带的经商风气。林丽江的博士论文探讨了明朝岩镇墨商方于鲁和程大约之间激烈的商业竞争，同时亦考究过程大约编印的《程氏墨苑》，包括内藏四张与利玛窦有关的西方版画。朴元熇注意到居于岩镇的方氏经商族人对宗族所做的贡献，并发现藏于美国哈佛大学哈佛燕京图书馆的七百多封书札（已出版《美国哈佛大学哈佛燕京图书馆藏明代徽州方氏亲友手札七百通考释》）的作者方用彬是明中叶居于岩镇的方氏宗族成员。②

---

① 本章部分内容发表于《明朝徽州的合族过程——以岩镇吴氏为中心》，《徽学》，第 7 卷，第 182~197 页；《自然环境与宗族的相互影响——以明清时期徽州岩寺镇为中心》，见周建渝主编：《健康、和平、可持续发展：人文社会科学的视野》，香港：人文学科研究所，2013 年，第 133~158 页。

② 王振忠：《万历〈歙志〉所见明代商人、商业与徽州社会》，《传统中国研究集刊》，2008 年，第 296~329 页；林丽江：《晚明徽州墨商程君房与方于鲁墨业的开展与竞争》，见米盖拉、朱万曙主编：《徽州：书业与地域文化》，北京：中华书局，2010 年，第 121~197 页。（明）程大约：《宝墨斋记》，《程氏墨苑》，著于 1604 年，北京：中国书店，1991 年，第 8 页；朴元熇：《明清徽州宗族史研究：歙县方氏的个案研究》，北京：中国社会科学出版社，2009 年。

诚然，过往的研究阐述了岩镇商业与宗族的重要性，但如果要确切理解岩镇，不能忽视岩镇是一处杂姓聚居的商埠。杂姓商埠的特点意味着处理岩镇社区事务的场所不是一姓的祠堂，而是庙宇。岩镇内有不同姓氏的祠堂、庙宇、土地坛，不同的祭祀方式"共冶一炉"。同时，不同阶层的群体，通过各自不同的祭祀方式，以表明他们在岩镇的社会身份和地位。

第一节　人口流动、商业与营建

单从字面解释，岩镇的名字似乎已包含乡镇的意思。关于这个地名的来历，当地流传两个说法：一个说法是，唐朝时期当地有一所佛寺名"古岩寺"，僧徒有五百余人，并有军队镇守，故名"岩镇"；[①]另一个说法是，南宋时岩镇是"商旅聚会"之地，所以南宋中央政府在当地"设官收酒税之权"，并在1135年正式"改地为镇"，岩镇之名由此而来。[②] 现今岩镇仍有一条税课巷，据说是当年官厅课税之处。这些说法都尝试解释为何当地名为"镇"，但科大卫的研究提醒我们，不能单从字面意思来理解地方社会，而应该以"入住权"的角度来解释"镇"的定义。他认为，村落（village）与乡镇（town）的区别在于村落不容易接纳外人，目的是保护当地资源；但乡镇刚好相反，欢迎外来人口迁入，从而吸引外来资源和贸易商机。[③] 因此，我们研究岩镇，必须注意当地的商业发展和人口流动。

明清时期徽州人亦明白商业与外来人口如何造就岩镇的发展，证据是

[①] （清）佘华瑞：《岩镇志草》，第99、100、103、105页；另外，宋朝已有关于古岩寺的记录，参考（宋）罗愿：《古岩经藏记》，《罗鄂州小集》附录，《文渊阁四库全书》，第4~5页。

[②] （清）徐松辑：《宋会要辑稿》，北京：中华书局，1957年，《方域》，第192册，第18~21页；（宋）罗愿：《新安志》卷三，第2页。

[③] David Faure, "What Made Foshan a Town? The Evolution of Rural-Urban Identities in Ming-Qing China", *Late Imperial China*, Volume 11, Number 2, December 1990, p.1—31.

《歙西岩镇百忍程氏本宗信谱》①（以下简称《百忍程氏信谱》）内的一段记述。《百忍程氏信谱》的编修者程弘宾在万历十七年（1589）撰写了一篇《始终居歙守业记》，提到当时岩镇的繁华景象：

> 镇上有八景，有三街十八巷，有居人数万家，有氏族五十余，有挂名校黉者百余人，而青衿学子不预焉。间阎盘亘，市布络于其中，衣冠揖逊之士，与服劳执业之人，杂然而塞途，若一都会通津然。登名仕版者，状元、尚书以下，继踵而至，挟资外贾者，治鎏开典而下，比屋而是。乃新安第一乡，胜于黄墩百倍者也。②

程弘宾称赞岩镇为"新安第一乡"，原因是当地充斥着两类来者，一类是具有功名的士大夫，一类是做生意的商人。其实程弘宾的家族亦是做生意致富的，自他的祖父开始便同爨共财，没有分家，再加上程家出资款待巡视地方的官员，因此得到当时的徽州知府郑玉手书"百忍遗风"以匾其门。所以无论是程弘宾家族的声誉，还是岩镇的繁荣，都建基于当地的商业贸易。

另外，根据清朝《岩镇志草》，岩镇经历元末明初的战乱后曾一度沉寂下来，到明朝嘉靖年间才再次繁华，"岩镇自嘉隆以来，巨室云集，百堵皆兴，比屋鳞次，无尺土之陈，谚所谓寸金之地也"，"甲第如鳞，贾区若指枊"。③ 由此可见，岩镇的商业兴盛，与大量外来人口迁入息息相关。

岩镇的商业发展，与其地理位置也有关。岩镇位于歙西盆地的中心，位于徽州交通要道上，清朝雍正年间编修的乡志《岩镇志草》便形容当地是"六邑之都会、九达之通逵"。④ 在明清时期徽州一府六县，无论从哪一个县往他县，都必须经过岩镇。笔者在当地做田野考察时，发现岩镇的社区格局，基本

---

① 该族谱的两篇序言分别著于明朝万历十七年（1589）和十八年（1590），谱内世系图记载岩镇程氏传到了第十三代。该代人都生于万历十五年（1587）以前，没有卒年的记录。种种迹象显示该族谱编修于明朝万历后期。
② （明）程弘宾：《始终居歙守业记》，《歙西岩镇百忍程氏本宗信谱》卷十一，万历十七年（1589）序，第5页。
③ （清）佘华瑞：《岩镇志草》，雍正十二年（1734）序，第99～100、103页。
④ （清）佘华瑞：《岩镇志草》，第103页。

上是围绕着一条主要街道发展起来的,该街道东西横向,分为上街、中街和下街三段,贯穿整个岩镇,整条街道的两旁商铺林立。① 这个社区格局似乎早在明朝时已形成,因为笔者在《百忍程氏信谱》内发现一幅岩镇地图(以下简称"岩镇图"),岩镇图显示明朝万历时期,有一条主要街道贯穿岩镇,此街道分为东街和西街,街道两旁建满了房屋和商铺(参考图6-1)。地图标示了当地的祠堂、庙宇等重要建筑,同时亦显示出地图绘制者心目中岩镇社区的范围,东西两街由通济桥连接起来,桥东边连接东街,桥西接上西街。东街由通济桥向东至凤山台止(凤山台在明朝岩镇图上称为"文几山")。西街由通济桥通往名为"节孝里"的牌坊附近为止。根据岩镇图,明朝岩镇以这条主要街道为中心向外发展开去。

---

① 笔者在徽州做田野考察时发现,当地不少村落,例如许村、棠樾等地,其空间形态都与岩镇类似,都是一条主要街道直接穿入村落的中央。这条街道外通其他村落和县城,从这些街道进入乡村的出入口处,总会找到一两块牌坊。沿该条街道进入村内,道路两旁商铺林立。

图 6-1　岩镇图（局部一）

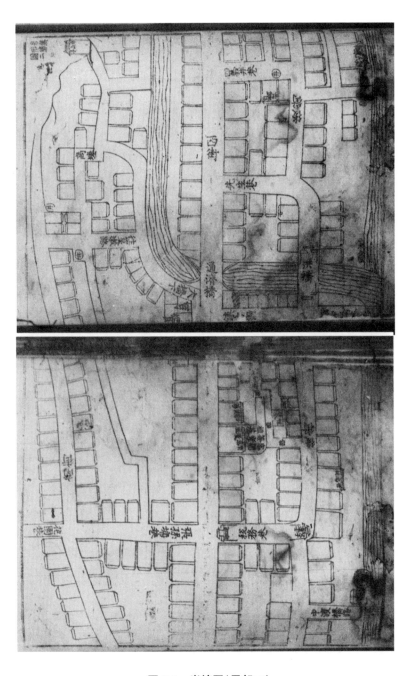

图 6-1　岩镇图（局部二）

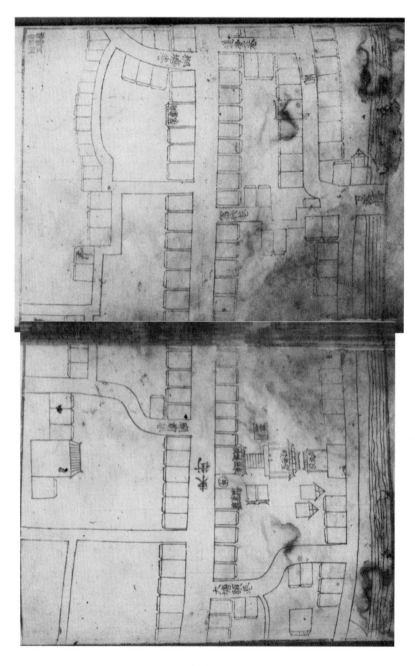

图 6-1　岩镇图(局部三)

第六章 岩镇的社区管理

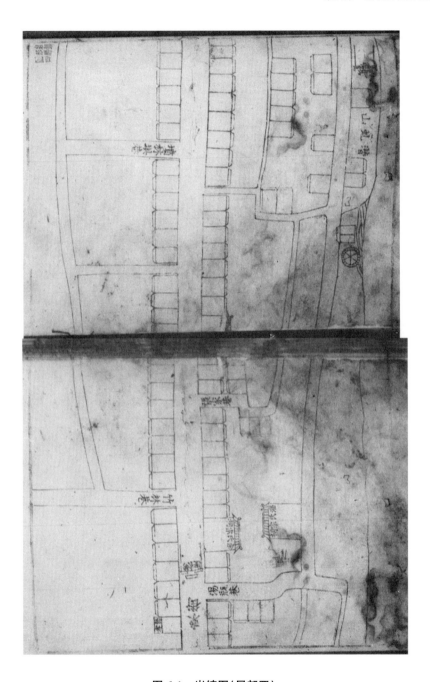

图 6-1 岩镇图(局部四)

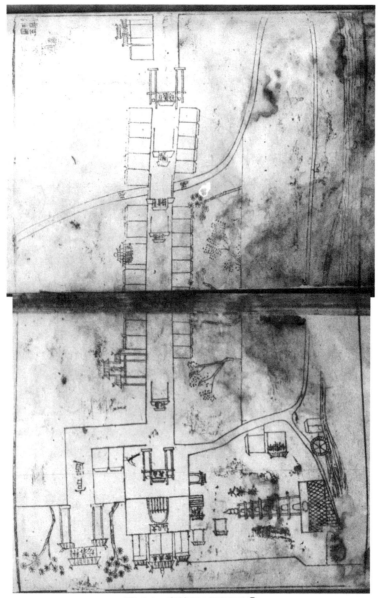

图 6-1 岩镇图(局部五)①

---

① 以上 5 图取自(明)程弘宾:《歙西岩镇百忍程氏本宗信谱》,万历十八年(1590)序,藏于犹他家谱学会,经由笔者复制、剪裁。

岩镇的东、西两街多是商铺。《百忍程氏信谱》内载有一篇撰写于天顺七年(1463)的《岩镇八景诗序》,作者阎禹锡(1426—1476)是徽州府经历。当时已有"岩镇八景"之说,而八景之一的"两市书声"是指"镇首尾五里许,中横石分东西,俗尚儒好读书,每夜深书声彻于镇之东西"。① 根据这段描写,"横石"即连接东西两街的通济桥,桥两边的东街和西街便是"两市"。另外,在嘉靖《徽州府志》中,"市"和"街"的意思是相通的。②

岩镇的桥梁建设涉及家族利益。根据《岩镇寺草》,岩镇大部分桥梁都是由几个家族花了大量的人力、财力和时间兴建和维护的。青云桥是岩镇当地最早兴建的桥梁,位置在"镇东之孔道",孔道即四通八达的要道。"里人"汪伯贤于明永乐六年(1408)建青云桥,并在桥上建亭;正德十三年(1518)族孙汪勤重修青云桥,并在桥上"有粥饼汤茗列其中,以便行旅"。③ 该桥在清朝康熙三十五年(1696)遇火灾,桥亭和桥身焚毁,到清朝康熙三十九年(1700)再由汪勤之后裔汪以元重建。④

汪勤在青云桥上做起了饮食生意,而从另一个关于孙公桥的例子,可以看出桥梁与商业的关系。根据弘治《徽州府志》,孙公桥原是一座木桥,遇洪水便会毁坏,弘治年间里人孙士铨以白金二千余两改建石桥,上构屋五十楹。嘉靖《徽州府志》记载,地方政府为了表彰孙氏一家,表其门为"尚义之家"。⑤ 另外,《岩镇志草》中记载了一篇《孙翁桥记》,作者李汛,生平不详,没有署著作年份,文章提及里人孙士铨在弘治九年(1496)建石桥,而作者在石桥建成不久撰文。根据《孙翁桥记》,建桥工程历时四年才完成,修桥花费四千余两金,参与修建的工人有两万人,孙士铨还割田四十亩,以田亩收入作为桥梁维修经费。完工后的石桥,"构屋四十八楹,面西列为贾区,百货具集,舆马负

---

① (明)程弘宾:《始终居歙守业记》,《歙西岩镇百忍程氏本宗信谱》卷十一,第13页。
② 嘉靖《徽州府志》卷一,1566年刊,上海:上海古籍书店,1981年,第21页。
③ (清)佘华瑞:《岩镇志草》,第115页。
④ 康熙《徽州府志》只记载青云桥由岩镇里人汪伯里建,并未提及兴建年份。参考康熙《徽州府志》卷八,康熙三十八年(1699),台北:成文出版社,1975年,第31页。
⑤ 弘治《徽州府志》卷三,弘治十五年(1502)刊,台北:台湾学生书局,第3页;嘉靖《徽州府志》卷十,1566年刊,第43页。

戴,往来如织。西边置大木为坐具,憩行人而环之,以木栅用防倾失"。① 可见,投入孙公桥上的人力、物力甚为庞大。

位于岩镇中心位置的通济桥,旧名"市心桥",该桥东西横向,跨于颍溪之上。桥的东西两边连接岩镇的主要街道。通济桥的历史可追溯至明朝成化十年(1474),当时的徽州知府周正敦要求当地耆民汪用本负责募款建桥之事。② 通济桥处于岩镇的重要地段,在通济桥旁的广惠祠是岩镇的一座重要庙宇。据说,广惠祠两柱上曾挂有明朝状元唐皋③所写的对联"六街灯火无双镇,十里笙歌第一桥",以形容元宵节在广惠祠举行灯会的繁华景象。著于清朝的《重修通济桥记》提到,"(按:岩寺镇)为六邑都会,往来之所,辐辏东达金陵、武林,西出楚、豫、闽、粤,咸必经此……而其中颍水限之,是桥之舆所为利涉者广也"。④ 此文指出岩寺镇东边通向金陵(南京)、武林(杭州),西则可到江西、福建和广东等各地,而这段路却被颍溪所阻,所以全靠这座通济桥连接这段东西路线,便利商旅,带来巨大经济利益。

还有位于岩镇水口位置的佘公桥。《岩镇志草》形容该水口为"溪流之关键,束合镇之门户"。佘公桥由佘邦直⑤于嘉靖十四年(1535)所建。桥成后请得状元吕柟⑥为桥题字、李春芳⑦写记。根据李春芳的《佘翁桥记》,该桥之工程浩大,桥高三丈,长四十丈,阔二寻,桥上有房七间,建桥费用"金四千两"。⑧ 佘公桥不久被火烧坏,之后佘邦直曾孙佘湛开始负责该桥的维修工

---

① (明)李汛:《孙翁桥记》,见(清)佘华瑞:《岩镇志草》,第214~215页。
② 弘治《徽州府志》卷二,第2页。
③ 唐皋,字守之,岩寺镇人,明正德九年(1514)进士第一。
④ (清)吴菘,《重修通济桥记》,见(清)佘华瑞:《岩镇志草》,第233~234页。该文没有署日期,但由内容推断,应在1708年修桥后不久。
⑤ 佘邦直又名文义,号梅庄,在乡贤祠有祀。(清)佘华瑞:《岩镇志草》有传,无生卒年份,只知与郑佐同时期,约是16世纪前期人,多在外地经商。
⑥ 吕柟,正德三年(1508)中进士,累官至南京礼部侍郎。
⑦ 李春芳,嘉靖二十六年(1547)考中进士,之后累官礼部尚书、大学士。
⑧ "金"的意思应该是白银。李春芳:《佘公桥记》,见(清)佘华瑞:《岩镇志草》,第219页。该文没有署日期,而根据内容,该文是建桥者佘邦直的仲子、太学生佘海请李春芳所写;嘉靖《徽州府志》卷十,第43页。

程,最后到佘湛的孙子于万历四十二年(1614)才修复完毕。康熙初年佘公桥又被损坏,再由佘氏族人佘文焯于康熙五年(1666)重建。①

在佘公桥旁,有岩镇内重要的建筑凤山台和水口塔。凤山台和水口塔在功能上与桥梁有别。在明朝岩镇图内描绘的文几山和文峰塔,便是凤山台和水口塔的别称(参考图6-1)。凤山台和水口塔建于岩镇水口位置,岩镇水口在岩镇东端,是丰乐河在岩镇的下游出口。凤山台建于明朝嘉靖年间,不会迟于嘉靖二十三年(1544)。② 兴建凤山台,据《岩镇志草》记载,是"因形家者言有不利于某所,遂障其北,而立汉寿像于中",目的是改善风水。汉寿像即神明关羽的像。另有资料指出,凤山台之上建三所房间,中间祭祀玉虚君,两翼房间是游憩之处,台之下有三扇门,"藏其左右而通其中,以为周道"。这三扇门只开中间一门,连接"周道","周道"即是大道的意思。凤山台右边有三元阁,由里人吴文渊所建,阁前有一建筑,由胡泰荣所建,阁之右平原上有后土祠,祠之前有一小建筑,归里人程泽所有。③ 所以凤山台是岩镇在明中叶才开始修建的祭祀点。凤山台至今仍在(参考图6-2)。

图 6-2 岩镇凤山台④

明朝岩镇士绅郑佐(1497—?)撰写了《题造水口台塔疏语》和《水口塔上

---

① (清)佘华瑞:《岩镇志草》,第114页。
② 郑佐在建水口塔时,著有一篇《题造水口台塔疏语》。由此推测,建水口塔时,已有凤山台。
③ (清)佘华瑞:《岩镇志草》,第108页。
④ 笔者摄于2006年8月。

魁星告文》两篇文章,强调建水口塔与佛塔并无关系,由于水口处缺少高山等屏障,故需建塔作风水之用。① 两文都没有署日期,但笔者认为都是预备建塔时撰写的。水口塔建成于嘉靖二十三年(1544),历时十二年,②塔高二十五仞③,分为七级。根据另一士绅方弘静在嘉靖二十九年(1550)所著的《岩镇水口神皋碑铭》④,协助郑佐建塔的乡耆包括方富贞、汪通保、鲍荣芳、唐伯起、张鄢和方弘静的父亲。这些人的贡献在于出谋划策、选择吉地和向乡民募款。据《岩镇志草》记载,每层塔都由不同人捐款,第一层是胡泰荣同族人,第二层是桂总,第三层是方富贞,第四层是鲍道相、道达,第五层是汪通保,第六层是里人公建,第七层是吴宽。水口塔规模比凤山台更大,投入的人力、物力更多,是郑氏与其他姓氏合作的成果。水口塔现在仍存,但有倾倒的危险,禁止游人进入(参看图6-3)。

图 6-3　岩镇水口塔⑤

从以上的资料中得知,兴建桥梁、凤山台和水口塔主要是在明朝前中期,

---

① (明)郑佐:《题造水口台塔疏语》《水口塔上魁星告文》,见(清)佘华瑞:《岩镇志草》,第228页。
② 根据清人佘华瑞的《吴慎斋义士造塔顶纪略》,该塔花了12年建造,该文没有署日期,应著于雍正初年。嘉靖二十九年(1550)进士方弘静所著的《岩镇水口神皋碑铭》,则指该塔用10年时间造成,该文同样没有署日期。参考佘华瑞《吴慎斋义士造塔顶纪略》,见(清)佘华瑞:《岩镇志草》,第226～227页;方弘静:《岩镇水口神皋碑铭》,见(清)佘华瑞:《岩镇志草》,第218页。
③ 八尺为一仞。
④ 该文没有署日期,但根据内容,应是塔建成后所著,故应是16世纪中期。
⑤ 笔者摄于2006年8月。

也是大量外来人口迁入岩镇和岩镇变得繁盛的时期。桥梁、凤山台和水口塔能为兴建者带来荣耀,并使其在岩镇获得较高的社会地位。

第二节 东岳庙、广惠祠和岩镇乡约

在行政编制上,政府并没有派官员驻守岩镇,根据嘉靖《徽州府志》,岩镇与其他乡村一样,被编入乡都之列,属于永丰乡十九都。① 换言之,岩镇社区的管理并不是由官府衙门负责。同时,岩镇是一座杂姓乡镇,任何一个单姓宗族及其祠堂皆不能管治整个社区,因此,岩镇的庙宇才是该地区的社区中心。

在众多庙宇中,最重要的是东岳庙,《岩镇志草》称之"居镇之中","阖镇公务及宣讲乡约则会于此殿"。② 东岳庙又名"东岳道院",建成于宋朝绍熙二年(1191),初名"镇东道院"。淳祐六年(1246),任职史院官的吕午③因为丁母忧而致仕故乡岩镇。他回乡的第一年,在道院内设置宋理宗的神像并拜祭,神像内放有《无上玉皇心印妙经》。④ 淳祐八年(1248),吕午治炼一钟放在道院内,同年,镇东道院改名为"东岳庙"。到了明朝,吕氏族人继续强调他们与东岳庙的关系。正统八年(1443)十二月,吕氏声称已寻回先前被盗去的《无上玉皇心印妙经》并重新安放经文于神像内,同时亦重修神像,负责者是吕午的六世孙吕旭。正德十二年(1517),神像再由吕氏子孙重整。⑤ 由此可知,自南宋开始东岳庙与吕氏便甚具渊源,这里的吕氏正是本书第五章所提

---

① 嘉靖《徽州府志》卷一,1566年刊,第23页。
② (清)佘华瑞:《岩镇志草》,第136页。
③ (宋)吕午,岩寺镇人,嘉定四年(1211)进士。
④ 有关吕氏与东岳庙关系的资料,见于《岩镇志草》和《竹坡类稿》。《竹坡类稿》是宋人吕午的文集,但现留传的是手抄本,内有吕氏在明朝嘉靖年间的资料。故推断该书著成于明中后期。(宋)吕午:《竹坡类稿》,《北京图书馆古籍珍本丛刊·89》,北京:书目文献出版社,1988年。
⑤ (宋)吕午:《竹坡类稿·附录》,《北京图书馆古籍珍本丛刊·89》,北京:书目文献出版社,1988年,第316页;(明)吕仕道:《东岳庙遗迹》,《新安大阜吕氏宗谱》卷五,万历五年(1577)编刊,1935年重刊,第78页。

及的吕氏之一支。①

嘉靖八年(1529)吕氏族人吕元宽著了一篇《曾祖胜佑教谕神像记》，提到他的曾祖吕旭在洪武年间担任陕西延安府延长县教谕一职，是南宋吕午的六世孙。更重要的是，吕氏在正德九年(1514)于乡贤祠内"刻立"他们的祖先吕午及其儿子吕沆的神像，并且"奉祔"吕旭，一共三尊神像。而在刻像的同时，吕元宽等人捐献白金三十余两作维修乡贤祠之用。可以肯定，当时的吕氏已积极经营这所具有祭祖意味的乡贤祠，而这座乡贤祠，其位置正在东岳庙之西。②

明朝东岳庙一开始由吕氏控制，后来渐渐变为全岩镇所共有。《新安大阜吕氏宗谱》记载了一段由明朝万历年间吕氏族人撰写的东岳庙资料："岩镇东岳庙，左史吕午公之所建也……宋末元初皆吕氏经管，至我朝吕氏人力单寡，众姓繁盛，被众改为东岳庙……三月二十八众姓赛会，犹以三宝献神……"③明朝时期的吕氏族谱已提到，当时的东岳庙已不属于吕氏。明朝景泰七年(1456)东岳庙毁于火灾，成化三年(1467)重建，弘治十一年(1498)东岳庙因众人集资而得到扩充。

另外，岩镇耆民汪元华、王障、闵昂、吕佑等人于正德十年(1515)联名上呈地方政府，要求在东岳道院(即东岳庙另一别称)之西建立逸民祠、义士祠和遗爱生祠。他们认为："国家崇德尚贤，虽有祀典，而乡邦企德景行可无乡祀？"他们希望建逸民和义士二祠，拜祭那些宋元以来，在才干、德行、贡献社区和文章等方面有建树的岩镇人。逸民和义士祠的祭祀和开支，由岩镇民众共同负担，"乡贤有力之家，各输田租给供祠祀"。而管理三祠和祭祀的具体事务，就由东岳庙道士负责，"帖委本院住持道士程玄璋等，常川视守，收掌田租，洒扫焚香，春秋备祭"。由此可知，东岳庙和其附近的逸民祠、义士祠和遗

---

① 明朝编修的《新安大阜吕氏宗谱》记载了岩镇吕氏的谱系，在吕宗伯祠内的神主名单中，亦有吕午的神主。(明)吕仕道编：《新安大阜吕氏宗谱》卷六，万历五年(1577)，1935年重刊，卷一，第32页；卷六，第12页。

② 如参考明岩镇图，在镇东水口塔旁有一座乡贤祠。

③ (明)吕仕道：《东岳庙遗迹》，《新安大阜吕氏宗谱》卷五，万历五年(1577)编刊，1935年重刊，第78页。

爱生祠关系密切,而庙和祠的维护都是由岩镇民众出资。①

纵观东岳庙的历史,有几个姓氏与该庙有特别密切的关系。之前提及的吕氏是其一,另外还包括邱氏和闵氏。后两个姓氏在岩镇也很特别,因为他们和吕氏一样,早在南宋已居于岩镇。邱氏对东岳庙的贡献,在于明初时曾独资建造东岳庙大门。② 另外,一篇所署年份为宋朝咸淳六年(1270)的《题请建立镇东祖社奏疏》提到邱氏与东岳庙的特殊关系。该文作者邱龙友③,原本是徽州提刑节度同知,他在徽州任满后,希望定居岩镇,于是上此奏疏,"占籍官前,遂为歙民,编户岩镇……既居其乡、群其人,当立乡社,规以乡约"。④ 邱龙文所立的乡社名为"镇东祖社",位置正好在东岳道院的东边(参看岩镇图)。

参与倡建逸民祠、义士祠和遗爱生祠的闵氏,在岩镇具有悠久的历史。天禧二年(1018)著的《闵氏尊圣阁》提及,闵氏族人闵景芬,在岩镇西南一座名为南山的山上建尊圣阁⑤,作为藏书和教学的地方。⑥《岩镇志草》指出圣阁是闵氏祭祀历世祖先的地方。⑦ 由此可以确定,吕氏、邱氏和闵氏在岩镇历史悠久,由南宋至明初都参与经营东岳庙及其附近的祠宇。

值得注意的是,有几个姓氏与东岳庙及其附近三座祠的发展关系密切,但亦有几个姓氏完全没有参与其中。《岩镇志草》提到倡建逸民祠和义士祠

---

① 《建各祠府示帖文》,正德十年(1515);方纶:《遗爱祠仪注条约引》,正德十一年(1516),见(清)佘华瑞:《岩镇志草》,第116~119页。

② (清)佘华瑞:《岩镇志草》,第138页。

③ 宋末元初,邱龙友与郑安等人携官印投降元军。参弘治《徽州府志》卷四,第25页;卷八,第34页;卷十一,第50页。

④ (宋)邱龙友:《题请建立镇东祖社奏疏》,见(清)佘华瑞:《岩镇志草》,第213~214页。该奏疏上于咸淳六年(1270)。

⑤ 尊圣阁可能距离之前所述的广惠祠很近,因广惠祠在万历戊子(1588)年遭火灾,连尊圣阁也波及。参考佘华瑞:《岩镇志草》,第138页。

⑥ (宋)向敏中:《闵氏尊圣阁》,天禧二年(1018)。见(清)佘华瑞:《岩镇志草》,第211~212页。当地的文人传统似乎很早就有,南宋《新安志》记载,先圣庙及学,自唐朝已在州城之东北边,在太平兴国三年(978)迁入城内之乌聊山上,之后经过几次迁移,到宣和期间焚于方腊起义,到绍兴十一年(1141)才再营建。该处更是举行乡试的贡院。参考(宋)罗愿:《新安志》卷一,第30~31页。

⑦ (清)佘华瑞:《岩镇志草》,第130页。

的是汪元华、王障、闵昂、吕佑等人,而在祠内受祭的先贤,有潘、方、佘、王、唐、赵、汪和孙等姓,但郑和鲍等大姓,没有参与东岳庙和附近三座祠的修建,亦不在受祭名单内。但这并不等于他们对岩镇其他方面的发展没有贡献,因为有资料显示他们积极参与了其他庙宇的建设,广惠祠便是其中之一。

广惠祠是一座拜祭汪华的寺庙,"广惠"是地方神明汪华的众多封号之一。该祠位于通济桥旁,是岩镇地理上的中心位置。该庙何时何人所建已难以查考,至嘉靖年间,广惠祠的地位在岩镇变得非常重要,这与当时所倡立的乡约有关。岩镇士绅郑佐[①]认为"今者天时亢旱,人心忧危,奸党乘机,邪谋窃发,假称借贷,敢拥众于孤村,倚恃强梁,辄纷臂于单弱",于是在嘉靖二十三年(1544)倡立岩镇乡约。

岩镇乡约并不单纯是推行饮酒礼和宣读圣谕等仪式的士大夫教化纲领,而是一套地方治安制度。根据郑佐著于1544年的《岩镇乡约叙》,乡约的管理方法是"一镇分为十八管,有纪有纲,每管各集数十人,一心一德。毋小勇而大怯,毋有鲜而无终,毋生事而败盟,毋见利而忘义"。[②] 从上文可知,郑佐提出的岩镇乡约,是分岩镇为十八区,每一区域派出数十人,组织武装力量维护地方治安。

根据《嘉靖实录》,嘉靖三十四年(1555)徽州受到倭寇侵扰。[③] 卞利指

---

① 郑佐16岁时入郡庠,1513年26岁时中应天乡试,1514年中进士,任礼部祠祭司主事,曾奏请封朱子宗族内的宗子为五经博士,在嘉靖大礼议事件时抗疏,之后被外放。曾任福建按察司金事、江西饶州兵备,在这段时间里,他参与镇压地方动乱,负责操练民兵和倡议地方保甲。他任贵州右参政后,1536年便决定告归。

② (明)郑佐:《岩镇乡约叙》,1544年,见(清)佘华瑞:《岩镇志草》,第228~229页。

③ 嘉靖三十四年(1555)有一股不满一百人的倭寇,从杭州经严州迫近徽州,《嘉靖实录》与道光《徽州府志》记载了两个完全不同的结果:前者指这批倭寇竟击溃了五百多名防守徽州的官民兵壮,杀烧抢掠而去;后者则指因为徽州有所防范,所以倭寇马上流劫别处。但两者都肯定,这批倭寇没有占领城池。而有可能这些事故给了何东序压力,导致他上任后便在府下六县修建城墙。参考《嘉靖实录》卷四二四,见傅玉璋等编:《明实录类纂——安徽史料卷》,武汉:武汉出版社,1993年,第930页;道光《徽州府志》,1827年,卷六之二,第7页;(清)佘华瑞:《岩镇志草》,第259~260页。民国《歙县志》卷三,1937年刊本,台北:成文出版社,1975年,第3~4页。

出,当时的徽州知府何东序大力鼓励地方实行乡约:"令每十甲为一约,于内选殷实公正、日为乡党推服者二人为约正、副,率领众人,每约置炳大牌,书百姓家名,送县标押。每十家置锣一面、铳一把,闲暇操练。一遇有警,约正、副持牌鸣锣号召,并力追捕……"鼓励建立这套具有保甲性质的乡约,与倭寇的侵扰有关。① 在时间上非常巧合的是,在嘉靖三十四年(1555),岩镇乡绅方元桢②再立乡约,并撰写《岩镇备倭乡约》,当中提到再立乡约的原因是"今倭寇势甚"。该乡约提及:

> 爰集里众,重订新盟。规约模仿甲辰荒岁御寇之条,事款益损大参双溪郑公之旧。固严闸棚,庶缓急守卫有基;推举骁勇,俾临事当关足恃。用告十八管首领,相率上下街吾人,请合志而同心,各效谋而宣力。③

大参双溪郑公即郑佐,"甲辰荒岁除御寇之条事"即郑佐当年立岩寺乡约中的御寇方法。如将第二次方元桢的乡约与第一次郑佐的乡约比较,则会发现方元桢的乡约仍有"十八管"这个区域观念,而且各管有其领袖。无论是郑佐的《岩镇乡约叙》,还是方元桢的《岩镇备倭乡约》,都没有提到宣读乡约等仪式,但《岩镇志草》却提及当地"宣讲乡约",宣讲地点正是东岳庙。④

自郑佐和方元桢倡立乡约和建立十八管后,广惠祠与乡约的关系也同时建立起来。根据《岩镇志草》,该祠"自嘉靖中分十八管,每岁轮司灯事。新正

---

① 卞利:《明清时期徽州的乡约简论》,《安徽大学学报》,2002年第6期,第34~40页;乾隆《绩溪县志》卷四,《武备志·捕察保甲附》,见《重印绩溪县志》,台北:绩溪旅台同乡会,1963年,第124页。

② 方元桢,曾中贡元,任职府学和别县的知县。参考《岩镇志草》,第244页。

③ (明)方元桢:《岩镇备倭乡约》,1555年,见(清)佘华瑞:《岩镇志草》,第229页。另外值得注意的是,嘉靖《徽州府志》记载"本府承奉本院,明文编定约示,屡行申饬,但各城市乡村,不肯着实举行,未见明效",可知明中叶时徽州地方政府鼓励地方社区推行一套维护治安的保甲政策,但效果不佳。参考嘉靖《徽州府志》卷十一,第21页。

④ (清)佘华瑞:《岩镇志草》,第136页。

望前一日，从茆田庙迎越国汪公像于祠中，张灯五夜，以祝丰年"。① 每年元宵节在广惠祠举行的灯会便由十八管"轮司灯事"。每年元宵节的前一日，当地会从茆田的汪华庙处迎神明汪华像来广惠祠。② 换句话说，广惠祠在明中叶之先，与茆田的汪华庙已建立一套祭祀关系，到了明朝嘉靖年间，随着地方乡约的建立，一套由十八管轮流司灯的新仪式便建立在旧有的汪华祭祀传统上，而十八管这套新的制度也在广惠祠落实了。

岩镇乡约的倡议者都是明朝中叶才兴起的宗族成员，具有显赫的科举功名。就如郑佐和方元桢，他们分别具有进士和贡士的功名，也曾担任朝廷官职。根据《岩镇志草》，郑氏祖先元吉公来自官塘③，定居在岩镇的时间已不可考。到成化年间族人郑彦荣兴建洪桥于颍溪之上。到嘉靖九年（1530），族人郑报孙联合身为江西左参政的郑佐，在洪桥旁建郑氏宗祠，祭祀元吉公。方元桢所属的岩镇方氏，于嘉靖年间兴建方氏家庙，祭祀南宋始迁岩镇的方氏始祖，《岩镇志草》特别强调该所建筑是家庙而非宗祠，原因是方氏族人方弘静（1516—1611）于嘉靖二十九年中进士，累官至南京户部侍郎，其品官职位高至能让方氏族人兴建家庙，而方弘静本人亦为水口塔撰写文章，以示支持。岩镇鲍氏在明中叶捐资建水口塔，而当水口塔建成约五年后，即嘉靖四十一年（1562）兴建鲍氏宗祠，祠堂位置不在别处，就在水口塔旁。当岩镇鲍氏族人中功名最高的鲍道明（？—1568）死后，该祠便成为祭祀鲍道明的祠堂。鲍道明于嘉靖十七年（1538）中进士，官升至南京户部尚书。

倡立乡约和部分参与建水口塔的氏族，如郑、胡、吴和鲍等，都没参与兴建东岳庙旁的逸民、义士二祠，其祖先也没有受祀于二祠内；积极参与兴建逸

---

① （清）佘华瑞：《岩镇志草》，第 138 页。
② 参考（宋）吕沆（1205—1285）：《茆田忠烈庙记》，该文见吕沆父亲吕午的文集。（宋）吕午：《竹坡类稿》，据清抄本影印，北京：书目文献出版社，1988 年，第 296～297 页；（明）唐桂芳：《重建茆田灵显庙碑记》，大约著于 1356 年，《白云集》卷六，《文渊阁四库全书》，第 28～30 页；（清）佘华瑞：《岩镇志草》，雍正十二年（1734）序，第 138、255 页。
③ 官塘应该位于岩镇东北方，因为《歙县志》记载，永丰新堨未废坏时，所溉之地包括官塘。民国《歙县志》卷二，第 15a 页。

民、义士二祠的闵、吕、佘等大姓都没有参与水口塔的营建。在此我们隐约见到有两批群体：第一批是闵、吕等世家，他们早在南宋时已立足岩镇，并以东岳庙和逸民、义士二祠为他们的祭祀中心；第二批是郑、鲍等明中叶才兴起的新贵，他们在嘉靖年间建宗祠，其族人都在明中叶取得显赫的科举功名。他们专注经营广惠祠和岩镇的水口。庙宇、乡约和水口塔展示出岩镇明中期各方势力此消彼长的发展过程。

第三节　没有祠堂的岩镇吴氏

吕氏是岩镇世家，对他们来说，东岳庙与他们有特殊关系；郑氏和方氏则是岩镇的新贵，他们的地位建基于他们所兴建的祠堂。另有部分人的家世不足以让他们兴建祠堂。本节将会集中讨论岩镇吴氏——一个没有祠堂的群体。现在我们能知道，这群没有宗祠的吴氏族人在明朝成化年间将自己组织起来，全靠他们在约成化十六年（1480）编修的《岩镇吴氏族谱》。这本珍贵的族谱记载了他们如何联系居于不同地方的吴氏和如何祭祀祖先。而更重要的是，这本族谱显示出这群岩镇吴氏与之前提及的郑氏和鲍氏等宗族的不同：后者在明朝时已有族人取得科举功名和担任重要官职；但岩镇吴氏一直默默无闻，没有多少族人具有功名。这本族谱所显示的，是一个在当时并不算显赫、富裕的群体如何尝试转变成宗族。

一、族谱编修和合族建构

《岩镇吴氏族谱》刻意分开列出"岩镇吴氏族谱列传"和"迁绍村吴氏列传"两批族人名单，从这套编辑格式中可以看出，所谓"岩镇吴氏"其实是由居于两地的吴氏族人组成的，一处是岩镇，另一处是绍村。绍村位于歙县县城南部的山区，离岩镇大约十四千米。《岩镇吴氏族谱》中有三篇序言，记录了编修该族谱的前因后果，也提及岩镇吴氏与居于其他地方的吴氏合族的过程。

第一篇序著于成化九年(1473)十月,作者袁诚①是歙县训导。他提到当年七月,身为乡贡进士的吴湜带来"旧谱序",请他写新序,该族谱是吴湜"族之伯父茂芳公重修"。袁诚也提到最先倡修族谱的,是吴茂芳的父亲吴佑,但他修谱未成便过世,故由吴茂芳接手。翻查族谱资料,吴茂芳(1402—1474)②,字永昂,岩镇吴氏第十世族人,无科举功名,生平记录极少。吴湜(1434—1489),字一清,号纳轩,绍村吴氏十一世族人,于成化年间中进士,以南京工部营缮司主事一职,参与修孝陵。他的进士科名和清廉名声,被收入地方志。③ 综观整本族谱的列传,吴湜的功名已是当时吴氏族人中最显赫的了。另外值得注意的是,袁诚在序言中称赞吴氏修谱的作为,"古歙故旧之家非一,若吴氏其故□□□□□乎然,使吴氏非累世之多贤,亦何以能识"。④ 袁诚认为,当地具有历史的家族很多,但都不如吴氏那样能够追述祖先的历史。另外,袁诚称赞吴茂芳的父亲吴佑提倡修谱,"今之君子能用志于斯者不多见也",可见,当时追述远祖和编修族谱仍不普遍。

第二篇序言著于成化十六年(1480),署名兵部尚书王恕。⑤ 该序提到,"一清偕族子茂芳持书来告图所以修续□□□以永孝思"。⑥ 一清即吴湜,他带吴茂芳去拜访王恕,吴茂芳携族谱同来,希望王恕为族谱写序。王恕与吴湜同拜一位"故宪副庄学"为师,因为同门情谊,所以王恕便答应为他们写序。根据这篇序再加上之前袁诚所撰的序,我们大约可明白,编修《岩镇吴氏族谱》的主要负责人是吴湜和吴茂芳。起初吴茂芳的父亲吴佑提倡编修族谱,

---

① 袁诚在地方志无传,但《徽州府志》有提及其名字。参考弘治《徽州府志》卷二《地理二》。
② 族谱记载吴茂芳生于洪武壬午,但洪武年间并无壬午,最近壬午的只有建文四年(1402)。
③ 参考民国《歙县志》卷四,1937年印本,台北:成文出版社,第14页;卷七,第6页。
④ (明)袁诚:《岩镇吴氏族谱旧序》,见(明)吴完、吴鉴纂修:《岩镇吴氏续修宗谱》,成化二十年(1484)序,明嘉靖二十五年(1546)刊,不分卷。藏于美国犹他家谱学会。
⑤ 王恕在《明史》中有传,参考(清)张廷玉:《明史》卷一八二《列传七十》,北京:中华书局,1974年。但王恕的文集《王端毅公文集》却没有收录这篇序言。
⑥ (明)王恕:《岩镇吴氏族谱序》,见(明)吴完、吴鉴纂修:《岩镇吴氏续修宗谱》,成化二十年(1484)序,明嘉靖二十五年(1546)刊,不分卷。

但因为岩镇吴氏缺乏一名具备功名的族人为族谱写些文章润饰一番,所以吴茂芳便请吴湜帮助。吴湜也不负所托,通过他的人际网络,找来歙县训导袁诚和兵部尚书王恕为族谱写序,令这本族谱更体面。

吴湜除了为吴茂芳穿针引线找来当时的名人为族谱写序外,他自己也执笔写了一篇序言。该序写于成化二十年(1484),当中提到他与吴茂芳合作始末,此外又承认自己是不太清楚祖先事迹的,"湜自总角,欲览先人之载□□□□远家谍,屡罹兵火,烟没靡存□□,千百之十一耳"。① 因兵火毁坏,所以吴湜找不到什么关于祖先的记录。但一次机缘巧合,他遇上了吴茂芳:

> 予以成化戊子□□乡试,因拜祖墓之在岩镇者,乃□□□茂芳公坐语间,特出遗谱以谓□□吾家谍也,欲锐志续修之,以永□□本合族之念,事未遂也。湜因喜□□固予之素志,亦予责也。今幸□□□协成此志耶。②

成化戊子年,即1468年,吴湜参与乡试,同时前往岩镇拜祭祖墓,在岩镇遇上吴茂芳。当时吴茂芳已是66岁的长者,碰上仕途无可限量的吴湜,于是便拿出族谱,表达修志的志向,并提出"合族之念"。追溯祖先一直是吴湜的志向,他与吴茂芳一拍即合,于是答应协助修谱。两人合作的优势在于吴茂芳掌握了吴氏祖先的资料,而吴湜则具备功名身份和卓越文笔。

但我们要注意,吴湜于序言中所记述的,特别是所谓"合族"的主意,可能只是吴湜单方面的说法。我们可以把以上几件事情以时序排列,如下:

1434年　　吴佑倡修族谱,未就而卒。

1468年　　吴湜拜祖墓,遇吴茂芳。

1473年　　袁诚写序。

1474年　　吴茂芳卒。

---

① (明)吴完、吴鉴纂修:《岩镇吴氏续修宗谱》,成化二十年(1484)序,明嘉靖二十五年(1546),不分卷。

② (明)吴完、吴鉴纂修:《岩镇吴氏续修宗谱》,成化二十年(1484)序,明嘉靖二十五年(1546),不分卷。

1480 年　　王恕写序。

1484 年　　吴浈写序。

1489 年　　吴浈卒。

从以上事件中我们得知,王恕的序是在吴茂芳死后六年才写的,吴浈的序在吴茂芳死后十年才完成。在这十年间,修谱的重心由岩镇的吴茂芳转落在绍村的吴浈身上。正如之前提到,岩镇吴氏掌握了祖先的谱系资料,绍村唯一的优势,便是吴浈这个具备功名的人。那么,整个合族故事,是否就如吴浈所言呢? 或者可以大胆假设,在吴茂芳生前,他希望完成族谱,但不一定有合族的念头,而为了加添族谱的光彩,便找来吴浈为他穿针引线,找一些具有名望的达官贵人写序;但当吴茂芳死后,吴浈便声称吴茂芳有"合族之念",最后成功地把绍村吴氏"加入"岩镇吴氏里。姑勿论事情如何发展,可以确定的是,族谱成功编修后,合族之事亦同样完成。

《岩镇吴氏族谱》分别列出了《岩镇吴氏族谱列传》和《迁绍村吴氏列传》。《岩镇吴氏族谱列传》所记录的最后一代岩镇吴氏族人是第十七代,《迁绍村吴氏列传》所记录的最后一代是第十四代,他们都是在 1540 年之后出生的。如果我们由最后一代的男性族人向前追溯的话,则会发现在岩镇吴氏中,第十三代至第十七代的大部分成员在 1540 年在世,绍村吴氏则大约是第十二代至第十四代仍在世,如再将这几代人的人数加起来,结果如下:

岩镇	绍村
十三代有 80 人	十二代有 15 人
十四代有 77 人	十三代有 22 人
十五代有 46 人	十四代有 15 人
十六代有 7 人	
十七代有 1 人	
共有 211 人	共有 52 人

由表可知,1540 年在世的岩镇吴氏男性成员约有 211 人,绍村吴氏则有 52 人,合共 263 人。可见,岩镇吴氏男丁的人数远多于绍村。

岩镇吴氏和绍村吴氏声称,他们的祖先是兄弟。根据《岩镇吴氏族谱》,先民时期的伏羲氏是岩镇吴氏的始祖,唐朝监察御史吴少微是他们首位迁入新安的六十一世祖,而七十五世祖吴伯一则是岩镇始迁祖,所以吴伯一同时亦是他们的一世祖。根据族谱列传(参考图 6-4),吴伯一(1053—1139)字克诚,为教授,官升皇宫侍讲。他之下三代单传,到他的曾孙,即四世祖百五公(1192—1275)生四子,有二人早卒,余下荣一公(1240—1323)和荣八公(1251—?)。荣一公生三子,宁一(1274—1351)、宁二(1283—1357)和宁三(1288—1357),此三人的后代即是岩镇吴氏;荣八公生一子宁四,其后人便是绍村吴姓。

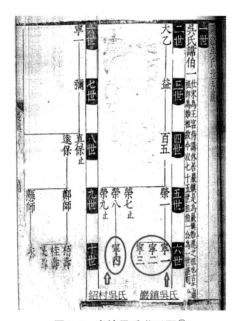

图 6-4 岩镇吴氏世系图①

从以上资料可知,《岩镇吴氏族谱》大约完成于 1540 年,当时这个岩镇吴氏的群体,单以男性计算大约有 260 人,他们利用族谱和祖先故事将自己组织起来。下一节将会介绍他们的另一种组织方式:祖先祭祀。

———————————
① 取自(明)吴完、吴鉴纂修:《岩镇吴氏续修宗谱》,成化二十年(1484)序,嘉靖二十五年(1546)刊,不分卷。标示与圆圈是笔者加工。

二、祭祖仪式与族产

在岩镇不是每个宗族都能兴建宗祠,有些宗族只是在一些称为"香火家堂"的地方祭祀祖先。编修于清朝雍正年间的岩镇乡志《岩镇志草》,其作者佘华瑞便注意到这些"香火家堂"与宗祠的关系:

> 朱子集家礼首载祠堂,谓古之庙制,不见于经,且今士庶人之贱,亦有所不得为者,故特以祠堂名之,此宋人之所为祠堂也,稽其制在居室正寝之东,似即今人之香火家堂矣……明初集礼,品官庙制未定,权仿朱子祠堂定制,洪武六年春,诏定公侯以下家庙礼仪,当时学士大夫泥于古而惮于改作,因循而莫能更始耳。嘉靖中礼臣夏言本宋儒程颐所修六礼之意,奏请诏令天下臣民得如程议,冬至祭厥初生民之始祖,立春祭始祖以下、高祖以下之先祖,但不得立庙以逾分。于是众族而居者,合众小祠堂而为一大祠堂,此宗祠所肇建,而名与制实与庙殊,可谓缘于情而不伤于义,起于义而不越于礼者矣。华瑞窃谓,今之祠堂之祭,唯在正寝,不泥于古,而不戾乎古。古者封国亦只奉其始封之居为太祖,若宗祠之内唯祭始迁之祖,而不必追其远,则可无疑于禘矣。①

关于当地流行的"香火家堂",劳格文(John Lagerwey)在一个名为白杨源的徽州村落考察时,也遇到名为"香火屋"的祭祀场所。白杨源的"香火屋"据说建于明朝,而且在香火屋旁都有祠堂,屋内祭祀社公老爷、土地神和香火菩萨。香火菩萨是当地人的祖神,以神主牌形式来祭祀,但到底是哪一位祖先已不能查考。② 劳格文所发现的香火屋,有可能与佘华瑞所描述的香火家堂相似,渊源可追溯至宋朝朱熹的祠堂之祭:在居室的一所小房间拜祭四代祖

---

① (清)佘华瑞:《岩镇志草》,第134页。
② John Lagerwey, "Village Religion in Huizhou: A preliminary Assessment", *Minsu quyi* 2011/12, p. 305—357.

先。所以这些香火家堂在当时不是一种祭祀远祖的大型祭祀。佘华瑞明白，岩镇的宗祠是明嘉靖礼部尚书夏言奏议，容许庶民祭始祖后，才得以普及的，即所谓"众族而居者，合众小祠堂而为一大祠堂，此宗祠所肇建"。① 而在此之前，他们早已有小祠堂，这些小祠堂很有可能便是香火家堂。所以当地祭祀远祖的宗祠，是在这些香火家堂的基础上扩展出来的。

明朝编修《岩镇吴氏族谱》的岩镇吴氏是只有香火家堂却没有宗祠的群体。岩镇有三座吴姓宗祠，一座祭祀宋仁宗时的"儒士"用清公，另外两座宗祠则祭宋朝池州教授齐岳公。② 用清公和齐岳公的名字，都不见于《岩镇吴氏族谱》。所以，三座宗祠都与编修《岩镇吴氏族谱》的吴氏无关。《岩镇吴氏族谱》所追述的始迁祖是宋初王宫侍讲的吴伯一（1053－1139），③而不是用清公和齐岳公。就连《岩镇吴氏族谱》中也没有提及祠堂的资料。唯一"疑似"祠堂的资料，是族谱的目录中的篇名《朴庵公墓祠记》，可惜笔者手上的《岩镇吴氏族谱》是残本，并无该文内容，但以该文的篇名推测，该墓祠的祭祀对象是朴庵公。查阅族谱，朴庵公即吴常育（1444－1505），岩镇吴氏第十一世，是与族谱编修者同时代的人；换句话说，这座墓祠并非拜祭远祖的地方。另外，该文指该祠是一所"墓祠"，其祠似乎建在坟墓旁边，而不是在村子里。

---

① 明中叶以前，平民不准建家庙，只能根据朱子《家礼》，于住宅内建一房间为祠堂，拜祭祖先。只有贵族才能建家庙——独立的建筑物拜祭祖先，但明嘉靖十五年（1536），夏言上奏把禁例打破，普通百姓亦可以建家庙，至此祠堂才等同家庙。参考科大卫：《祠堂与家庙——从宋末到明中叶宗族礼仪的演变》，《历史人类学学刊》，第 1 卷，第 2 期（2003 年 10 月），第 20 页。

② （清）佘华瑞：《岩镇志草》，第 129～132 页。

③ （明）吴完、吴鉴纂修：《岩镇吴氏续修宗谱》，成化二十年（1484）序，嘉靖二十五年（1546）刊，不分卷。

由此可知,岩镇吴氏在当时仍未兴建"家庙式"的祠堂。①

岩镇吴氏主要的祭祖活动,不在祠堂,而在墓地。《岩镇吴氏族谱》详细地说明他们祖先墓地的位置、税项、历史,甚至用图画描绘墓图。这些墓图中,《宋故世祖伯一公夫人闵氏墓图》描绘的是他们迁始祖伯一公的坟墓。另外,《岩镇吴氏族谱》亦记载了多座坟山,但奇怪的是,除了始祖伯一公的坟地、伯五公的坟地(伯五公是伯一公的曾孙)和荣八公的坟地(荣八公便是宁四公的父亲,而宁四公是第一位迁往绍村的祖先),其他坟地所葬的都是岩镇吴氏的祖先,没有一处是绍村自己的祖先。换句话说,岩镇吴氏和绍村吴氏共同祭祀的祖先只有始祖伯一公和伯五公。

《岩镇吴氏族谱》记录了颇多关于伯一公墓地和产权的资料。绍村族人吴瑄于嘉靖甲辰年(1544)著了一篇《重修宋故世祖宫讲吴公夫人闵氏墓志铭》,当中提到吴氏如何经营始迁祖吴伯一及其夫人闵氏的坟墓:

> 公与夫人同葬招山之原,位乾面巽,历四百余年矣。后为有力者夺之而冢毁焉,交讼于官,幸赎全而增修益新。裔孙鉴与升及予子完,偕众矢心,复其故焉,公与夫人之墓益完且光矣。②

当他们打官司争回所谓"墓地"时,冢已毁,要重修墓冢。另外,文章特别点名几位参与官司的族人,当中包括吴鉴、吴升、吴瑄和吴完。吴鉴(1501—?),岩镇吴氏十四世,他不是吴茂芳的直系子孙,而是郡学生,负责族谱校修工作;

---

① 明中后期的祠堂多是一所独立的建筑,形状如以往只有品官能建的家庙。在此种"家庙式"祠堂普遍之先,百姓多在祖先坟墓旁建坟庵或寺庙,由其内的僧道负责祭祖。关于祠堂建筑的演变,可参考科大卫:《祠堂与家庙——从宋末到明中叶宗族礼仪的演变》,《历史人类学刊》,第 1 卷,第 2 期(2003.10),第 1~20 页;关于坟旁祭祖的寺庙,可参考崔瑞德(Denis Twitchett):《范氏义庄:1050—1760》,见[英]尼微逊等著,孙隆基译:《儒家思想的实践》,台北:台湾"商务印书馆",1980 年;关于徽州祭祖地点由坟庵变为祠堂,可参考拙著《明清时期徽州宗族的发展和义田——以棠樾鲍氏为中心》,见《历史人类学刊》,第 7 卷,第 1 期(2009 年 4 月),第 43~91 页。

② (明)吴瑄:《重修宋故世祖宫讲吴公夫人闵氏墓志铭》,见吴完、吴鉴纂修:《岩镇吴氏续修宗谱》,成化二十年(1484)序,嘉靖二十五年(1546)刊,不分卷。

吴升是岩镇十三世，生于1514年，死于1534年，所以该文撰写时他已死去多时；吴瑄(1466—?)是该文作者，绍村吴氏十二世，吴湜亲侄，1504年中乡贡，授北直隶保定府通判；吴完则是吴瑄的儿子。在这四名族人中，吴鉴和吴升属岩镇吴氏，吴瑄和吴完属绍村吴氏。由此记录可知，岩镇和绍村吴氏曾一起打官司夺回和重修祖先的坟地，而官司之前，因为"冢毁"，所以应该是没有什么祭祀活动的。

《宋故世祖伯一公夫人闵氏墓图》显示出伯一公坟墓重修后的模样（图6-5），图下有一段文字介绍该墓历史："承祖吴仁义金业，系二十九都五图器字……计税八分□厘五毫。"尽管族谱说明了坟墓位置和税项，并指出是承继祖先吴仁义的产业，但谱系中却没有吴仁义此人。在景泰三年（1452），族人吴顺祖卖出部分坟地，吴顺祖(1404—?)是绍村吴氏第十世族人；到正德年间，族人吴从威又卖出部分坟地，"仍存一分一厘"，吴从威(1402—1466)是绍村吴氏第十世族人；到嘉靖二十二年（1543），"吴良器、吴良璧、子恩、子静，将先存税卖与临河程仲，族众告赎退回一厘五毫"，吴良器、良璧是绍村吴氏十二世，子恩、子静是绍村吴氏十三世，子静是吴瑄的次子。① 在以上的卖地记录中，所有卖地者都是绍村吴氏族人，由此推断，在官司之前这处伯一公的坟地地权由绍村吴氏操控。而在官司之后，其地权"见有契书合同存照，未经丈量，又当官明批执照"，受到官府承认，却没有列明是谁所有，但在仪式上，全族都要轮流参与墓祭，"递年众立墓祭，族约轮流标挂"。很有可能岩镇吴氏和绍村吴氏都参与了争回祖墓的官司，所以两族都有份参与墓祭，而两族都通过祭祀仪式来显示他们的墓地拥有权。

---

① 吴湜：《宋故世祖伯一公夫人闵氏墓图》，见（明）吴完、吴鉴纂修：《岩镇吴氏续修宗谱》，成化二十年（1484）序，嘉靖二十五年（1546）刊，不分卷。

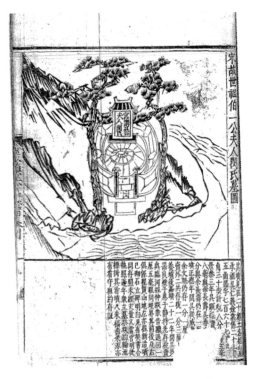

图 6-5 宋故世祖伯一公夫人闵氏墓图

由族内不同派别轮流祭祀是岩镇吴氏的墓祭特色,这点亦很清楚地记载在《岩镇吴氏族谱》中。岩镇吴氏还有几处墓地和坟山,例如族谱中的《百五公孺人王氏墓图》《宁一、宁三公墓图》和《荣八公、关之公、二程氏孺人、远保公、孺人郑氏、郑师公、道具公墓图》,都提到祭祖仪式是"递年众立墓祭族约,轮流标挂","各户递年合族标挂","各户递年已该分轮流标挂"。"标挂"的意思是在墓祭时,族人会在墓地插上一根系有白带的竹竿,代表该墓是有后人拜祭的。在《岩镇吴氏族谱》中,特别提及一处"宋故三世祖益公孺人余氏墓迹",是"失认标挂"的坟墓,该墓属于三世祖益公,即伯一公的孙子。该图所绘的坟墓,与其他祖先的坟墓有很大区别,只是简单的一个小丘(参考图 6-6)。从这幅图画和"墓迹"等字眼可知,该坟过往一直是荒废的。吴氏声称"此地虽存,众失经理,后查办认标挂",意思是他们过往一直没有打理和祭祀该墓,但自此以后,他们会再次标挂,即重新祭祀该墓。另外,族谱提到各坟地的交税方式,是"其税均散本族各户"。由此可知,他们并不是设立一个总户来统一交税,而是把族产税项均派给族内各户。所以族谱在记载坟墓时,都有墓图和文字介绍其位置和税项责任,目的是应付当时的赋税政策。

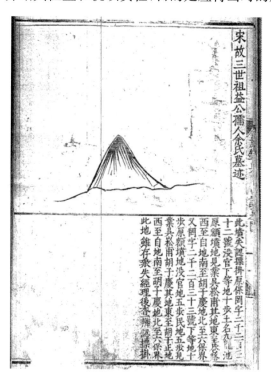

图 6-6　宋故三世祖益公孺人余氏墓迹

《岩镇吴氏族谱》记载的祀田约有三块,每块大约一亩,而且祭祀对象不是远祖,而是明朝差不多同时代的族人。例如,《柏寿公分下祀田图》显示,此田是用来祭祀吴柏寿的,吴柏寿(1385—1451)是岩镇吴氏十世。该田是吴柏寿的子孙在嘉靖十一年(1532)以价银一十八两买来的,契书由吴胜收藏,税寄吴胜户内。《柏寿公分下祀田图》中还有一段文字,解释吴胜与祀田之间的关系:"契书系吴胜收藏,其税亦寄吴胜户内,递年系众解纳,每年该租谷壹拾五秤,众同收榖,标挂纳粮支用。佃人　　其租批亦系吴胜收藏存照。"①由

---

① 《柏寿公分下祀田图》,见(明)吴完、吴鉴纂修:《岩镇吴氏续修宗谱》,成化二十年(1484)序,嘉靖二十五年(1546)刊,不分卷。该句引文的原文缺佃人姓名。

此可知，吴胜只是一个代表，但实际负责解纳税项的是"众"；负责租佃管理的也是吴胜，但每年的租谷是"众收"，用于祭祀和交税。换言之，这块约一亩的祭田，其性质已是柏寿公分下子孙共同拥有，但其仍登记在其中一名族人的名下。根据族谱，吴胜积极参与修谱一事，因为在列传第一页上，印有负责重修、梓行和校修的族人名字，梓行一项上便有吴胜之名。但在族谱列传内，找不到吴胜的名字，却找到另一位族人吴显胜，有可能吴胜便是吴显胜的别称。吴显胜（1475—?）是岩镇吴氏第十三世族人，亦是吴柏寿的曾孙。从《柏寿公分下祀田图》的资料来看，岩镇吴氏已把田地登记在官府，但并不是登记在一个虚构或祖先名字的户口下，[①]而是在吴胜的名下，所以在官府看来，此田属吴胜所有。此登记方式的弊端是族人随时有机会独占田地，为免此弊端，便需用族谱来证明田地并不是某一族人拥有，而是由全族共有。

岩镇吴氏的故事让我们知道，16世纪初，岩镇吴氏已经懂得如何利用族谱将岩镇和绍村两地的吴氏族人组织起来。除了修谱外，两派吴氏的另一次合作是共同打官司，成功争回始祖伯一公的坟墓和周边的土地。岩镇吴氏到最后都没有建立自己的祠堂，因为在清朝的《岩镇志草》中，记载了岩镇有三座吕氏宗祠，但没有一座祭祀的始祖是《岩镇吴氏族谱》所记载的始祖吴伯一。

16世纪的岩镇，随着社会经济的发展，已变成人口流动频繁和杂姓聚居的商埠。居于镇上的不同族姓各出奇谋，保护各自的经济利益和提升文化上的优越地位，积极参与地方营建。

岩镇的东岳庙和广惠祠，都建在镇内的重要位置，前者在下街（东街），后者在通济桥旁。在这些庙宇的背后，有不同势力的竞争。东岳庙是岩镇世家如吕氏等的祭祀重心，吕氏早在南宋时便通过祭祀宋理宗和捐资等方式，与

[①] 关于徽州虚构户的资料，可参考郑振满：《圭山、墓田与徽商宗族组织——〈歙西溪南吴氏先茔志〉管窥》，《安徽史学》1988年第1期；阿风：《明代徽州宗族墓地与祠庙之诉讼探析》，该文曾发表于2010年6月召开的"首届中国古文献与传统文化国际学术研讨会"上，《明代研究》第1期（2011年12月）。

东岳庙建立起一种特殊的关系。而到明朝时东岳庙的角色渐渐变为处理"阖镇公务及宣讲乡约"的场所,东岳庙与吕氏的特殊关系,则体现在到东岳庙旁的乡贤祠内祭祀吕氏祖先的仪式上。在明中叶,不少新兴的宗族如郑氏、鲍氏和方氏等通过取得功名和兴建宗祠,与那些世家大族分庭抗礼。这批宗族没有积极参与东岳庙的营建,反而另外推行一套新的管治方式,他们以乡约名义,划分岩镇为十八管(十八个区),并在祭祀神明汪华的广惠祠内,以十八管轮流司灯的仪式表达出他们共同管治岩镇的理念。

新兴宗族也在岩镇水口位置(即整个社区的东边出入口)兴建凤山台和水口塔。凤山台是一处新的祭祀场所,而水口塔是合众姓之力、历时十多年完成的工程。这些工程提升了宗族新贵的地位,而偏偏那些积极营建东岳庙的世家并没有参与。岩镇的庙宇修建反映出在不同时期不同势力此消彼长的变化和激烈竞争。

明朝岩镇内宗族众多,各具规模。有的强宗大族如郑氏和鲍氏凭借取得功名、兴建宗祠和营建地方而成功;而力量不算强大的岩镇吴氏,没有祭祀远祖的祠堂,亦没有担任高官的族人,只能通过编谱合族,尝试跻身宗族行列。根据《岩镇吴氏族谱》,岩镇吴氏的祖先祭祀仪式并不强调祠祭,而强调墓祭。族谱详细记述了祖先墓地的位置、面积、税项和祭祀等各方面的资料。总而言之,16世纪的岩镇反映出明朝徽州社会纷繁的一面,当中包括各族势力的竞争,新旧仪式的交替与融合。

第七章　如何拉近与祖先的距离

在田野考察时走得累了,我会背依祠堂的石柱坐下休息。放眼张望,尽是热闹景象,一辆辆旅游大巴来来往往,络绎不绝。一群群旅客,男女老少,紧随导游小姐进出祠堂。偶尔有一两位会朝我的方向望上两眼,我肯定他们不是注视我,因为在他们眼中,我与他们一样,只是其中一名走累了的游客,他们留意的,是我依靠的石柱,上面写有毛泽东的字句。我曾问过村民这些字句是怎么一回事,他们说在1970年,全靠这些字句,才没有人敢拆毁祠堂。导游小姐的讲解,全是关于祠堂在明清时期的故事,没有提及这些字句,也不见得有多少游客会问字句的问题。这些游客来自中国不同地方,似乎都明白字句的意思,可能只有我这位在香港成长的来客,才会关注这些字句。于我而言,我与他们同是外来客,但彼此之间还是有区别。其实,在日常的人群中,大家都会视对方和自己为不同的群体,就正如村民能轻易分辨出游客,游客会视笔者为他们一伙,笔者却视自己为在徽州的田野考察者,不同于一般的旅游者。所以"我者"和"他者"的分辨,并不是学者的专利,而是日常生活中的一种普遍观念。

社会史学者的工作,除了要敏感于这种主观上的群体分辨外,还需要具有将不同群体和群体的主观观念"放回"时序的能力,如把祠堂和宗族追溯至明清时期,把石柱上的字句放回20世纪60—70年代的时空。游客和笔者的出现则源于20世纪80年代的改革开放。只有将观念编排回历史时序上,才能重新审视地方社会的发展及其意义,这个过程便是解构。

要研究徽州历史,关键是要能够解构不同的祖先观念。徽州人对祖先的观念有两种:第一种观念,视神明为祖先,两者身份重叠;第二种观念,即使祖先和神明身份重叠,当地人也能清楚分辨祭于祠堂的祖先和祭于庙宇的祖先,不会混淆。本书的研究就是将这两种观念重置于历史时序上,探讨什么时间出现不同观念,以及提倡这种观念的是什么群体。正如本书一开始所介绍的发生于明朝万历年间的吕侍郎祠官司,当时人并不能清楚分辨祭祖的祠堂和祭神的庙宇,原因是他们早已承袭了一套宋元士大夫和儒士所创造的观念,认为祖先是神明;但当其时的百姓以"族人"自居,要确立一套独特的祠堂祭祖礼仪,以别于过往的神庙祭祀时,这便产生了新旧礼仪的重叠。新礼仪的出现并不代表旧礼仪马上消失或被清除,而是你中有我、我中有你,新礼仪甚至在表达上往往受旧礼仪的影响。在这个过程中,当时人需要经历一段摸索和适应的时期,这便解释了为何分辨吕侍郎祠是神庙还是祠堂是这般困难的一件事。这个故事同时也说明了礼仪的重要性,观念就是靠礼仪具体显示出来的。

近年来,研究徽州的学者已察觉到徽州人视祖先为神明的现象。由于他们没有将焦点放在祭神礼仪和祭祖礼仪之间的分辨上,所以他们认为早在明朝以前,徽州人已开始祭祀祖先,从而推断出徽州宗族早在明朝以前已出现。本书也同样讨论祖先和神明重叠的现象,但本书强调的是祭祀礼仪的分辨,否则,谈及"祖先"也好、"神明"也好,都只不过是明白称谓的改变,却不能明白地方社会实际的变化。

要分辨祭祀礼仪,需要明白在不同的礼仪背后,涉及不同王朝的推广方式,以及地方社会对这些推广方式的接受、排斥和融合。徽州在南宋时期成为王朝的"辅郡",而南宋政府是以册封地方神明这套礼仪作为与地方社会建立关系的方法,所以南宋徽州士人撰写关于他们祖先的文章时,多提及祖先的神威、在地方上的功劳、朝廷的册封和庙额,目的是要表示出他们的祖先就是神明;元末明初的儒士开始以绵长的谱系来追溯祖先,但这也只是一种文字上的谱系,并未应用在祭祀上。总括来说,宋元时期神庙内的祭祀仪式,仍看不到家族祭祀的色彩。到了明朝中叶,祠堂祭祖兴起,徽州人描述祖先的方式便改变为合族祭祀、祠堂供奉众多神主和祭田登记,一套祠堂祭祖仪式应运而生。所以,宋明间徽州地方社会的转变,是由神庙社会转变为宗族社会的过程,而在这个过程中,祖先和神明的形象在观念上是重叠的,但在祭祀上是分离的。

那么,论述宋明徽州历史的意义何在,其能否拓展历史人类学的视野?其实过往的华南研究已指出,宋朝政府以封神方式与地方打交道,明朝则改以祠堂祭祖。那么,本研究是否只是旧酒入新瓶,将华南研究的结论套入徽州地方社会的"徽州版本"呢?

祖先是地方神明这个观念,不是徽州独有,近年不少研究显示,祖先兼具神明形象的情况在中国南方颇为普遍。谢晓辉指出,湘西的神明白帝天王也具有祖先形象,因为当地经历过明朝土司制度的影响,特别是王朝的影响力将土著杨氏信奉的天王联系上正史里北宋的杨家将,同时蒙上一层祖先面纱。① 而贺喜认为,高、雷、琼三州在明中叶以前是一个神明力量非常强大的"家屋社会",但到明中叶,宗族礼仪的风气由外地传入,当地人便意识到以神明为祖先并不合乎正统礼仪,于是改变了神明的形象,最明显的例子是将鸟首人身的地方神明雷祖,改变为具有祖先形象的陈文玉,但新礼仪难以洗掉旧有的传统,结果新旧礼仪重叠,形成雷祖祠内的两尊雷祖神像,一尊是读书人形象的陈文玉,另一尊是鸟首人身的雷祖。② 这两个例子说明,虽然不同地方都出现"亦神亦祖"的情况,但因应各地的独特发展,"亦神亦祖"的情况会有所差异。

---

① 谢晓辉:《苗疆的开发与地方神祇的重塑——兼与苏堂栋讨论白帝天王传说》,《历史人类学学刊》,第 6 卷,第 1、2 期,(香港,2008.10),第 67~109 页。
② 贺喜:《亦神亦祖:粤西南信仰建构的社会史》,北京:生活·读书·新知三联书店,2011 年。

徽州的独特发展在于,其宗族礼仪是明中叶从神庙礼仪的基础上变化出来的。当王朝鼓吹礼仪时,地方社会并不是全盘接受,而是选择性地接受当地百姓有所体验的内容,所以我们不能视礼仪的变化为理所当然。相反,我们要注意变化为何出现,特别是在地方社会接受的过程中,新礼仪在哪些方面能与旧礼仪接轨。对于徽州的百姓,祭祀祖先并不是新鲜事,因为他们一直都是在神庙内祭祀他们的"祖先"。当宗族礼仪在徽州推广时,情况与珠江三角洲、湘西、高州、雷州等地不同,其并不夹杂一种文化优越性。笔者在查看明中叶人写的文章时,便很少发现当中包含教化的意味,这点应该与元朝时徽州已被描述为朱熹故乡、承接了理学道统有关。作为由朝廷推广的正统文化,宗族礼仪所面对的同样是被王朝承认的正统文化,但这并不表示宗族礼仪在徽州难以推广。相反,笔者认为其更容易接轨,因为无论是神明祭祀还是朱熹故乡,在背后推广的都是南宋的进士和元朝的儒士,在文化上可以被明朝士大夫视为"一脉相承"。所以,明朝徽州宗族礼仪的推广,并未被视为教化,而是被视为继承,因为对于徽州人来说,住在朱熹故乡,有了紫阳书院,让他们认为自己在文化上更优越。但不论新旧礼仪在文化上的接轨多么成功,一碰上产权争议,都会出问题,原因是在明朝的户籍登记制度下,田产的登记是不容含糊的,田产是否属于"族人",取决于田产登记在神庙还是在祠堂之下;而一个建筑物是神庙还是祠堂,则取决于建筑物内的祭祀仪式。由此引申出来的是祠堂祭祀和神庙祭祀也必须有所区分,不能含糊。

比较不同地方社会,或者还可以帮助我们解答本书一开始便提出的问题:"什么才是祠堂?"这个问题或者会误导读者,认为笔者已有一个前设,就是祠堂的外形"应该"有一个标准,如碰上其他地方的祠堂不符合这个标准,便以为怪。但事实上,笔者希望得到的答案并非历史学者创造的定义,而是特定时空的人群所认同的祠堂。不同地方的祠堂有不同的外形。广东、福建的祠堂多数是"家庙式"祠堂;在台湾,祠堂可以只是一间小小的三合院;笔者曾听过一位来自湖北的学者说,湖北的祠堂是有戏台的。就以徽州为例,当地有大量的"家庙式"祠堂,而且其兴建时段同样不早于明朝嘉靖年间。由此可知，明朝的礼仪改革同样影响了徽州，但同时徽州亦有不少非"家庙式"的祠堂，就以吕氏宗祠为例，它便不是"家庙式"祠堂，其建在佛寺旁边。

　　对于不同地方祠堂形式的差异，我们的问题不应在于"哪一种祠堂形式才是正确的"，因为不同地方、不同外形的祠堂，都是受当地人认可的，他们对祠堂都有一套"正统"的观念，即认为他们当地的祠堂是"正确"的形式（有时会认为其他地方的祠堂形式是"错误"的），而这套"正统"观念，其实与王朝礼仪的推广息息相关，而不同的地方社会亦会因应各自不同的历史，在不同时期和不同背景下，接受、融合、修改和实践这套王朝礼仪。正因为不同地方有不同的"正统"观念，当中不存在"正确"和"错误"之分，所以，我们问"祠堂的正确形式是什么"是没有意义的。我们的问题应该是"当地人什么时候视某建筑物为祠堂"，因为尽管各地对祠堂的"正统"观念不同，但总需要一段时间来接受这套"正统"观念。而研究徽州的意义，在于我们在研究其他地方社会时，可以问另外几个同样重要的问题，例如"祠堂兴建基于怎样的祭祀方式""旧有的祭祀基础如何影响后来祠堂的模样"和"新旧礼仪如何接轨起来"。只有解决这些问题，我们才可以了解王朝正统化在各地的影响。

参考书目

正史

[1] (晋)陈寿撰. 三国志. 上海:上海古籍出版社,2002.

[2] (宋)薛居正等撰. 旧五代史. 北京:中华书局,1976.

[3] (宋)欧阳修撰. 新唐书. 文渊阁四库全书. 上海:上海古籍出版社,1987.

[4] (宋)欧阳修撰. 新五代史. 北京:中华书局,1974.

[5] (宋)邓名世. 古今姓氏书辩证. 四库类书丛刊. 上海:上海古籍出版社,1992.

[6] (宋)王钦若等修. 册府元龟. 文渊阁四库全书. 上海:上海古籍出版社,1987.

[7] (宋)江少虞撰. 宋朝事实类苑. 文渊阁四库全书. 上海:上海古籍出版社,1981.

[8] (元)脱脱等修. 宋史. 北京:中华书局,1977.

[9] (明)朱棣编. 孝顺事实. 北京图书馆古籍珍本丛刊. 北京:书目文献出版社,1988.

[10] 明实录. 台北:"中央研究院"历史语言研究所,1962—1968.

［11］（明）申时行等重修. 明会典. 台北：台湾"商务印书馆"，1968.

［12］（清）张廷玉. 明史. 北京：中华书局，1974.

［13］（清）董诰等辑. 全唐文. 上海：上海古籍出版社，2002.

［14］（清）徐松辑. 宋会要辑稿. 北京：中华书局，1957.

地方志

［1］（宋）罗愿撰. 新安志. 宋淳熙二年（1175）修，清光绪十四年（1888）重刊，北京：中华书局，1990.

［2］（明）彭泽、汪舜民纂修. （弘治）徽州府志. 明弘治十五年（1502）刻本，上海：上海古籍书店，1981.

［3］（明）何东序、汪尚宁、程敏政纂修，欧旦增修. （嘉靖）徽州府志. 北京图书馆古籍珍本丛刊（29册）. 北京：书目文献出版社，1988.

［4］（明）张涛修，谢陛纂. （万历）歙志. 上海图书馆藏稀见方志丛刊（第123－125册）. 明万历三十七年（1609）刻本，北京：国家图书馆出版社，2011.

［5］（明）田生金. 徽州府赋役全书. 台北：台湾学生书局，1970.

［6］（明）陈邦瞻. 宋史纪事本末. 北京：中华书局，1997.

［7］（清）丁廷楗修，赵吉士纂. （康熙）徽州府志. 清康熙十八年（1679）刊本，台北：成文出版社，1975.

［8］（清）勒治荆修，王辂等纂. 歙县志. 清康熙刊本，台北：成文出版社，1975.

［9］（清）佘华瑞. 岩镇志草. 清雍正十二年（1734）编印，南京：江苏古籍出版社，1992.

［10］（清）刘大櫆纂，张佩芳修. 歙县志. 清乾隆二十六年（1761）刻本，台北：成文出版社，1975.

［11］（清）马步蟾纂修. 徽州府志. 清道光七年（1827）刊本，北京：华夏出版社，1999.

［12］（清）劳逢源修，沈伯棠等纂. 歙县志. 清道光八年（1828）刊本，北

京:华夏出版社,1999.

[13](清)施璜编.紫阳书院志.合肥:黄山书社,2010.

[14]石国柱等修,许承尧纂.歙县志.民国二十六年(1937)刊本,台北:成文出版社,1975.

[15]唐子宗等编.重印绩溪县志.台北:台北绩溪同乡会,1963.

[16]叶为铭辑.歙县金石志.南京:江苏古籍出版社,1998.

[17]何治基等撰.安徽通志.台北:华文书局,1967.

[18]歙县地名委员办公室编.安徽省歙县地名录.徽州:安徽省徽州新华印刷厂印,1987.

[19]屯溪市地方志编纂委员会.屯溪市志.合肥:安徽人民出版社,1990.

文集、笔记和契约文书

[1](唐)白居易.白氏文集.四部丛刊初编.台北:台湾"商务印书馆",1967.

[2](唐)杜牧.樊川文集.文渊阁四库全书.上海:上海古籍出版社,1987.

[3](唐)杨华.膳夫经手录.丛书集成续编.台北:新文丰出版公司,1989.

[4](五代)陶谷.清异录.文渊阁四库全书.上海:上海古籍出版社,1987.

[5](宋)朱熹.晦庵集.文渊阁四库全书.上海:上海古籍出版社,1987.

[6](宋)范成大.骖鸾录.文渊阁四库全书.上海:上海古籍出版社,1987.

[7](宋)沈括.梦溪笔谈.文渊阁四库全书.上海:上海古籍出版社,1987.

[8](宋)洪适.歙砚说.北京:中华书局,1985.

[9] (宋)李昉. 文苑英华. 文渊阁四库全书. 上海:上海古籍出版社,1987.

[10] (宋)路振. 九国志. 续修四库全书. 上海:上海古籍出版社,1995.

[11] (宋)方勺. 泊宅编. 北京:中华书局,1983.

[12] (宋)罗愿. 罗鄂州小集. 文渊阁四库全书. 上海:上海古籍出版社,1987.

[13] (宋)吕午. 竹坡类稿. 续修四库全书. 上海:上海古籍出版社,1995.

[14] (宋)苏轼. 东坡全集. 文渊阁四库全书. 上海:上海古籍出版社,1987.

[15] (宋)邵博. 邵氏见闻后录. 北京:中华书局,1983.

[16] (宋)唐积. 歙州砚谱. 文渊阁四库全书. 上海:上海古籍出版社,1987.

[17] (宋)黄干. 勉斋集. 文渊阁四库全书. 上海:上海古籍出版社,1987.

[18] (元)陈栎. 定宇集. 文渊阁四库全书. 上海:上海古籍出版社,1987.

[19] (元)郑玉. 师山集. 文渊阁四库全书. 上海:上海古籍出版社,1987.

[20] (元)方回. 桐江集. 续修四库全书. 上海:上海古籍出版社,1995.

[21] (元)方回. 桐江续集. 文渊阁四库全书. 上海:上海古籍出版社,1987.

[22] (元)洪焱祖. 杏庭摘稿. 文渊阁四库全书. 上海:上海古籍出版社,1987.

[23] (元)唐元. 筠轩集. 文渊阁四库全书. 上海:上海古籍出版社,1987.

[24] (元)汪克宽. 环谷集. 文渊阁四库全书. 上海:上海古籍出版社,1987.

[25] (明)宋濂. 宋文宪公全集. 上海:中华书局,1936.

[26] (明)程敏政编,王宗植等增补. 新安文献志. 合肥:黄山书社,2004.

[27] (明)程演生. 天启黄山大狱记. 明清史料汇编. 台北:文海出版社,1971.

[28]（明）程涓. 千一疏. 四库禁毁书丛刊. 明万历三十七年(1609)黄如松刻本,北京:北京出版社,2000.

[29]（明）程大约. 程氏墨范. 说墨. 上海:上海科技教育出版社,1994.

[30]（明）程大约. 宝墨斋记. 程氏墨苑. 北京:中国书店,1991.

[31]（明）郑烛辑. 济美录. 明嘉靖十四年(1535)家塾刻本,台南:庄严文化事业有限公司,1996.

[32]（明）唐桂芳. 白云集. 文渊阁四库全书. 上海:上海古籍出版社,1987.

[33]（明）唐文凤. 梧冈集. 文渊阁四库全书. 上海:上海古籍出版社,1987.

[34]（明）唐桂芳等著,程敏政编. 唐氏三先生集. 北京图书馆古籍珍本丛刊. 明正德十三年(1518)刻本,北京:北京图书馆出版社,1998.

[35]（明）傅岩撰. 歙纪. 合肥:黄山书社,2007.

[36]（明）戴廷明. 程尚宽等撰. 新安名族志. 合肥:黄山书社,2004.

[37]（清）鲍友恪. 鲍氏诵先录. 出版者不详,1936.

[38]许承尧撰. 歙事闲谭. 合肥:黄山书社,2001.

[39]中国社会科学院历史研究所收藏整理. 徽州千年契约文书:宋、元、明编. 石家庄:花山文艺出版社,1991.

[40]中国社会科学院历史研究所收藏整理. 徽州千年契约文书:清、民初编. 石家庄:花山文艺出版社,1991.

[41]陈智超编纂. 美国哈佛大学哈佛燕京图书馆藏明代徽州方氏亲友手札七百通考释. 合肥:安徽大学出版社,2001.

族谱

[1]（明）鲍泰编. 鲍氏族谱. 明成化元年(1465)编,成化十三年(1477)印,棠樾鲍氏族人收藏.

[2]（明）吴完、吴鉴纂修. 岩镇吴氏续修宗谱. 明嘉靖二十五年(1546),

藏于上海图书馆.

[3] (明)程弘宾. 歙西岩镇百忍程氏本宗信谱. 明万历十八年(1590),藏于美国犹他家谱学会.

[4] (明)汪尚齐. 岩镇汪氏家谱. 万历二十七年(1599),藏于美国犹他家谱学会.

[5] (清)编者不详. 新安歙西岩镇闵氏家谱. 清钞本,藏于上海图书馆.

[6] (清)编者不详. 忠壮公墓癖伪录. 雍正九年(1731).

[7] (清)徐奉直等修. 歙西傅溪徐氏族谱. 乾隆二年(1737),藏于美国犹他家谱学会.

[8] (清)程廷谔. 严镇程氏家谱. 乾隆十年(1745),藏于美国犹他家谱学会.

[9] (清)方善祖. 歙淳方氏柳山真应庙会宗统谱. 乾隆十八年(1753),藏于美国犹他家谱学会.

[10] (清)鲍光纯编. 鲍氏三族宗谱. 乾隆二十五年(1760)编,藏于安徽省图书馆、上海图书馆.

[11] (清)鲍琮纂. 棠樾鲍氏宣忠堂支谱. 嘉庆十年(1805)编,藏于安徽省图书馆.

[12] (明)吕仕道编. 新安大阜吕氏宗谱. 万历五年(1577)编刊,1935 年重刊,藏于美国犹他家谱学会.

中文研究论著

[1] 阿风. 明代徽州宗族墓地与祠庙之诉讼探析. 明代研究,2011(17).

[2] 卞利. 明清时期徽州的乡约简论. 安徽大学学报,2002(6).

[3] 卞利. 明清徽州社会研究. 合肥:安徽大学出版社,2004.

[4] 钟宝贤. 法人与祖尝——华南政情与香港早期的华资公司. 经营文化:中国社会单元的管理与运作. 香港:香港教育图书公司,1999.

[5] 蔡志祥. 打醮:香港的节日和地域社会. 香港:三联书店(香港)有限

公司,2000.

[6] 常建华. 宗族志. 上海:上海人民出版社,1998.

[7] 常建华. 明代宗族研究. 上海:上海人民出版社,2005.

[8] 常建华. 宋元时期徽州祠庙祭祖的形式及其变化. 徽学. 2000.

[9] 常建华. 明代宗族组织化研究. 北京:故宫出版社,2012.

[10] 常建华. 宋以后宗族的形成及地域比较. 北京:人民出版社,2013.

[11] 朱开宇. 科举社会、地域秩序与宗族发展:宋明间的徽州,1100－1644. 台北:台湾大学出版委员会,2004.

[12] [日]藤井弘著,傅衣凌、黄焕宗译. 新安商人的研究. 徽商研究论文集. 合肥:安徽人民出版社,1985.

[13] [日]藤井弘著,刘淼译. 明代盐商的一考察——边商、内商、水商的研究. 徽州社会经济史研究译文集. 合肥:黄山书社,1987.

[14] 傅衣凌. 明清农村社会经济. 北京:生活·读书·新知三联书店,1961.

[15] 傅衣凌. 论乡族势力对于中国封建经济的干涉——中国封建社会长期迟滞的一个探索. 明清社会经济史论文集. 北京:人民出版社,1982.

[16] 傅衣凌. 明清封建土地所有制论纲. 上海:上海人民出版社,1992.

[17] 傅衣凌. 明代徽州商人. 徽商研究论文集. 合肥:安徽人民出版社,1985.

[18] 傅衣凌. 中国传统的社会:多元的结构. 中国社会经济史研究,1998(3).

[19] 傅玉璋等编. 明实录类纂——安徽史料卷. 武汉:武汉出版社,1993.

[20] 科大卫. 国家与礼仪:宋至清中叶珠江三角洲地方社会的国家认同. 中山大学学报(社会科学版),1999(5).

[21] 科大卫、刘志伟. 宗族与地方社会的国家认同——明清华南地区宗族发展的意识形态基础. 历史研究,2000(3).

[22] 科大卫. 祠堂与家庙——从宋末到明中叶宗族礼仪的演变. 历史人

类学学刊,2003(2).

[23] 科大卫、刘志伟."标准化"还是"正统化"?——从民间信仰与礼仪看中国文化的大一统.历史人类学学刊,2008(1,2).

[24] 冯建至.婺源县溪头乡下呈村丧葬仪式考察报告.中国音乐学,2006(1).

[25] 黄进兴.道统与治统之间:从明嘉靖九年孔庙改制论皇权与祭祀礼仪.优入圣域:权力、信仰与正当性.台北:允晨文化实业股份有限公司,1994.

[26] 黄仁宇、阿风等译.十六世纪明代中国之财政与税收.台北:联经出版事业股份有限公司,2001.

[27] 古正美.贵霜佛教政治传统与大乘佛教.台北:允晨文化实业股份有限公司,1993.

[28] 牧野撰.明代同族的社祭记录之一例.徽州社会经济史研究译文集.合肥:黄山书社,1987.

[29] 何炳棣.中国历代土地数字考实.台北:联经出版事业股份有限公司,1995.

[30] 何炳棣.明代以降人口及其相关问题1368－1953.北京:生活·读书·新知三联书店,2000.

[31] 刘森辑译,古籍整理办公室编.徽州社会经济历史研究译文集.合肥:黄山书社,1987.

[32] 何忠礼.南宋科举制度史.北京:人民出版社,2009.

[33] 韩秀桃.明清徽州的民间纠纷及其解决.合肥:安徽大学出版社,2004.

[34] 朱鸿林.明太祖的孔子崇拜."中央研究院"历史语言研究所集刊.第70本第2分,1999.

[35] 宫衍兴.孔庙诸神考:孔庙塑像资料编.济南:山东友谊出版社,1994.

[36] 罗香林.古代越族分布考.少数民族史论文选集.出版者不详,

1964.

[37] 甘怀真.唐代家庙礼制研究.台北:台湾"商务印书馆",1991.

[38] 贺喜.亦神亦祖:粤西南信仰建构的社会史.北京:生活·读书·新知三联书店,2011.

[39] 谢晓辉.苗疆的开发与地方神祇的重塑——兼与苏堂栋讨论白帝天王传说.历史人类学学刊,2008(1,2).

[40] 郭锦洲.明清时期徽州宗族的发展和义田——以棠樾鲍氏为中心.历史人类学学刊,2009(1).

[41] 郭锦洲.明朝徽州的合族过程——以岩镇吴氏为中心.徽学,2012(7).

[42] 郭锦洲.自然环境与宗族的相互影响——以明清时期徽州岩寺镇为中心.健康、和平、可持续发展:人文社会科学的视野.香港:人文学科研究所,2013.

[43] 梁方仲.明代粮长制度.上海:上海人民出版社,2001.

[44] 刘志伟.在国家与社会之间:明清广东里甲赋役制度研究.广州:中山大学出版社,1997.

[45] 栾成显.明代黄册研究.北京:中国社会科学出版社,1998.

[46] 栾成显.新安大阜吕氏宗谱研究.徽学,2010(12).

[47] 廖迪生、卢惠玲编.风水与文物:香港新界屏山邓氏稔湾祖墓搬迁事件文献汇编.香港:香港科技大学华南研究中心,2007.

[48] 林丽江.晚明徽州墨商程君房与方于鲁墨业的开展与竞争.徽州:书业与地域文化.北京:中华书局,2010.

[49] 林济."专祠"与"宗祠"——明中期前后徽州宗祠的发展.中国社会历史评论,2009(10).

[50] [英]尼微逊等著,孙隆基译.儒家思想的实践.台北:台湾"商务印书馆",1980.

[51] 彭信威.中国货币史.上海:上海人民出版社,1958.

[52] 全汉升.南宋杭州的消费与外地商品之输入.中国经济史论丛.香

港中文大学新亚书院新亚研究所,1972.

[53] 全汉升. 明清经济史研究. 台北:联经出版事业股份有限公司,1987.

[54] 安徽省博物馆编. 明清徽州社会经济资料. 北京:中国社会科学出版社,1990.

[55] [日]仁井田升. 明末徽州的庄仆制——特别是关于劳役婚. 中国法制史. 东京:东京大学出版社,1960.

[56] 朴元熇. 明清徽州宗族史研究:歙县方氏的个案研究. 北京:中国社会科学出版社,2009.

[57] [日]斯波义信著,庄景辉译. 宋代商业史研究. 台北:稻禾出版社,1997.

[58] [日]斯波义信著,方健、何忠礼译. 宋代江南经济史研究. 南京:江苏人民出版社,2001.

[59] 歙县文化局. 古歙揽胜. 合肥:安徽文艺出版社,1993.

[60] 歙县文化局编纂委员会. 歙县民间艺术. 合肥:安徽人民出版社,2006.

[61] [美]宋汉理著,谭棣华译,叶显恩校. 徽州地区的发展与当地的宗族——徽州休宁范氏宗族的个案研究. 徽州社会经济史研究译文集. 合肥:黄山书社,1987.

[62] 唐力行. 明清以来徽州区域社会经济研究. 合肥:安徽大学出版社,1999.

[63] 华德英. 意识模型的类别. 从人类学看香港社会——华德英教授论文集. 香港:大学出版印务公司,1985.

[64] 江淮论坛编辑部编. 徽商研究论文集. 合肥:安徽人民出版社,1985.

[65] 汪明辉. Hupa:阿里山邹族传统的领域. 师大地理研究报告,1992(18).

[66] 王振忠. 明清徽商与淮扬社会变迁. 北京:生活·读书·新知三联

书店,1996.

[67] 王振忠. 徽州社会文化史探微:新发现的 16－20 世纪民间档案文书研究. 上海:上海社会科学院出版社,2002.

[68] 王振忠. 万历《歙志》所见明代商人、商业与徽州社会. 传统中国研究集刊,2008.

[69] 王日根. 从墓地、族谱到祠堂:明清山东栖霞宗族凝聚纽带的变迁. 历史研究,2008(2).

[70] 萧启庆. 元代的儒户:儒士地位演进史上的一章. 元代史新探. 台北:新文丰出版公司,1983.

[71] 萧启庆. 元代的族群文化与科举. 台北:联经出版事业股份有限公司,2008.

[72] 史甄陶. 家学、经学和朱子学——以元代徽州学者胡一桂、胡炳文和陈栎为中心. 上海:华东师范大学出版社,2013.

[73] 徐浩,侯建新. 当代西方史学流派. 台北:昭明出版社,2001.

[74] 叶显恩. 明清徽州农村社会与佃仆制. 合肥:安徽人民出版社,1983.

[75] 杨纳. 龙凤年间的朱元璋. 元史论丛(第 4 辑),1992.

[76] 严桂夫、王国键著. 徽州文书档案. 合肥:安徽人民出版社,1995.

[77] 邓雄. 略谈朱熹与紫阳书院. 邵阳学院学报,2004(2).

[78] [美]田浩. 朱熹的思维世界. 西安:陕西师范大学出版社,2002.

[79] 田兆元. 墓祭的文化功能探析. 中文自学指导,2008(4).

[80] 俞昌泰口述,何建木、张启祥整理. 一个徽商后代的回忆. 2006(1).

[81] 吴浩、任羽中主编. 徽州人文读本. 北京:中国社会科学出版社,2006.

[82] 徐建平. 互动:政府意志与民众意愿——以民国时期婺源返皖运动为例. 中国历史地理论丛,2007(1).

[83] [日]臼井佐知子. 徽商及其网络. 安徽史学,1991(4).

[84] 章有义. 明清徽州土地关系研究. 北京：中国社会科学出版社，1984.

[85] 章有义. 近代徽州租佃关系案例研究. 北京：中国社会科学出版社，1988.

[86] 章毅. 宋明时代徽州的程灵洗崇拜. 安徽史学，2009(4).

[87] 章毅. 理学、士绅和宗族——宋明时期徽州的文化与社会. 香港：香港中文大学出版社，2013.

[88] 周绍泉. 明清徽州祁门善和程氏仁山门族产研究. 谱牒学研究（第二辑）. 北京：书目文献出版社，1991.

[89] 张海鹏、王廷元主编. 徽商研究. 合肥：安徽人民出版社，1995.

[90] 郑力民. 徽州社屋的诸侧面——以歙南孝女会田野个案为例. 首届国际徽学学术讨论会文集. 合肥：黄山书社，1996.

[91] 郑振满. 茔山、墓田与徽商宗族组织——《歙西溪南吴氏先茔志》管窥. 安徽史学，1988(1).

[92] 郑振满. 明清福建家族组织与社会变迁. 长沙：湖南教育出版社，1992.

[93] 郑振满. 莆田平原的宗族与宗教——福建兴化府历代碑铭解析. 历史人类学学刊，2006(1).

[94] 张健. 新安文献研究. 合肥：安徽人民出版社，2005.

[95] 赵世瑜. 狂欢与日常：明清以来的庙会与民间社会. 北京：生活·读书·新知三联书店，2002.

[96] 赵华富. 徽州宗族研究. 合肥：安徽大学出版社，2004.

[97] 周晓光. 试论朱熹在徽州的理学教育活动及其影响. 华东师范大学学报，2004(3).

[98] 周晓光. 徽州传统学术文化地理研究. 合肥：安徽人民出版社，2006.

[99] 张剑光. 唐五代江南工商业布局研究. 南京：江苏古籍出版社，

2003.

外文研究论著

[1] Dardess, John. *Conquerors and Confucians: Aspects of Political Change in Late Yuan China*. New York: Columbia University Press, 1973.

[2] Dardess, John. *Confucianism and Autocracy: Professional Elites in the Founding of the Ming Dynasty*. Berkeley: University of California Press, c1983.

[3] Ebrey, Patricia. "The Early Stages in the Development of Descent Group Organization", *Kinship Organization in Later Imperial China 1000—1940*. Berkeley: University of California Press, c1986.

[4] Ebrey, Patricia and Watson, James [edit]. *Kinship organization in late imperial China, 1000—1940*. Berkeley: University of California Press, c1986.

[5] Evelyn S. Rawski eds. *Popular Culture in Lateral China*. Berkeley: University of California Press, 1985.

[6] Elvin Mark and Su Ninghu. "Action at a Distance: The Influence of the Yellow River on Hangzhou Bay since A. D. 1000", in Elvin Mark, Liu Ts'ui-jung, *Sediments of time: environment and society in Chinese history*. New York: Cambridge University Press, 1998.

[7] Faure, David. *The Structure of Chinese Rural Society*. Hong Kong: Oxford University Press, 1986.

[8] Faure, David. *Emperor and ancestor: state and lineage in South China*. Stanford, Calif.: Stanford University Press, 2007.

[9] Freedman, Maurice. *Chinese Lineage and Society: Fukien and Kwangtung*. London: Athlone Press; New York: Humanities Press, 1966.

[10] Freedman, Maurice. *Lineage organization in Southeastern China*.

University of London：The Athlone Press，1958．

[11] Guo Qitao. *Ritual Opera and Mercantile Lineage：the Confucian transformation of Popular Culture in late Imperial Huizhou*. Stanford, Calif.：Stanford University Press,2005．

[12] Hsiao,Kung-chuan. *Rural China：Imperial control in the Nineteenth Century*. Seattle：University of Washington Press,1960,1967．

[13] Hazelton, Keith. *Lineages and local elites in Hui-chou，1500－1800*. Ann Arbor,Michigan：University Microfilms International,c1985．

[14] Hazelton, Keith. "Patrilines and The Development of Localized Lineages：The Wu of Hsiu-ning City, Hui-Chou, to 1528", *Kinship organization in Late Imperial China，1000－1940*. Berkeley：University of California Press,c1986．

[15] Hansen,Valerie. *Changing Gods in Medieval China,1127－1276*. Princeton,N.J.：Princeton University Press,c1990．

[16] Hymes, Robert. *Way and byway：Taoism, local religion, and models of divinity in Sung and modern China*. Berkeley：University of California Press,c2002．

[17] Lagerwey,John. *China：a religious state*. Hong Kong：Hong Kong University Press,2010．

[18] Lagerwey, John. "Village Religion in Huizhou：A preliminary Assessment",*Minsu quyi*. 174 vol.,Dec.,2011．

[19] Potter,Jack. *P'ing Shan：the changing economy of a Chinese village in Hong Kong*. Thesis (PhD), University of California, Berkeley,1964．

[20] Potter, Jack. *Capitalism and the Chinese peasant；social and economic change in a Hong Kong village*. Berkeley：University of California Press,1968．

[21] Potter, Jack. "Land and Lineage in Traditional China", *Family and Kinship in Chinese Society*. Stanford, 1970.

[22] Pasternak, Burton. *Kinship and Community in Two Chinese Villages*. Stanford, 1972.

[23] McDermott, Joseph. *The making of a new rural order in South China*. Cambridge: Cambridge University Press, 2013.

[24] Twitchett, Denis. "The Fan Clan's Charitable Estate, 1050—1760", *Confucianism In Action*. Stanford, Calif.: Standford University Press, 1959.

[25] Teiser, Stephen. *The Ghost Festival in Medieval China*. Princeton, N. J.: Princeton University Press, c1988.

[26] Watson, James. "Standardizing the Gods: the Promotion of T'ien Hou along the South China Coast, 960—1960", in David Johnson, Andrew J. Nathan, and Evelyn S. Rawski eds., *Popular Culture in Lateral China*. Berkeley: University of California Press, 1985.

[27] Zurndorfer, Harriet. *Change and Continuity in Chinese Local History: The Development of Hui-chou Prefecture 800—1800*. Leiden: New York: E. J. Brill, 1989.

[28] 中岛乐章. 宋元明初の徽州乡村社会と老人制の成立, 明代前半期、里甲制下の纷争处理. 明代乡村の纷争と秩序：徽州文书を史料として. 东京：汲古书院, 2002.

[29] 太田弘毅. 倭寇：商业・军事史の研究. 横滨：春风社, 2002.

后　记

从第一次踏足徽州到出版小书,已有十多年的光景。这段时期我所遇见的师友,他们对我的影响,非笔墨所能表达。

小书是以我的博士论文为基础写成的,最后能够出版,最应该感谢我的博士生导师科大卫教授(Prof. David Faure)。在研究过程中老师提出的问题犹如利箭,无论是对学术还是对人生,往往一矢中的,叫人无法回避。论文评阅人张瑞威、王振忠、黎明钊三位教授都给予我宝贵的意见。张瑞威老师是我的硕士生导师,他对土地制度和产权的关注,影响着我的学术路向。

有好几年,我常与王振忠教授、劳格文教授(Prof. John Lagerwey)和卜永坚教授三位一起走访徽州。王振忠教授开拓了我对徽州的眼界,也关心我的学术研究。小书能够出版,在于他对后学的扶持。我自己并无受过人类学正统训练,我的人类学思路和技巧,大都是从劳格文教授身上"偷师"回来的,他对乡村拜祭菩萨的敏锐触角,还有与西方基督教的比较视野,让我大开眼界。卜永坚教授是研究徽州盐商的专家,他的提点和经验分享,让我少走了弯路。与他们讨论问题和看他们怎样提出问题,是一种学习,也是一种享受。

在香港中文大学读书时,有幸得到朱鸿林、蔡志祥和夏其龙等老师的教导,他们的研究虽然并不都与徽州有关系,但启发我的学术思考。在香港特别行政区"中国社会的历史人类学"计划中,郑振满、刘志伟、赵世瑜、廖迪生、黄永豪和马健雄等教授都给了我宝贵的建议和帮助。程美宝教授曾阅览我的书稿并分享了她的建议。还记得我在 2006 年前往广州中山大学参加会议，这是我人生第一次去广州。程教授详细说明了交通路线，还怕我不适应广州的生活，介绍了陈贤波和黄素娟两位学友给我认识。周绍明教授（Prof. Joseph McDemotto）亲切分享了他研究《窦山公家议》的心得，他的研究启发我如何理解在宋明漫长的历史脉络上不同控产组织的连贯性。在学习生涯上师友的一句启发性的话，足以影响我一生。

我对祠堂祭祖的兴趣，始于 2005 年我在香港中文大学修读硕士课程时，偶然旁听了科老师的"华南研究"一课。当时我这个门外汉对"华南研究"全无认识，上了第一课后的感觉只能用震撼来形容，惊觉祭祖与地方社会原来可以这样结合起来研究，所以马上选修此课。陆鸿基教授知道我选读了科老师的课后非常高兴，并鼓励我一定要多跟他跑田野考察。陆鸿基老师是我约克大学本科的入门老师。没有他的指导，我也不会走上学术研究的道路，虽然他已离去，但他对正义的追求、对学生的照顾和对学术的认真，我仍铭记在心。

有一天，不知何来的勇气，在没有预约的情况下，我直入了科老师的办公室，说对祠堂祭祖的研究感兴趣。科老师说最宏丽的祠堂在徽州，说着说着便从抽屉取出一张名片，向我介绍了他和周绍明教授在二十多年前走访过的一位徽州艺术家，建议我去一趟徽州拜访此人。就是这趟旅程开始了我的徽州研究，而那位艺术家是居于棠樾村的鲍树民先生。

我需要特别感谢鲍树民先生和他的家人。鲍先生对我的学术人生非常重要，是他教导我这个在城市长大的懵懂青年如何在乡村生活。他们照顾我的食宿，介绍棠樾鲍氏的历史，也带我走访不同的村落和认识当地村民。我也要感谢在田野认识的鲍宽达、方志远、汪有道和许骥等多位先生，他们无私地协助我，让我阅览他们珍贵的文献，带我走访了他们居住的村落。

我的资料除了来自田野外，还来自香港中文大学图书馆、香港耶稣基督教后期圣徒会家谱中心、国家图书馆、上海图书馆、安徽省图书馆、歙县博物馆和歙县档案馆等机构,我在此对这些机构的帮助深表感激。

在研究徽州的旅程中,我认识了不少学术界的同道师友。常建华教授的鼓励,让我有勇气继续深入这个以浩瀚称著的徽学研究。我需要感谢他和王日根教授,他们两位为我审读书稿,并提出宝贵意见。卞利、胡中生、周晓光、阿风、章毅、刘道胜、黄忠鑫、赵思渊、冯剑辉、罗艳春和张小波等教授,他们的帮助和分享,对我帮助甚大。

在研究过程中,有时会感到孤独和疑惑,幸运的是,我认识了一班能够互相砥砺的同学,贺喜、谢晓辉、陈丽华、陈文研、陈瑶、陈冠妃、梁伟基、吕永升、卢淑樱、李林、韩朝健、张学谦、黄壮钊、张凤英和石颖,大家课堂内外的欢声笑语、学习讨论,滋润了我的学术人生。

最后,感谢双亲的养育和栽培,颖嘉的支持。女儿骋怀给我的,远比我给她的多。她知道我是一名历史老师,但至于什么是历史,她却似懂非懂,大约类似于讲故事。希望她继续有兴趣听故事,也懂得讲故事。

2020 年 3 月香港马鞍山